Stratégies pour Alerte Rouge

**Lee Buchanan
et Steven M. Schaefer**

Simon & Schuster Macmillan (France) a apporté le plus grand soin à la réalisation de ce livre afin de vous fournir une information complète et fiable. Cependant, Simon & Schuster Macmillan (France) n'assume de responsabilités, ni pour son utilisation, ni pour les contrefaçons de brevets ou atteintes aux droits de tierces personnes qui pourraient résulter de cette utilisation.

Les exemples ou les programmes présents dans cet ouvrage sont fournis pour illustrer les descriptions théoriques. Ils ne sont en aucun cas destinés à une utilisation commerciale ou professionnelle. Simon & Schuster Macmillan (France) ne pourra en aucun cas être tenu pour responsable des préjudices ou dommages de quelque nature que ce soit pouvant résulter de l'utilisation de ces exemples ou programmes.

Tous les noms de produits ou autres marques cités dans ce livre sont des marques déposées par leurs propriétaires respectifs.

Publié par Simon & Schuster
Macmillan (France)

19, rue Michel Le Comte

75003 PARIS

Tél : 01 44 54 51 10

Mise en page : Andassa

ISBN : 2-7440-0140-6

Copyright © 1997 Simon
& Schuster Macmillan (France)

Tous droits réservés

Titre original : Official Guide to
Command & Conquer Red Alert

Traduit de l'américain par Pascale Morey

ISBN original : 1-56686-551-4

Copyright © 1996 Brady Publishing

Tous droits réservés

Brady Publishing est une marque de Macmillan Computer Publishing

201 West 103rd Street

Indianapolis, Indiana 46290

Toute reproduction, même partielle, par quelque procédé que ce soit, est interdite sans autorisation préalable. Une copie par xérographie, photographie, film, support magnétique ou autre, constitue une contrefaçon passible des peines prévues par la loi, du 11 mars 1957 et du 3 juillet 1995, sur la protection des droits d'auteur.

Sommaire

Introduction 1

Chapitre 1 : Le minimum vital 5

Chapitre 2 : Structures et Unités alliées 9

Chapitre 3 : Structures et Unités soviétiques 35

Chapitre 4 : Stratégies militaires 91

Chapitre 5 : Missions alliées 107

Chapitre 6 : Missions soviétiques 175

    Mission 1 : Les ennemis du peuple 178

    Mission 2a : Protéger les biens du peuple 180

    Mission 2b : Protéger les biens du peuple 183

    Mission soviétique 3 : Espion, es-tu là ? 185

    Mission 4a : Amuser pour mieux tuer 188

    Mission 4b : Amuser pour mieux tuer 192

    Mission 5 : Ruée vers le minerai 197

    Mission 6a : Le convoi 200

    Mission 6b : Le convoi 205

    Mission 7 : Sauvez le réacteur 209

    Mission 8a : Elbe, nous voilà ! 212

    Mission 8b : Elbe, nous voilà ! 217

    Mission 9 : Détruisez toutes les preuves ! 221

    Mission 10 : Franchissez le col 225

    Mission 11a : Immobilisez la flotte 229

Mission 11b : Immobilisez la flotte 233

Mission 12 : O.P.A. funeste 237

Mission 13a, 13b : Ramenez-moi cette
Chronochose ! 241

Mission 14 : L'Angleterre ou la mort 250

Chapitre 7 : Le mode Multijoueur 257

L'essentiel sur le mode Multijoueur 258

Se préparer à jouer 261

Mode Escarmouche 280

Autres services en ligne 281

Stratégie pour le mode Multijoueur 281

Problèmes techniques en mode Multijoueur 285

Cartes pour le mode Multijoueur 290

Annexe A : L'éditeur de carte 303

Annexe B : Problèmes techniques 313

Introduction

Chapitre

Bienvenue au front, commandant. Une guerre mondiale est en cours, une guerre qui n'aurait jamais dû être. Les forces armées de Joseph Staline franchissent déjà les frontières soviétiques, détruisant tout ce qui s'oppose à leur passage. Il est temps de choisir votre camp. Se battre pour la liberté ou pour la domination ? A vous de le décider. Mais quel que soit le camp choisi, nous sommes déjà en phase d'*Alerte Rouge*.

Présentation

Ce livre constitue le guide complet du jeu *Command & Conquer : Alerte Rouge*. Des raccourcis clavier aux unités que vous aurez à commander, le présent ouvrage vous fournit tous les renseignements qui vous conduiront à la victoire.

Le Chapitre 1, *Le minimum vital*, vous permettra de vous familiariser avec la technique de jeu, l'interface et les touches à utiliser.

Le Chapitre 2, *Structures et unités alliées*, répertorie les bâtiments, l'équipement et les blindés alliés. Des statistiques générales sont données sur chacune de ces structures, ainsi que quelques astuces destinées à les utiliser au mieux sur le champ de bataille.

Le Chapitre 3, *Structures et unités soviétiques*, répertorie les bâtiments, l'équipement et les blindés soviétiques. Des statistiques générales sont données sur chacune de ces structures, ainsi que quelques astuces destinées à les utiliser au mieux sur le champ de bataille.

Le Chapitre 4, *Stratégies militaires*, vous explique les tactiques à suivre pour réussir vos missions dans la majeure partie des cas, ainsi que celles à éviter !

Le Chapitre 5, *Missions alliées*, vous donne en exclusivité les informations sur la manière de remporter la victoire dans toutes les missions alliées. Les cartes de mission, les objectifs à attein-

Introduction

dre, la stratégie générale et la marche à suivre pas à pas, vous permettent d'obtenir l'aide nécessaire à votre succès.

Le Chapitre 6, *Missions soviétiques*, vous renseigne en détail sur la manière de remporter toutes les missions soviétiques. Les cartes de mission, les objectifs à atteindre, la stratégie générale et la marche à suivre pas à pas, vous permettent d'obtenir l'aide nécessaire à votre succès.

Le Chapitre 7, *Le mode Multijoueurs*, vous indique comment vous raccorder à un modem, à un réseau et à l'Internet pour affronter d'autres joueurs sur *Alerte Rouge*. Des descriptifs et des astuces sont également fournis pour chaque carte Multijoueurs.

L'Annexe A, *Editeur de carte*, vous explique les tenants et les aboutissants de la création de cartes personnalisées, que vous pouvez réaliser pour des batailles en mode Multijoueurs, à l'aide de l'Editeur de carte livré avec *Alerte Rouge*.

L'Annexe B, *Problèmes techniques*, vous donne quelques techniques de dépannage en cas d'incident, ainsi que des conseils pour obtenir de l'aide lorsque vous rencontrez des problèmes plus complexes.

1

Le minimum vital

Chapitre 1

Si vous connaissez déjà *Command & Conquer*, vous vous sentirez à l'aise comme un vétéran en jouant à *Alerte Rouge*. L'intrigue et les unités sont différentes, mais le jeu est sensiblement le même. Pour ceux d'entre vous qui font leurs premières armes dans le monde de *Command & Conquer*, voici quelques-uns des contrôles qui vous permettront d'être plus rapide. Vous ne pourrez pas approfondir vos missions tant que vous ne maîtriserez pas parfaitement ces contrôles et que vous ne serez pas habitué à vous en servir au plus fort de la bataille. Pour en savoir plus sur la manière de les utiliser, reportez-vous au Chapitre 4 concernant les *Stratégies Militaires*.

Raccourcis clavier des contrôles de base

Nom du contrôle	Raccourci clavier	Résultat
Equipes	CTRL/ALT + #	Désigne/Sélectionne des groupes d'unités.
Marques	CTRL + F9-F12/F9-F12	Sauvegarde/Restaure des emplacements sur la carte.
Formations	F	Les équipes restent en formation tout en se déplaçant.
Mode Garde	G	Les unités attaquent tout ennemi à leur portée.
Mise à feu	CTRL + clic gauche	Oblige les unités à s'unir pour mettre à feu une zone précise.
Forcer le déplacement	ALT + clic gauche	Oblige les tanks à se déplacer vers la zone sélectionnée.
Dispersion	X	Oblige les unités regroupées à se disperser.
Arrêt	S	Interrompt l'action ou l'ordre en cours.

Le minimum vital

Escorte	CTRL + ALT + clic gauche	Ordonne à une ou plusieurs unités de suivre une unité désignée.
Vue centrale	Touche Origine (,,)	Centre la vue sur l'unité ou la structure sélectionnée.
Vue du chantier de construction	H	Centre la vue sur le chantier de construction.
Sélection totale	E	Sélectionne toutes les unités visibles sur le champ de bataille.
Unité suivante	N	Permet de sélectionner une autre unité disponible.

Raccourcis clavier réservés au mode Multijoueurs

Nom du contrôle	Raccourci clavier	Résultat
Alliances	A	Crée une alliance entre vos unités et celles du joueur sélectionné.
Message personnel	F1-F7	Envoie un message au joueur sélectionné.
Message général	F8	Envoie un message à tous les joueurs.

2

Structures et unités alliées

Chapitre 2

Structures alliées

Chantier de construction

Coût : 2 500 (pour le VCM)

Puissance : 800

Blindage : Lourd

Rôle/Utilisation : Permet de construire les structures

Alimentation électrique nécessaire : -10

Le chantier de construction est le préalable indispensable à la construction de toutes vos structures de bases et de toutes vos unités. Il doit être protégé à tout prix. Si vous le perdez, il n'y a plus grand-chose à espérer. Lorsque l'option est disponible, l'existence d'un deuxième chantier de construction permet d'accroître la vitesse de production de façon non négligeable.

Centrale électrique

Coût : 300

Puissance : 400

Blindage : Léger

Rôle/Utilisation : Fournit l'alimentation électrique

Alimentation électrique fournie : +100

Les centrales électriques génèrent l'électricité nécessaire à la base. Sans elles, rien ne fonctionne. L'option de construction d'une centrale électrique est disponible dès que vous déployez votre VCM (Véhicule de construction mobile). Les centrales électriques sont une des cibles favorites des raids aériens soviétiques, soyez donc prêt à les défendre et à les réparer rapidement dès qu'elles ont été touchées. Une centrale électrique endommagée peut provoquer une réduction d'alimentation électrique suffi-

Structures et unités alliées

sante pour interrompre la production de structures et réduire au silence vos canons anti-aériens. Essayez toujours de maintenir une puissance disponible légèrement supérieure à vos besoins en énergie. Gardez l'œil sur la jauge de puissance et construisez une autre centrale électrique avant que la demande ne dépasse la capacité de production du système. Il serait ennuyeux que vos canons anti-aériens perdent leur puissance juste au moment où des bombardiers Blaireau vous attaquent...

Centrale électrique avancée

Coût : 500

Puissance : 700

Blindage : Léger

Rôle/Utilisation : Fournit l'alimentation électrique

Alimentation électrique fournie : +200

Ce type de centrale est plus onéreux, mais il constitue un bon investissement à long terme, étant donné que sa production d'énergie est deux fois plus importante que celle des centrales classiques. Ce bénéfice est néanmoins perdu si vous ne pouvez protéger votre centrale avancée contre les attaques ennemies.

Raffinerie de minerai

Coût : 2 000

Puissance : 900

Blindage : Léger

Rôle/Utilisation : Source de crédits

Alimentation électrique nécessaire : -30

C'est ici que le précieux minerai est fondu, stocké et converti en crédits. Outre le chantier de construction, une raffinerie de minerai est peut-être le seul maillon faible d'une base alliée. Défen-

Chapitre 2

dez-la soigneusement et soyez prêt à y effectuer des réparations en cas d'avaries. Lorsque vous choisissez l'emplacement d'une nouvelle raffinerie, essayez de découvrir un endroit proche d'un gisement de minerai, mais qui soit également bien protégé.

Silo à minerai

Coût : 150

Puissance : 300

Blindage : Léger

Rôle/Utilisation : Stockage de minerai

Alimentation électrique nécessaire : -10

Lorsque la raffinerie atteindra sa capacité de stockage maximale, vous devrez construire des silos pour y entreposer davantage de minerai. Un message sonore vous avertira au moment opportun. Chaque silo peut stocker jusqu'à 1 500 crédits et vous perdrez tout si un silo est détruit ou capturé par l'ennemi.

Casernes

Coût : 300

Puissance : 800

Blindage : Léger

Rôle/Utilisation : Produisent des unités d'infanterie

Alimentation électrique nécessaire : -20

Les casernes produisent toutes les unités d'infanterie alliées : les mitrailleurs, les bazookas, les grenadiers, les médecins, les ingénieurs et les espions. Placez les casernes de sorte que les soldats qui y sont entraînés puissent avoir facilement accès aux endroits où ils seront nécessaires, c'est-à-dire dans les périmètres de défense ou dans les zones-étapes pour les forces d'invasion. Des casernes supplémentaires permettent d'accroître

Structures et unités alliées

considérablement la vitesse de production de nouvelles unités. Au prix de 300 crédits, vous faites vraiment une affaire. Vous devriez en construire au moins deux dans chacune de vos bases.

Usine d'armement

Coût : 2 000

Puissance : 1 000

Blindage : Léger

Rôle/Utilisation : Production de véhicules

Alimentation électrique nécessaire : -30

Cette structure est indispensable pour la construction de tous les véhicules de terrain alliés. Ici encore, choisissez soigneusement l'emplacement de votre usine d'armement, construisez la structure à part à l'intérieur de votre base et tirez profit de toutes les protections naturelles disponibles. Tout comme pour la production de troupes, une deuxième usine d'armement permettra de multiplier la production de véhicules, mais à 2 000 crédits l'unité, leur prix en fait un luxe qu'un commandant allié ne peut se permettre.

Chantier naval

Coût : 650

Puissance : 1 000

Blindage : Léger

Rôle/Utilisation : Création d'unités navales

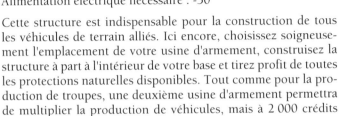

Alimentation électrique nécessaire : -30

Un chantier naval vous permet de construire et de réparer des vaisseaux alliés. Encore une fois, en construire plus d'un accélère la vitesse de construction des chantiers. Ceux-ci peuvent être construits uniquement sur des pièces d'eau jouxtant la terre ferme.

Chapitre 2

Héliport

Coût : 1 500

Puissance : 800

Blindage : Léger

Rôle/Utilisation : Construit et recharge les hélicoptères

Alimentation électrique nécessaire : -10

Mettre en place un héliport vous permet de construire et de recharger des hélicoptères. Un héliport nouvellement construit est livré avec un hélicoptère d'assaut. Construisez vos héliports à l'intérieur de vos bases pour les mettre à l'abri des attaques ennemies.

Bunker

Coût : 400

Puissance : 400

Blindage : Moyen

Arme : Canon Vulcain

Portée : 5

Dégâts : 40

Alimentation électrique nécessaire : -10

Ces bâtiments défensifs constituent peut-être le meilleur investissement pour les fortifications de base. Le canon Vulcain d'un bunker ne fait qu'une bouchée de l'infanterie ennemie. Lorsque vous mettez en place le périmètre de défense de votre base, placez les bunkers aux endroits où vous prévoyez des assauts ennemis terrestres. L'idéal serait de construire les bunkers deux par deux pour qu'ils couvrent une zone plus étendue tout en pouvant faire converger leur puissance de feu.

Structures et unités alliées

Bunker camouflé

Coût : 600

Puissance : 600

Blindage : Lourd

Arme : Canon Vulcain

Portée : 5

Dégâts : 40

Alimentation électrique nécessaire : -15

Bien qu'ils possèdent la même puissance de feu que les bunkers classiques, leur camouflage leur permet de se confondre avec le terrain, ce qui renforce considérablement leur capacité défensive. Si vous pouvez vous permettre cette dépense — ils ne coûtent que 200 crédits de plus que les bunkers classiques —, ils constitueront votre meilleur investissement en termes de système de défense contre les troupes ennemies.

Tourelle

Coût : 600

Puissance : 400

Blindage : Lourd

Arme : Canon de 105 mm

Portée : 4,75

Dégâts : 30/2 coups

Alimentation électrique nécessaire : -40

Le canon de 105 mm rend la tourelle idéale pour la défense antitanks. Servez-vous simultanément des tourelles et des bunkers pour renforcer votre système de défense. Les blindés ennemis viseront en priorité les tourelles, elles permettent donc d'éloigner du feu les autres unités, plus vulnérables.

Chapitre 2

Canon anti-aérien

Coût : 600

Puissance : 400

Blindage : Lourd

Arme : ZSU-23

Portée : 6

Dégâts : 35

Alimentation électrique nécessaire : -50

Les canons anti-aériens contiennent une puissance phénoménale ; ils sont donc essentiels pour le système de défense d'une base alliée contre les raids aériens. Leur construction n'est possible que lorsque vous construisez un dôme radar. Choisissez avec soin leur positionnement. Leur portée relativement courte implique que vous les construisiez assez près des structures vulnérables et importantes, comme les centrales électriques, les raffineries de minerai et les usines d'armement.

Centre de services

Coût : 1 200

Puissance : 800

Blindage : Léger

Rôle/Utilisation : Répare et recharge les véhicules

Alimentation électrique nécessaire : -30

Les centres de services réparent les véhicules terrestres endommagés et rechargent les poseurs de mines. Lorsque leur construction est possible, c'est-à-dire une fois que vous avez construit une usine d'armement, ils doivent constituer une de vos priorités de construction. Ces structures au blindage léger

Structures et unités alliées

seront construites à part à l'intérieur de la base et défendues par des canons anti-aériens contre toute attaque soviétique.

Dôme radar

Coût : 1 000

Puissance : 1 000

Blindage : Léger

Rôle/Utilisation : Présente une vue dégagée de la carte, permet de construire des canons anti-aériens

Alimentation électrique nécessaire : -40

Si votre base est sous la menace d'un raid aérien soviétique, construisez un dôme radar dès que possible. Etant donné que le radar vous fournit une vue nette de l'intégralité de la carte, vous devriez envisager de le construire lorsque les attaques aériennes soviétiques ne sont pas constantes. La construction d'un dôme radar vous permet également de construire des canons anti-aériens.

Centre technique

Coût : 1 500

Puissance : 400

Blindage : Léger

Rôle/Utilisation : Crée des unités de haute technologie et lance des satellites GPS

Alimentation électrique nécessaire : -200

Au cours des dernières missions, les centres techniques deviennent presque indispensables au bon fonctionnement d'une base alliée. Ils vous permettent de construire le générateur d'ombre. Construire un centre technique déclenche automatiquement la fabrication d'un satellite GPS.

Chapitre 2

Générateur d'ombre

Coût : 500

Puissance : 1 000

Blindage : Léger

Rôle/Utilisation : Masque la base à la vue des ennemis

Alimentation électrique nécessaire : -60

La construction d'un générateur d'ombre masque la base aux yeux des ennemis. L'ombre n'est dissipée que lorsqu'une unité ennemie est à portée de vue. Elle est restaurée dès que l'unité est détruite ou qu'elle s'est éloignée. Malheureusement pour les Alliés, le générateur d'ombre n'est disponible qu'en mode multijoueurs.

Chronosphère

Coût : 2 800

Puissance : 400

Blindage : Léger

Rôle/Utilisation : Permet le télétransport des unités

Alimentation électrique nécessaire : -200

Cette nouvelle technologie, potentiellement dangereuse, permet aux Alliés de télétransporter des unités d'un endroit à un autre. Pour l'instant, ce transfert n'est pas permanent, l'unité revient automatiquement du lieu où elle a été télétransportée au bout d'un court moment. Le télétransport n'a pas encore livré tous ses mystères, il faut donc l'utiliser avec précaution.

Structures et unités alliées

Leurres

Coût : 50

Puissance : 30

Blindage : Aucun

Rôle/Utilisation : Sert à tromper l'ennemi

Alimentation électrique nécessaire : -2

Les leurres sont des répliques des chantiers de construction, des usines d'armement, des dômes radar et des chantiers navals. Il est pratiquement impossible de les distinguer des constructions réelles : ils ne se révèlent faux qu'une fois détruits par l'ennemi. Ne coûtant que 50 crédits chacun, les leurres sont un investissement fort utile pour votre système de défense.

Barrière de sacs de sable

Coût : 25

Puissance : 1

Blindage : Léger

Rôle/Utilisation : Défense passive

Alimentation électrique nécessaire : Aucune

Les barrières de sacs de sable ne constituent un obstacle que pour l'infanterie ennemie. Tous les véhicules blindés peuvent en effet rouler par-dessus. Cependant, ces barrières judicieusement positionnées peuvent renforcer les défenses de la base pour un coût très minime. En ménageant une ouverture flanquée de bunkers dans une barrière de sacs de sable, vous pouvez créer un goulot d'étranglement qui attirera l'infanterie ennemie en vous fournissant une excellente opportunité de les abattre.

Chapitre 2

Mur en béton

Coût : 100

Puissance : 1

Blindage : Lourd

Rôle/Utilisation : Défense passive

Alimentation électrique nécessaire : Aucune

Dès que cette option est accessible, utilisez-la pour protéger la totalité du périmètre de votre base. Les véhicules blindés ne peuvent ouvrir de brèche dans ces barrières, bien que les tanks ennemis puissent les bombarder et les traverser. Ne vous croyez donc pas trop en sécurité derrière ces murs en béton. Toute unité ennemie peut voir et tirer par-dessus leur sommet.

Unités alliées

Mitrailleurs

Coût : 100

Puissance : 50

Blindage : Aucun

Arme : Fusil M-16

Portée : 3

Dégâts : 15

Vitesse de déplacement/de tir : 4

Ils constituent le gros de vos troupes, c'est l'unité d'infanterie de base pour les Alliés. Les mitrailleurs sont bon marché et très efficaces dans la lutte contre l'infanterie ennemie. Cependant, les chiens d'attaque, les lance-flammes et les grenadiers se débarrasseront rapidement de ces unités vulnérables. Faites en sorte de

Structures et unités alliées

leur garder une distance de sécurité à chaque fois que cela est possible.

Médecin

Coût : 800

Puissance : 80

Blindage : Aucun

Arme : Pansements

Portée : 1,83

Dégâts : -50

Vitesse de déplacement/de tir : 4

Les Soviétiques ne disposent pas de ces unités inestimables, les médecins constituent donc un des meilleurs atouts des alliés. Les médecins pansent rapidement et automatiquement toute unité blessée se trouvant à leur portée, dans un rayon d'un peu moins de deux mètres. Les médecins peuvent soigner leurs propres collègues mais ne peuvent se soigner eux-mêmes ; vous devez donc les protéger et les laisser en dehors de l'action lors d'une attaque incendiaire.

Bazookas

Coût : 300

Puissance : 45

Blindage : Aucun

Arme : Bazooka

Portée : 6

Dégâts : 30

Vitesse de déplacement/de tir : 3

Chapitre 2

Les bazookas sont une arme radicale contre les blindés ennemis et les avions. Produisez-en rapidement, surtout pour les missions initiales au cours desquelles vous ne pouvez construire des blindés ou des canons anti-aériens. Cependant, ils sont très vulnérables face à l'infanterie ennemie. Vous devez donc les maintenir hors de portée des ennemis à chaque fois que vous le pouvez. Lorsque votre base est attaquée par les avions soviétiques, les bazookas offrent un moyen de défense efficace et bon marché. Même lorsque les canons anti-aériens sont disponibles, lors des dernières missions, les bazookas restent très utiles en renforcement de la puissance de feu de ceux-ci.

Espion

Coût : 500

Puissance : 25

Blindage : Aucun

Arme : Aucune

Portée : —

Dégâts : —

Vitesse de déplacement/de tir : 4

Il ne porte pas d'arme et les chiens d'attaque peuvent le repérer à son battement de cœur, mais il peut s'infiltrer incognito dans une base soviétique. Les espions sont invisibles pour tous leurs ennemis, sauf pour les chiens. En général, les espions rassemblent des informations secrètes sur la puissance des ennemis en matière d'armes et de bâtiments. Il peut également transmettre aux Alliés un signal sonar lorsqu'il s'est introduit dans un port sous-marin. Les espions doivent accomplir des tâches spécifiques dans certaines missions, comme récupérer Tanya, dans la Mission alliée 5a et ses variantes.

Structures et unités alliées

Ingénieur

Coût : 300

Puissance : 25

Blindage : Aucun

Arme : Aucune

Portée : —

Dégâts : —

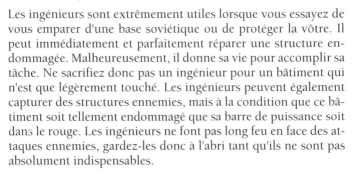

Vitesse de déplacement/de tir : 4

Les ingénieurs sont extrêmement utiles lorsque vous essayez de vous emparer d'une base soviétique ou de protéger la vôtre. Il peut immédiatement et parfaitement réparer une structure endommagée. Malheureusement, il donne sa vie pour accomplir sa tâche. Ne sacrifiez donc pas un ingénieur pour un bâtiment qui n'est que légèrement touché. Les ingénieurs peuvent également capturer des structures ennemies, mais à la condition que ce bâtiment soit tellement endommagé que sa barre de puissance soit dans le rouge. Les ingénieurs ne font pas long feu en face des attaques ennemies, gardez-les donc à l'abri tant qu'ils ne sont pas absolument indispensables.

Voleur

Coût : 500

Puissance : 25

Blindage : Aucun

Arme : Aucune

Portée : —

Dégâts : —

Vitesse de déplacement/de tir : 4

Chapitre 2

Leur aptitude à se faufiler furtivement dans les silos ou les raffineries de minerai pour voler la moitié des crédits qu'ils renferment rend les voleurs extrêmement précieux. Ne leur imposer pas de long trajet à découvert, ils ont tendance à se faire abattre lorsqu'exposés au feu ennemi. Notez que les voleurs ne sont disponibles qu'en mode multijoueurs.

Tanya

Coût : 1 200

Puissance : 100

Blindage : Aucun

Arme : Colt 45

Portée : 5,75

Dégâts : 50/2 coups

Vitesse de déplacement/de tir : 5

Tanya est une fille au passé mystérieux qui ne mâche pas ses mots. Vous allez peut-être vous lasser de ses formules à l'emporte-pièce, mais Tanya est une meurtrière. Armée de deux colts de calibre 45, c'est un très bon tireur, et son arme fantastique et son œil de lynx la rendent encore plus dangereuse. Elle peut descendre toute unité d'infanterie soviétique avant même que celle-ci n'ait pu tirer une rafale dans sa direction, et sachez qu'elle apprécie fort de faire sauter tout ce qu'elle voit. Tanya doit être protégée à tout prix, maintenez-la à distance respectueuse des bobines de Tesla et des tours lance-flammes. Une dernière information : Tanya n'est disponible qu'en mode multijoueurs.

Structures et unités alliées

Poseur de mines anti-tanks

Coût : 800

Puissance : 100

Blindage : Moyen

Arme : Mines

Portée : —

Dégâts : Non communiqué

Vitesse de déplacement/de tir : 9

Ces véhicules peuvent poser cinq mines lorsqu'ils sont chargés à bloc : ils représentent un outil idéal pour dresser des pièges aux blindés soviétiques. En outre, les poseurs de mines sont l'une des unités au sol les plus rapides pendant les batailles, et lorsque des unités d'infanterie ennemie leur barrent la route, leurs chenilles sont remarquablement efficaces. Lorsqu'un poseur de mines est vide, laissez-le à proximité des points d'assaut soviétiques afin de pouvoir l'utiliser pour écraser l'infanterie ennemie. Les centres de services sont aptes à réarmer les poseurs de mines, il est donc conseillé de construire un de ces centres le plus tôt possible.

Collecteur de minerai

Coût : 1 400

Puissance : 600

Blindage : Lourd

Arme : Aucune

Portée : —

Dégâts : —

Vitesse de déplacement/de tir : 6

Chapitre 2

Ces gros véhicules sont lents mais incroyablement robustes. Gardez l'œil sur le niveau de la barre de puissance de ces collecteurs de minerai et envoyez-les au centre de services dès qu'ils sont sérieusement endommagés. Un collecteur de minerai est trop important et trop cher pour le perdre bêtement. Comme le chapitre traitant de stratégie générale vous le conseille, veillez à faire escorter chaque collecteur travaillant à proximité d'unités ennemies par une force de protection. Lorsqu'un collecteur se trouve près de soldats soviétiques, écrasez-les.

Ranger

Coût : 600

Puissance : 150

Blindage : Léger

Arme : Mitrailleuse M-60

Portée : 4

Dégâts : 15

Vitesse de déplacement/de tir : 12

La première arme du ranger est sa vitesse. Elle lui permet de faire la reconnaissance rapide de toute une zone et de quitter le terrain en quatrième vitesse lorsque les tirs commencent. Lorsque vous défendez une base, servez-vous des mitrailleuses des rangers pour affaiblir les troupes ennemies, en les positionnant sur le pourtour du champ de bataille. Lors d'un assaut, les rangers soutiendront les troupes d'infanterie alliée. Mais faites attention, si vous oubliez vos rangers quand vous êtes dans le feu de l'action, ils seront rapidement réduits en bouillie. Soyez toujours prêt à les maintenir sans cesse en mouvement, en vous servant ingénieusement de leur vitesse. Leurs mitrailleuses sont des plus efficaces contre l'infanterie ennemie, mais le tir combiné de plusieurs rangers peut également détruire rapidement des véhicules blindés.

Structures et unités alliées

Tank léger

Coût : 600

Puissance : 300

Blindage : Moyen

Arme : Canon de 75 mm

Portée : 4

Dégâts : 25

Vitesse de déplacement/de tir : 10

Les tanks légers alliés ne font pas le poids devant la puissance de feu supérieure des blindés soviétiques lors d'une fusillade rapprochée, mais ils sont très efficaces lorsqu'ils sont en groupes. Essayez de les regrouper par groupes de deux, trois, voire de quatre véhicules. Au cours d'un combat rapproché, n'oubliez pas de déplacer les tanks individuellement pour aplatir l'infanterie voisine.

VTB (Véhicule de transport blindé)

Coût : 800

Puissance : 200

Blindage : Lourd

Arme : Mitrailleuse M-60

Portée : 4

Dégâts : 15

Vitesse de déplacement/de tir : 14

Inutile de dire que la précieuse cargaison du VTB exige une protection extrême contre les tirs ennemis. Faisant partie d'une grosse force d'assaut, les VTB doivent être maintenus à l'arrière du front et hors d'atteinte des tirs. Lorsque la force alliée a atteint sa destination — en général une base soviétique —, utilisez

Chapitre 2

la vitesse-éclair des VTB pour décharger ses troupes autour des autres unités. Une fois le véhicule vidé de son contenu, laissez sa mitrailleuse se retourner contre l'infanterie ennemie ou ordonnez au véhicule d'écraser les unités au sol.

Artillerie

Coût : 600

Puissance : 75

Blindage : Léger

Arme : Canon de 155 mm

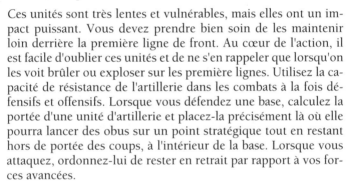

Portée : 6

Dégâts : 150

Vitesse de déplacement/de tir : 6

Ces unités sont très lentes et vulnérables, mais elles ont un impact puissant. Vous devez prendre bien soin de les maintenir loin derrière la première ligne de front. Au cœur de l'action, il est facile d'oublier ces unités et de ne s'en rappeler que lorsqu'on les voit brûler ou exploser sur les première lignes. Utilisez la capacité de résistance de l'artillerie dans les combats à la fois défensifs et offensifs. Lorsque vous défendez une base, calculez la portée d'une unité d'artillerie et placez-la précisément là où elle pourra lancer des obus sur un point stratégique tout en restant hors de portée des coups, à l'intérieur de la base. Lorsque vous attaquez, ordonnez-lui de rester en retrait par rapport à vos forces avancées.

Tank moyen

Coût : 800

Puissance : 400

Blindage : Lourd

Arme : Canon de 90 mm

Structures et unités alliées

Portée : 4,75

Dégâts : 30

Vitesse de déplacement/de tir : 9

Le tank moyen allié est l'arme la plus susceptible de se mesurer aux puissants blindés soviétiques. Bien que doté d'un seul canon, et donc inférieur en cela aux doubles canons du tank moyen soviétique, plusieurs tanks alliés peuvent encercler le blindé ennemi. Là encore, utilisez vos tanks moyens en groupes pour accroître leur puissance de feu. Les tanks moyens provoquent les tirs des blindés soviétiques, soyez donc prêts à tirer parti de cette tendance pour éliminer au maximum, avec vos autres véhicules, les unités ennemies qui attaquent vos tanks.

Générateur d'ombre mobile

Coût : 600

Puissance : 110

Blindage : Léger

Arme : Génère de l'ombre

Portée : —

Dégâts : —

Vitesse de déplacementde tir : 9

Cette unité occupe sensiblement la même fonction que le générateur d'ombre fixe, mais l'envergure de l'ombre qu'il projette est nettement inférieure. Bien que vous ne puissiez couvrir la totalité de la base avec le générateur d'ombre mobile, vous pouvez masquer plusieurs unités grâce à lui.

Chapitre 2

VCM (Véhicule de construction mobile)

Coût : 2 500

Puissance : 600

Blindage : Lourd

Arme : Aucune

Portée : —

Dégâts : —

Vitesse de déplacement/de tir : 6

L'équipement de construction demeure clairement le plus important de toute base et doit être protégé en priorité contre les attaques soviétiques, qui en feront vraisemblablement leur cible favorite. Si vous disposez de deux VCM, utilisez le deuxième soit pour construire une seconde base, soit pour étendre le rayon d'action d'une base existante, selon les besoins spécifiques de la mission en cours.

Transport

Coût : 700

Puissance : 350

Blindage : Moyen

Arme : Aucune

Portée : —

Dégâts : —

Vitesse de déplacement/de tir : 14

Capable de transporter sur l'eau cinq unités terrestres, les transports constituent un instrument essentiel dans la constitution d'une force d'invasion. Ces "vaisseaux" sont les plus rapides des unités navales alliées, mais ils sont aussi particulièrement vulnérables. La perte d'un transport et de son chargement humain est

Structures et unités alliées

un désastre. Protégez-les donc avec une escorte constituée d'aviso-torpilleurs ou de contre-torpilleurs à chaque fois que cela est possible.

Aviso-torpilleur

Coût : 500

Puissance : 200

Blindage : Léger

Arme : Canon de 5 cm et lanceur de grenades sous-marines

Portée : 5,5/5

Dégâts : 25/80

Vitesse de déplacement/de tir : 9

Les aviso-torpilleurs sont les navires de guerres alliés les plus maniables ; leur vitesse de déplacement élevée est due à la légèreté de leur blindage et à la faiblesse de leur puissance de feu. Tout comme les rangers sur le terrain, les aviso-torpilleurs sont des plus performants en missions de reconnaissance. Ils sont très efficaces en détection et destruction de sous-marins soviétiques, même s'ils ne feront pas long feu lors d'une confrontation. En en regroupant plusieurs, vous pouvez utiliser leurs grenades sous-marines pour achever un sous-marin tout en réduisant vos propres pertes au minimum.

Contre-torpilleur

Coût : 1 000

Puissance : 400

Blindage : Moyen

Arme : Nacelle de missiles Hellfire et charges sous-marines

Portée : 9/5

Chapitre 2

Dégâts : 30/80

Vitesse de déplacement/de tir : 6

Le contre-torpilleur est vraisemblablement l'unité navale offensive la plus souple de l'arsenal allié. Ses deux lance-torpilles en font une menace de première force contre les sous-marins soviétiques, et ses missiles Hellfire peuvent faire des ravages à la fois sur les avions ennemis et les unités au sol. Tout comme les aviso-torpilleurs, les contre-torpilleurs doivent être utilisés pour escorter les transports vulnérables et pour repérer et détruire les sous-marins ennemis avant même qu'ils ne puissent attaquer.

Croiseur

Coût : 2 000

Puissance : 700

Blindage : Lourd

Arme : Canon d'artillerie de 20 cm

Portée : 22

Dégâts : 500/2 coups

Vitesse de déplacement/de tir : 4

Avec sa longue portée de tir et sa puissance de feu, le croiseur est l'unité la plus puissante de l'arsenal allié, que ce soit sur terre ou sur mer. Bien que lourdement blindé, sa faible puissance défensive le rend vulnérable aux attaques des sous-marins et avions ennemis. Lorsque vous avez la chance de posséder des croiseurs, efforcez-vous de les faire escorter par des avisotorpilleurs et/ou des contre-torpilleurs. Ces conditions réunies, vous pouvez profiter du spectacle et les voir réduire une base soviétique en cendres.

Structures et unités alliées

Hélicoptère d'assaut

Coût : 1 200

Puissance : 125

Blindage : Lourd

Arme : Missiles Hellfire

Portée : 4

Dégâts : 40/2 coups

Vitesse de déplacement/de tir : 16

L'hélicoptère d'assaut (Apache Longbow) est une arme offensive mortelle, dont les missiles Hellfire sont capables de rayer de la carte les blindés soviétiques en quelques secondes. Bien qu'étant avant tout une arme offensive, il peut également constituer une arme défensive. Lorsque les Soviétiques attaquent une base alliée équipée de tels hélicoptères, vous pouvez envoyer ces hélicos pour éventrer les blindés ennemis, avant même que la base ne soit à portée de leur tir. Cependant, il est inutile de vous servir des hélicoptères d'assaut pour détruire des cibles inconsistantes comme l'infanterie. Ne gaspillez pas vos munitions sur les troupes terrestres.

Satellite GPS

Coût : —

Puissance : —

Blindage : Aucun

Arme : Produit des images satellite

Portée : —

Dégâts : —

Vitesse de déplacement/de tir : —

Chapitre 2

Le satellite GPS se construit et est lancé automatiquement depuis le centre technique allié. Son système de positionnement global (GPS) fournit une vision globale de la carte et permet aux Alliés de visualiser les mouvements de troupes ennemis. A la différence du dôme radar, le satellite GPS ne coûte et ne consomme rien.

Signal Sonar

Coût : —

Puissance : —

Blindage : —

Arme : Fournit une image sonique

Portée : —

Dégâts : —

Vitesse de déplacement/de tir : —

Si vous introduisez un espion dans un port sous-marin, vous pourrez lancer un signal sonar, ce qui vous révèlera momentanément l'emplacement et le nombre des sous-marins ennemis sur la carte. Ces informations peuvent être capitales lorsque vous préparez une offensive navale ; elles vous permettront d'éviter les sous-marins mortels et de ramener votre force d'invasion saine et sauve sur la terre ferme.

3

Structures et Unités soviétiques

Chapitre 3

Voici le champ de bataille, camarade. J'ai eu de bons échos quant à votre aptitude à commander. Cependant, comme dans toute profession, votre valeur est liée à celle des armes dont vous disposez. Or l'armée de Staline possède le meilleur matériel existant.

Les sections ci-après fournissent les renseignements nécessaires sur toutes les structures et unités à votre disposition pour combattre les Alliés. Lisez attentivement chaque descriptif pour utiliser les divers moyens au maximum de leurs capacités.

Structures soviétiques

La machine de guerre soviétique est semblable à un prédateur très mobile. Nous vous avons fourni la dernière nouveauté en matière de technologie mobile de construction de base. En partant d'un seul véhicule de construction mobile (VCM), vous pouvez bâtir une formidable forteresse sur les lignes mêmes du front.

Cette section détaille les différentes structures à construire. Ces structures requièrent au préalable un chantier de construction. Vous serez parfois assigné à un poste doté d'un chantier de construction pré-existant ; votre tâche consistera alors à trouver par vous-même un emplacement approprié pour pouvoir déployer le VCM.

Chaque descriptif de structure comporte les données suivantes :

- **Coût** : le coût (exprimé en crédits) de construction de cette structure
- **Puissance** : le nombre de coups que cette structure peut supporter avant d'être détruite.
- **Blindage** : la qualité du blindage protégeant cette structure des attaques alliées.

Structures et Unités soviétiques

- **Alimentation électrique nécessaire** : la quantité de puissance consommée par cette structure. Sachez que certaines structures produisent du courant au lieu d'en consommer. L'indication est donnée par un signe positif ("+").
- **Arme** : l'arme dont dispose la structure (le cas échéant).
- **Portée** : la portée de l'arme que renferme la structure.
- **Dégâts** : le nombre de coups portés à la cible par l'arme de la structure.

Note : Les rubriques "Puissance" et "Dégâts" sont intrinsèquement liées. En effet, le montant des dégâts portés à la cible par l'arme en question est soustrait à la puissance de la cible visée. Lorsque la rubrique "Puissance" atteint la valeur 0, cela signifie que la cible est détruite.

Note : La portée est exprimée en termes d'unités sur le champ de bataille. Chaque "unité" possède environ la largeur d'un silo à minerai.

Chantier de construction

Coût : 5000 (pour le VCM)

Puissance : 800

Blindage : Lourd

Rôle/Utilisation : Permet de construire d'autres structures

Alimentation électrique nécessaire : 0

Le chantier de construction est le cœur de la base soviétique. C'est la structure préalable indispensable à la construction des vôtres. Si vous perdez votre chantier de construction, vous cesserez de construire.

Chapitre 3

Vous pouvez remplacer ce composant vital en construisant un chantier de construction mobile, mais cette opération est à la fois onéreuse et lente. Cependant, l'existence d'un deuxième chantier de construction permet de réduire d'une façon conséquente le temps nécessaire à la production d'autres structures.

Note : Au cours de certaines missions, le haut commandement soviétique jugera peut-être bon de vous fournir un VCM supplémentaire. Lorsque ce privilège vous sera accordé, utilisez-le à bon escient.

Prenez vos précautions en déployant un VCM. Essayez de rentabiliser l'emplacement choisi en restant à la fois relativement près des gisements de minerai, vitaux et assez loin des champs de bataille. Essayez d'utiliser toutes les couvertures naturelles disponibles ; il peut s'écouler un certain temps avant que votre système de défense ne soit efficace. Si votre chantier de construction est pris sous le feu allié, réparez-le rapidement au risque de le perdre.

Note : La construction d'un VCM n'est disponible qu'en mode Multijoueur.

Centrale électrique

Coût : 300

Puissance : 400

Blindage : Léger

Rôle/Utilisation : Produit de l'énergie

Alimentation électrique fournie : +100

Chaque structure construite requiert une certaine quantité d'énergie pour pouvoir fonctionner. Si cette énergie n'est pas suffisante, votre système de défense sera inefficace : votre radar

Structures et Unités soviétiques

ne vous fournira aucune image et votre chantier de construction, ainsi que les autres structures productives telles que l'usine d'armement, la piste d'atterrissage, etc., se construiront très lentement.

La centrale électrique fournit suffisamment d'énergie pour entretenir les structures vitales de votre base, mais vous aurez généralement besoin d'en construire plusieurs pour que votre base tourne à plein. Gardez un œil sur la barre d'énergie située dans la barre d'icônes.

Bâtissez vos centrales.électriques dans l'enceinte protectrice de votre base. Ne laissez pas les Alliés détruire une seule de vos centrales électriques, mais essayez toujours d'en posséder une d'avance par rapport à vos besoins réels. Si l'une d'entre elle est endommagée, réparez-la rapidement pour produire à nouveau l'énergie maximale dont elle est capable.

Note : Les centrales électriques produisent moins d'énergie lorsqu'elles sont endommagées.

Centrale électrique avancée

Coût : 500

Puissance : 700

Blindage : Léger

Rôle/Utilisation : Produit de l'énergie

Alimentation électrique fournie : +200

La centrale électrique avancée fournit deux fois plus d'énergie qu'une centrale électrique standard. Très utile pour faire fonctionner les structures plus vastes et complexes, ce type de centrale ne sera disponible qu'à partir du moment où vous aurez effectivement besoin de cette énergie. L'ironie du sort, camarade, c'est que vous vous rendrez compte que vous en construirez autant que des standard. Mais le progrès coûte cher.

39

Chapitre 3

Outre une production d'énergie accrue et un doublement de la surface construite, cette centrale électrique fonctionne de la même manière que son homologue inférieure. Le choix de son emplacement est plus difficile par la surface qu'elle occupe sur le terrain. Veillez à laisser de grands espaces disponibles pour ces implantations au sein-même du périmètre protecteur de votre base.

Note : Tout comme la centrale électrique standard, l'avancée produit moins d'énergie lorsqu'elle est endommagée.

Raffinerie de minerai

Coût : 2000

Puissance : 900

Blindage : Léger

Rôle/Utilisation : Permet d'obtenir des crédits

Alimentation électrique nécessaire : 30

Pour agrandir votre base, il vous faut du matériau. Celui-ci provient du minerai brut arraché à la terre par les collecteurs et transformé en matériau de construction approprié pour les structures et le blindage.

Au fur et à mesure que ce minerai est rassemblé par vos collecteurs, il est déchargé dans la raffinerie pour y être traité et stocké. Chaque raffinerie peut traiter le minerai à mesure que les collecteurs le lui apportent, mais l'espace de stockage d'une raffinerie est limité. Chacune ne peut contenir que 2 000 crédits de minerai fondu. Vous devez construire des lieux de stockage complémentaires pour y conserver le minerai en surplus.

Astuce : La méthode de stockage du minerai ne constitue pas un crédit. Le minerai traité est conservé sous forme de

Structures et Unités soviétiques

crédits d'une valeur équivalente. Cependant, ce matériau nécessite un espace de stockage. Les crédits trouvés dans des caisses ou récupérés lors d'une vente de structure ne requièrent aucun stockage. Puisque votre minerai se transforme en crédits lorsque vous créez une unité ou une structure, vous pouvez réduire fortement l'espace requis pour stocker votre minerai en construisant systématiquement des structures onéreuses et en les annulant lorsqu'elles sont achevées. Cette méthode transformera efficacement votre minerai (qui requiert de l'espace de stockage) en crédits (qui n'occupent pas de place).

Sachez que les Alliés ont la possibilité d'employer des voleurs pour vous dérober vos revenus. Si l'une de ces unités alliées s'introduit dans votre raffinerie, elle pourra s'en échapper en emportant la moitié de ce qu'elle contenait. Il vous est donc recommandé de protéger vos raffineries à l'aide de quelques chiens d'attaque pour immobiliser le voleur.

Chaque raffinerie est livrée avec un collecteur de minerai chargé de ramasser et de le transporter à bon port. Vous pouvez accélérer le processus et accroître vos revenus en construisant d'autres collecteurs.

Note : Lorsque vous vendez une raffinerie, vous ne récupérez que 300 crédits parce que dans le prix d'une raffinerie, il faut compter 1 400 crédits pour le collecteur de minerai.

Silo à minerai

Coût : 150

Puissance : 300

Blindage : Léger

Rôle/Utilisation : Installation permettant de stocker le minerai

Alimentation électrique nécessaire : 10

Chapitre 3

Comme indiqué plus haut, la capacité de stockage en minerai de vos raffineries n'est que de 2 000 crédits. Dès que vos collecteurs livrent plus de minerai qu'il n'y a d'espace de stockage dans la raffinerie, vous devez construire des emplacements de stockage supplémentaires : c'est ici que le silo à minerai entre en jeu.

Chacune de ces structures compactes peut contenir du minerai pour une valeur de 1 500 crédits. Cependant, elles ne sont pas suffisamment blindées pour résister au feu allié. Sachez que si un silo est détruit, vous perdez non seulement la structure, mais aussi son contenu. Il n'est pas nécessaire d'ajouter que la perte de silos à minerai peut vous coûter très cher. Protégez-les bien.

Les silos à minerai sont également susceptibles d'intéresser les voleurs alliés, dispersez donc quelques chiens d'attaque autour.

> **Astuce :** Pour agrandir votre base, vous devez bâtir les structures qui fournissent de l'énergie l'une à côté de l'autre. Ceci signifie que vous ne pouvez agrandir votre base à l'aide de clôtures barbelées ou de murs en béton (ce qui était possible sur la première version du jeu *Command & Conquer*). Néanmoins, le silo à minerai est un moyen peu onéreux d'agrandir votre base en peu de temps. Utilisez plusieurs silos pour atteindre la limite que vous visez, construisez la structure de votre choix, puis vendez les silos. Vous pouvez utiliser cette technique de façon efficace pour déplacer des bobines de Tesla plus près de l'ennemi ou positionner des missiles SAM hors du périmètre de votre base.

Casernes

Coût : 300

Puissance : 800

Blindage : Léger

Rôle/Utilisation : Produit l'infanterie et les ingénieurs soviétiques

Alimentation électrique nécessaire : 20

Structures et Unités soviétiques

Les hommes sont la cheville ouvrière de toute armée qui se respecte, et celle de Staline ne fait pas exception à la règle. Bien que nous, Soviétiques, nous nous enorgueillissions de notre puissance, nous ne pouvons pas minimiser la contribution apportée par ne serait-ce qu'un seul soldat à notre cause.

La construction de casernes vous permettra d'entraîner rapidement des troupes à déployer sur le front. Au départ, vous ne pourrez entraîner que les mitrailleurs et les grenadiers, mais plus avant dans la mission, vous pourrez entraîner des unités de grande valeur comme les ingénieurs, ou de grande efficacité comme l'infanterie lance-flammes.

Sachez que cette structure n'est pas très solide, mais ne doit pas être implantée vers l'arrière de votre base. Bâtissez vos casernes là où le déploiement des soldats quittant cette structure sera le plus efficace.

Astuce : La construction de casernes supplémentaires réduit le temps d'entraînement nécessaire pour chaque soldat. Sachez que les soldats entraînés peuvent sortir de la caserne de votre choix, en cliquant tout simplement deux fois dessus. Attendez qu'un message vocal vous indique que cette structure a été sélectionnée comme caserne principale.

Chenil

Coût : 200

Puissance : 400

Blindage : Léger

Rôle/Utilisation : Fournit des chiens d'attaque

Alimentation électrique nécessaire : 10

Chapitre 3

Le chenil vous permet d'entraîner et de déployer les féroces chiens d'attaque soviétiques. Cette structure doit être placée là où vous aurez besoin de disperser vos chiens, c'est-à-dire, vers le centre de votre base.

Sachez qu'à l'instar des casernes, l'existence de plusieurs chenils réduira le temps nécessaire à l'entraînement de l'un de vos animaux favoris. Les chiens entraînés peuvent sortir du chenil de votre choix, en cliquant deux fois dessus. Attendez qu'un message vocal stipule que la structure sélectionnée est devenue le chenil principal.

Usine d'armement

Coût : 2 000

Puissance : 1 000

Blindage : Léger

Rôle/Utilisation : Produit des unités terrestres soviétiques

Alimentation électrique nécessaire : 30

Cette structure vous permet de construire vos blindés, depuis les collecteurs de minerai supplémentaires jusqu'au puissant tank Mammouth. Sachez que vous ne serez en mesure de construire que les unités nécessaires pour gagner chaque bataille. Ce n'est qu'en grimpant les échelons que vous pourrez disposer d'autres unités. Utilisez-les toutes à bon escient.

> **Note :** Certaines unités requièrent l'existence préalable d'autres structures, en plus de l'usine d'armement. Par exemple, vous devez avoir un centre de services et une usine d'armement pour construire un tank Mammouth.

Tout comme les autres structures productrices d'unités, les usines d'armement supplémentaires permettent de réduire le temps nécessaire à la construction des unités. Placez chaque usine d'ar-

Structures et Unités soviétiques

mement suffisamment près de l'action pour pouvoir déployer rapidement les unités produites, mais maintenez-la sous la protection de votre système de défense. Cette structure est trop onéreuse et sa valeur trop grande pour la perdre par manque de prévoyance.

Note : Les unités peuvent sortir de l'usine d'armement de votre choix, en cliquant deux fois dessus. Attendez qu'un message vocal stipule que cette structure est devenue l'usine principale.

Astuce : Lorsqu'une unité est créée, elle sort par la façade avant de l'usine d'armement. Veillez à laissez suffisamment d'espace devant l'entrée et autour de vos usines pour pouvoir faire patienter vos unités jusqu'à ce que vous puissiez les déployer ailleurs.

Port sous-marin

Coût : 650

Puissance : 1 000

Blindage : Léger

Rôle/Utilisation : Produit des sous-marins et des transports

Alimentation électrique nécessaire : 30

Le port sous-marin est l'équivalent d'une usine d'armement pour vos sous-marins. Cette structure vous permet de construire des sous-marins et des transports. Pour cela, elle doit être bâtie sur l'eau et l'espace doit être suffisant pour contenir les unités produites.

Créer des ports sous-marins supplémentaires réduira le temps nécessaire à la construction des sous-marins et des transports. Les unités peuvent sortir du port sous-marin de votre choix, en

45

Chapitre 3

cliquant deux fois dessus. Attendez qu'un message vocal stipule que cette structure est devenue le port principal.

Trouver l'emplacement idéal d'un port sous-marin est très difficile. En effet, la nécessité de l'implanter sur l'eau la rend vulnérable aux bobines de Tesla et aux missiles SAM. Lorsque cela est possible, sélectionnez une baie dont l'emplacement est stratégique et placez des défenses appropriées sur les rives qui l'entourent. Vous pouvez également laisser quelques sous-marins à proximité du port pour qu'ils soient sur place en cas d'attaque navale des Alliés.

Note : Outre la production d'unités basées sur l'eau, le port sous-marin fait également office de centre de services pour ces mêmes unités. Pour réparer une unité produite dans le port sous-marin, il suffit de l'y ramener (le curseur de déplacement se transforme en une série de flèches pointant vers le bas). Lorsqu'elle sera à quai, la réparation de l'unité commencera. Vous serez averti quand l'unité aura récupéré sa puissance de fonctionnement maximale. La réparation nécessite des crédits d'un montant égal aux dommages subis. (Cette fonctionnalité est sensiblement la même que dans un centre de services.)

Piste d'atterrissage

Coût : 600

Puissance : 1 000

Blindage : Lourd

Rôle/Utilisation : Produit des Yaks, des MIG

Permet d'obtenir : Avion espion, parachutistes, parabombes

Alimentation électrique nécessaire : 30

Cette structure simple vous permet d'accéder à la puissance aérienne soviétique.

Structures et Unités soviétiques

Cette courte piste vous permet de construire et de faire atterrir les Yaks et les MIG. Même si la construction de pistes d'atterrissages supplémentaires réduit le temps de production de ces unités, il vous faut une piste par avion construit. En fait, si vous n'avez pas de piste disponible, vous ne pouvez construire aucun avion. De plus, si une piste d'atterrissage est détruite pendant que l'avion qui lui est assigné est en vol, ce dernier ne pourra atterrir et s'écrasera lors de son retour à la base.

Outre le Yak et le MIG, la construction d'une piste d'atterrissage vous permet d'obtenir l'avion espion et le bombardier Blaireau. Sachez que ces unités peuvent être appelées de pistes environnantes et ne doivent pas nécessairement atterrir sur votre base.

Note : Au départ, vous ne serez en mesure de construire que des Yaks. Plus tard, vous pourrez produire des avions espion et des parachutistes à partir du bombardier Blaireau. En montant les échelons, vous pourrez ensuite obtenir des MIG et vous servir du bombardier pour lâcher des parabombes.

Astuce : Vous pouvez commencer à fabriquer un Yak ou un MIG tout en lançant la construction d'une piste d'atterrissage. Si l'avion est terminé avant la piste, il sera conservé dans la barre d'icônes. Placez la piste d'atterrissage terminée, puis cliquez sur l'icône de l'avion pour le positionner sur cette nouvelle piste. Grâce à cette méthode, vous pouvez accroître la vitesse de production d'avions supplémentaires de manière significative.

Chaque piste d'atterrissage sert également à ravitailler en essence et à réarmer les avions qui s'y posent. Sachez que le canon à chaîne du Yak nécessite un temps de réarmement beaucoup plus long que le système de missiles du MIG.

Note : Vous pouvez choisir la piste d'atterrissage qui recevra l'avion que vous venez de construire en cliquant dessus

Chapitre 3

deux fois. Attendez qu'un message vocal stipule que la structure sélectionnée est devenue la piste d'atterrissage principale.

Les avions au sol sont particulièrement vulnérables. Construisez vos pistes d'atterrissage largement à l'intérieur du périmètre protecteur de votre base.

Astuce : Essayez de regrouper vos pistes d'atterrissage à l'intérieur de votre base. Vous pourrez alors sélectionner tous vos avions et les rassembler à l'aide d'une touche de sélection de groupe. De cette manière, ils voleront en formation serrée et parviendront à destination à peu près en même temps.

Héliport

Coût : 1 500

Puissance : 800

Blindage : Léger

Rôle/Utilisation : Produit des hélicoptères Hind

Alimentation électrique nécessaire : 10

La construction d'un héliport vous permet de produire et d'accueillir des hélicoptères Hind. L'héliport sert également à ravitailler les hélicoptères en essence et à les réarmer. Cependant, vous devez déplacer chaque hélicoptère manuellement jusqu'à l'héliport pour qu'il y soit réarmé. Grâce à leur capacité à se poser presque partout, plusieurs Hind peuvent partager le même héliport.

Chaque héliport construit est automatiquement livré avec un Hind. Lorsque la construction est achevée, vous pouvez continuer à produire des Hind. En général, l'acquisition d'un héliport coûtant 300 crédits supplémentaires vaut la dépense.

Structures et Unités soviétiques

Note : Désignez l'héliport principal en suivant la même méthode que pour les autres structures : cliquez deux fois dessus et attendez le message vocal stipulant qu'il est devenu l'héliport principal.

De même que les autres avions, les Hind garés au sol sont extrêmement vulnérables. Construisez vos héliports bien à l'intérieur de vos lignes de défense.

Astuce : Comme pour les pistes d'atterrissage, il est avantageux de regrouper vos héliports. Lorsque vous attaquerez une cible avec plusieurs hélicoptères, ils resteront en formation serrée et parviendront à la cible au même moment.

Centre de services

Coût : 1 200

Puissance : 1 200

Blindage : Léger

Rôle/Utilisation : Répare les unités endommagées

Alimentation électrique nécessaire : 30

Les blessés et les dégâts sont inévitables en cas de guerre. Mais le centre de services permet d'éviter qu'il y en ait trop lorsque cela est possible.

Le centre de services est un atelier d'usinage de petite taille, dont les mécaniciens sont de vrais cracks. Ce centre est capable de réparer toute unité terrestre ou aérienne. Il suffit d'amener l'unité à proximité du centre (le curseur de déplacement se transforme en une série de flèches pointant vers le bas) et l'unité sera répa-

Chapitre 3

rée aussi vite que possible. Vous serez averti dès que la réparation sera terminée.

> **Note :** Le centre de services ne traite qu'une unité à la fois.

Sachez que cette fonctionnalité n'est pas gratuite : il faut sacrifier et du minerai et du temps. Les crédits seront dépensés en fonction de l'état de l'unité. Néanmoins, le coût sera beaucoup moins élevé et le temps de réparation moins long que pour créer une nouvelle unité.

Outre la réparation, le centre de services sert à réarmer le poseur de mines avec des mines AP. Lorsque vous amenez un poseur de mines à un centre de services, l'unité sera d'abord réparée, puis rechargée en mines.

> **Note :** Trouver la bonne implantation pour un centre de services peut être complexe. Puisque vous allez y amener des unités endommagées, il faut que le centre soit relativement en sécurité. Cependant, pour être efficace, il faut aussi qu'il soit accessible aux unités qui participent à l'action (car c'est bien là qu'elles reçoivent des coups !). Veillez à dégager le chemin qui conduit au centre de services et l'espace qui l'entoure.

Veuillez noter, camarade, qu'une insuffisance d'énergie, tout comme une insuffisance de crédits, peut provoquer l'arrêt de toute activité de réparation dans votre centre de services !

Dôme radar

Coût : 1000

Puissance : 1000

Blindage : Léger

Rôle/Utilisation : Fournit une vue radar

Structures et Unités soviétiques

Alimentation électrique nécessaire : 40

Votre mainmise sur le champ de bataille est essentielle pour la victoire. Mais vous êtes gêné par la vision relativement étroite que vous offre la fenêtre de visualisation du champ de bataille. Tandis que les troupes alliées sont occupées à se rassembler sur votre front Sud, vous devriez vous consacrer à la construction de votre chantier de construction. C'est à ce moment que l'ingéniosité du radar entre en jeu.

Une fois que vous avez construit un dôme radar, l'écran radar peut être activé. Cet écran vous présente ce qui se passe sur l'intégralité du champ de bataille, ou du moins sur les zones que vous avez fait sortir de l'ombre. Toutes les unités et structures visibles vous apparaîtront : les unités, sous forme de petits points de couleur et les structures, sous forme de petits pavés.

Note : Votre radar ne fonctionnera que si votre base fabrique suffisamment d'énergie.

Vous pouvez utiliser l'écran radar pour diriger vos unités vers la destination que vous leur avez fixée en sélectionnant celles que vous voulez déplacer, puis en cliquant sur la destination en question sur l'écran. Vous pouvez également cliquer sur l'écran radar pour passer rapidement de la vue principale à un endroit spécifique. Lorsque le curseur est en forme de rectangle sur l'écran radar, cliquez une fois et la zone délimitée par le curseur s'affichera en plein écran.

Astuce : L'écran radar est doté de deux tailles d'affichage : l'une présente les détails d'un petit secteur du terrain, tandis que l'autre présente une plus grande surface de la carte sans en montrer tous les détails. Pour basculer d'un mode à l'autre, il suffit de faire un clic droit. Apprenez à utiliser les deux modes d'affichage, cet apprentissage pourrait vous sauver la vie.

Chapitre 3

Etant donné son importance tactique, le dôme radar doit être placé à bonne distance de l'action et entouré de défenses solides.

> **Note :** Les espions alliés peuvent s'infiltrer dans votre dôme radar et voir tout ce que vous avez à l'écran. Mettez plusieurs chiens de garde autour de votre dôme pour les en empêcher.

Centre technique

Coût : 1500

Puissance : 600

Blindage : Léger

Permet de construire : Rideau de fer, silo à missiles, infanterie lance-flammes et tank Mammouth.

Alimentation électrique nécessaire : 100

La puissance militaire soviétique est fondée sur la résistance de son acier. Nos unités blindées n'ont aucun équivalent sur le champ de bataille. Cependant, une partie de notre puissance provient de notre technologie, il faut l'avouer.

La construction d'un centre technique dans le champ offre à vos équipes scientifiques et techniques un endroit sûr et productif pour travailler. C'est dans l'environnement protégé du centre technique qu'ils font le meilleur travail. Ce n'est qu'à cette condition que vous pourrez bâtir les unités soviétiques de la plus haute technologie.

Dès que vous avez achevé et implanté un centre technique, vous pouvez commencer à produire des tanks Mammouth, des silos à missiles et des unités d'infanterie lance-flammes. Bien entendu, d'autres conditions préalables sont requises pour pouvoir obtenir chacune de ces unités et structures.

Le centre technique doit être implanté dans le périmètre protecteur de votre système de défense. En effet, si vous le perdez, vous

Structures et Unités soviétiques

perdez également la capacité de produire les unités mentionnées ci-avant.

Astuce : Ne construisez pas de centre technique tant que vous n'en avez pas l'utilité. Il consomme de l'énergie qu'il vaut mieux utiliser pour votre système de défense tant que vous n'avez pas besoin des unités et des structures qu'il vous permet d'obtenir.

Astuce : Le centre technique allié leur permet de lancer un satellite GPS. Si vous le pouvez, capturez un centre technique allié pour récupérer un satellite de ce type.

Tour lance-flammes

Coût : 600

Puissance : 400

Blindage : Lourd

Alimentation électrique nécessaire : 20

Arme : Fireball

Portée : 4

Dégâts : 125 + impacts secondaires

La tour lance-flammes constitue votre système de défense fondamental contre l'infanterie et les véhicules légèrement blindés. A l'aide de simple effets pyrotechniques, la tour lance-flammes crache une impressionnante boule de feu qui anéantit tout sur son passage.

Cette structure consomme de l'énergie, mais elle ne s'arrête pas de fonctionner lorsque la barre d'énergie de votre base passe au rouge. Bien qu'elle soit très efficace contre l'infanterie (et même contre des groupes d'unités d'infanterie), la tour lance-flammes possèdent plusieurs défauts dont vous devez prendre connaissance.

Chapitre 3

Tout d'abord, vous devez considérer sa portée de tir. Plusieurs unités alliées peuvent rester hors de portée de ses projectiles tout en lui envoyant des salves féroces qui la réduiront en cendres. Essayez d'utiliser le terrain alentour à votre avantage, en forçant les unités ennemies à faire face à la tour seulement lorsqu'ils en sont fort près. Servez-vous des chiens et des blindés pour renforcer la tour ou implantez-la à proximité d'une bobine de Tesla.

Ensuite, les systèmes logiques en charge du ciblage et de la mise à feu de la langue de feu lancée par la tour ne font pas dans le détail : ils enverront cuire vos unités si elles se trouvent trop près de l'ennemi. Lorsque vous combattez les Alliés aux alentours de vos tours, ne vous approchez pas trop d'eux ! Gardez aussi un œil sur les patrouilles canines..

Astuce : Utilisez des clôtures barbelées et des murs en béton pour protéger vos tours lance-flammes tout en forçant l'ennemi à se déplacer à portée de tir des tours.

Bobine de Tesla

Coût : 1500

Puissance : 400

Blindage : Léger

Alimentation électrique nécessaire : 150

Arme : Eclair de Tesla

Portée : 7,5

Dégâts : 100

La bobine de Tesla constitue la meilleure défense que vous puissiez édifier pour lutter contre les troupes terrestres. Cette tour transforme l'énergie de la base en décharges électriques qui vont foudroyer les cibles ennemies. Bien qu'elle soit inefficace contre

Structures et Unités soviétiques

les avions, la bobine de Tesla peut détruire la plupart des unités et des structures d'une ou deux décharges.

La construction d'une bobine de Tesla est onéreuse, mais son coût réel réside dans sa consommation d'énergie. A certains moments, vous aurez l'impression de construire une centrale électrique avancée pour chaque nouvelle bobine que vous mettez en place. Ne craignez rien, camarade, le prix en vaut la chandelle : une seule bobine peut mettre à genoux toute une colonne de tanks alliés !

> **Note :** Chaque bobine de Tesla doit être chargée en énergie avant de faire feu. Cela prend quelques secondes et toutes les unités peuvent en entendre distinctement le timbre particulier. Néanmoins, chaque recharge lui permet d'envoyer trois décharges énergétiques avant de devoir être à nouveau chargée.

Bien que la bobine de Tesla soit particulièrement redoutable, elle est aussi vulnérable. Lorsque vous implantez une bobine, efforcez-vous de la protéger. Profitez des protections naturelles ou édifiez des murs de protection à l'intérieur de son périmètre de tir. Les unités alliées devront contourner ces murs pour atteindre la bobine, ce qui lui permettra de les réduire en cendres l'un après l'autre. En environnement particulièrement hostile, bâtissez les bobines de Tesla par groupes de deux.

> **Astuce :** Lorsque votre système de défense est fondé sur plusieurs bobines de Tesla, veillez à ce que leur portées respectives se chevauchent. Car rien n'est plus rageant que de voir des unités alliées se faufiler entre les décharges de deux bobines de Tesla en pleine action.

Si vous parvenez à placer les bobines assez près des structures ennemies, vous pouvez également utiliser leur souffle puissant pour désintégrer ces bâtiments. (Appuyez sur la touche Ctrl tout

Chapitre 3

en cliquant sur la structure en question pour forcer la bobine à faire feu dans cette direction.)

Astuce : A moins que vous n'ayez des problèmes récurrents dûs aux unités ennemies tentant de se faire un chemin jusqu'au centre de votre base, vendez les bobines de Tesla à mesure que vous vous agrandissez tout en conservant le noyau dur de vos bobines sur le périmètre externe de votre base. Bien que vous ne puissiez récupérer que la moitié de vos investissements en les vendant, l'épargne effective en dépenses d'énergie sera conséquente.

Missile SAM

Coût : 750

Puissance : 400

Blindage : Lourd

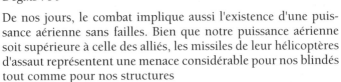

Alimentation électrique nécessaire : 20

Arme : Missile anti-aérien

Portée : 7,5

Dégâts : 50

De nos jours, le combat implique aussi l'existence d'une puissance aérienne sans failles. Bien que notre puissance aérienne soit supérieure à celle des alliés, les missiles de leur hélicoptères d'assaut représentent une menace considérable pour nos blindés tout comme pour nos structures

La batterie de missiles SAM (Missile Sol-Air) soviétique fournit une protection élémentaire contre les attaques aériennes. Chaque batterie met en jeu un système de recyclage rapide des missiles pour neutraliser les menaces aériennes. Cependant, il faut savoir que l'on ne doit pas forcer les missiles SAM à fonctionner en solo. Implantez-les toujours à proximité d'autres missiles SAM ou associez-les deux par deux.

Structures et Unités soviétiques

> **Note :** Un avion judicieusement dirigé peut détruire un missile SAM et continuer son chemin pour s'attaquer à ce que le missile protégeait. Faites en sorte que les attaquants subissent les tirs groupés de plusieurs missiles SAM à chaque fois que vous le pouvez.

Le missile SAM est un système de défense autonome ; dès que vous l'avez construit, il ne nécessite aucune assistance pour viser. Mais si votre base subit une baisse d'énergie, tous vos missiles SAM deviennent inopérants.

Placez vos missiles SAM autour des structures essentielles, telles que les chantiers de construction et les bobines de Tesla, que les unités aériennes ennemies risquent d'attaquer en priorité.

> **Astuce :** Placez vos missiles SAM autour des gisements de minerai pour protéger vos collecteurs des chasseurs du ciel. Utilisez les silos pour étendre vos constructions jusqu'aux gisements s'il le faut, puis vendez les silos une fois que les missiles SAM seront mis en place.

Rideau de fer

Coût : 2 800

Puissance : 400

Blindage : Léger

Rôle/Utilisation : Rend les unités et les structures temporairement invincibles

Alimentation électrique nécessaire : 200

Notre arme la plus impressionnante est purement défensive. Cependant, elle permet à une unité de devenir invincible pendant une courte période : elle contribue donc à renforcer nos capacités offensives d'une manière très originale !

Chapitre 3

Lorsque vous construisez un rideau de fer, il commence à se charger, comme vous l'indique l'icône dans la barre d'icônes. Lorsqu'il a atteint sa charge maximale, il peut être utilisé sur n'importe quelle unité (hors infanterie et avions), ou sur toute structure (amie ou ennemie) présente sur le champ de bataille.

> **Note :** Vous entendrez un message vous annonçant que le chargement du rideau de fer est terminé.

Une fois vidé de son énergie, le rideau de fer doit être de nouveau chargé avant toute utilisation ultérieure.

Pour vous servir du rideau de fer, cliquez sur l'icône correspondante dans la barre d'icônes, puis sur la structure ou l'unité que vous voulez rendre invincible. L'unité sélectionnée va prendre une teinte brune spécifique et sera invincible pendant environ 10 secondes. Lorsque les effets disparaîtront, l'unité reprendra sa couleur normale et redeviendra vulnérable.

> **Astuce :** Bien que vous puissiez utiliser le rideau de fer pour protéger une unité qui fend les lignes ennemies, le meilleur usage que l'on puisse en faire reste défensif : il s'agit de protéger une structure vitale lors d'un assaut ennemi sur votre base. (Rendre un VTB invulnérable jusqu'à ce qu'il atteigne sa destination avec sa cargaison d'ingénieurs ou bien Tanya est cependant une autre histoire.)

A l'instar des autres structures essentielles de votre base, implantez le rideau de fer bien à l'abri derrière votre système de défense. Gardez également à l'esprit que si votre base perd en énergie, le chargement du rideau de fer s'interrompra tant que l'énergie de la base ne sera pas restaurée.

Structures et Unités soviétiques

Silo à missiles

Coût : 2 500

Puissance : 400

Blindage : Lourd

Alimentation électrique nécessaire : 100

Arme : Missiles nucléaires

Portée : Spécifique

Dégâts : Non communiqué

La puissance contenue dans l'atome est plutôt impressionnante, n'est-ce pas camarade ?

Les ingénieurs militaires de Staline ont conçu une nouvelle arme, elle est mise en action par un missile. L'ogive nucléaire contient toute la puissance contenue dans l'atome et étend ses ravages de son impact, sur toutes les cibles non protégées dans le rayon d'action. Extrêmement efficace contre les grosses concentrations d'infanterie ou de blindés légers, cette arme n'est cependant d'aucune utilité contre les structures blindées ou les unités dotées d'un blindage lourd.

L'édification d'un silo à missiles entraîne la construction et la séquence de lancement d'un missile nucléaire, comme l'illustre l'icône dans la barre d'icônes. Lorsque le missile est prêt au lancement, vous pouvez l'envoyer sur toute cible disponible dans le champ de bataille, même si celle-ci est protégée par l'ombre.

Pour lancer le missile, cliquez sur l'icône correspondante dans la barre d'icônes, puis sur la cible qu'il doit atteindre. Sachez que tous les commandants recevront notification de ce lancement et seront avertis de l'arrivée imminente d'une ogive nucléaire.

> **Note :** Les joueurs de la version originale de *Command & Conquer* seront peut-être déçus par la puissance de l'arme nucléaire disponible sur *Alerte Rouge*.

Chapitre 3

Servez-vous de cette arme longue portée comme d'un scalpel. Eliminez toute menace précise (tel un escadron d'hélicoptères d'assaut) tout en conservant soigneusement votre distance de sécurité.

Les silos à missiles peuvent être implantés n'importe où, mais il vaut mieux les placer à l'intérieur du périmètre protecteur de votre système de défense. Sachez que naturellement, une baisse de puissance énergétique entraîne l'arrêt de la construction du missile jusqu'à restauration complète de la puissance produite.

Note : En mode Joueur seul, le silo à missiles sert à lancer une seule ogive nucléaire. En mode Multijoueurs, vous pouvez construire des missiles supplémentaires une fois le premier lancé.

Clôture barbelée

Coût : 25

Puissance : 1

Blindage : Aucun

Rôle/Utilisation : Obstacle physique

Alimentation électrique nécessaire : 0

Interdire l'accès aux structures de votre base constitue un élément essentiel dans votre défense. Pour vous seconder dans cette tâche, nous vous fournissons suffisamment de clôture barbelée pour la déployer au travers du champ de bataille. Cette clôture est assez efficace pour barrer la route à l'infanterie et aux rangers alliés, mais sachez tout de même que toute unité plus lourde pourra passer dessus en l'écrasant.

Servez-vous de la clôture barbelée pour empêcher tout mouvement d'infanterie (et en particulier la progression des espions, des ingénieurs, de Tanya et des voleurs) vers l'intérieur de votre base. Entourer vos structures vitales de clôture barbelée et dis-

Structures et Unités soviétiques

séminer vos chiens d'attaque dans leurs environs peut être dissuasif pour la plupart des unités légères. Mais ne vous laissez pas distraire par cette tâche, camarade. Vous dépenserez vos crédits beaucoup plus utilement en investissant dans des blindés.

Note : A la différence de *Command & Conquer*, les clôtures de *Red Alert* ne sont pas conductrices. Cela signifie que vous ne pouvez pas utiliser de clôture barbelée pour agrandir votre base à moindres frais. Vous devez construire une véritable structure (les silos sont des substituts valables) si vous voulez agrandir votre base sans construire de structures essentielles.

Il est aussi utile de savoir que vos propres unités montreront un désintérêt total pour vos efforts de construction de barricades. Si un de vos tanks ou collecteurs de minerai voit un raccourci, il roulera sur vos propres clôtures barbelées sans états d'âme !

Mur en béton

Coût : 100

Puissance : 1

Blindage : Aucun

Rôle/Utilisation : Obstacle physique

Alimentation électrique nécessaire : 0

Parfois, vous aurez besoin de vous barricader quelque part ou de créer un passage obligé pour les unités ennemies dans la direction que vous aurez choisie. C'est à cela que servent les murs en béton.

Employez-les murs en béton pour créer des obstacles au-dessus desquels seuls les bazookas peuvent faire feu. Ces murs sont suffisamment robustes pour subir un feu soutenu provenant des blindés ennemis, mais ils peuvent rapidement céder lors d'un assaut frontal massif.

Chapitre 3

Le meilleur usage que vous puissiez faire des murs en béton consiste à les implanter à l'intérieur du rayon d'action des bobines de Tesla ou des tours lance-flammes pour forcer les blindés ennemis à arrêter leur progression et à détruire les murs avant d'attaquer votre système de défense à proprement parler. Pendant ce temps, vous pouvez leur lancer des salves sans pitié !

De plus, vous pouvez créer des points d'engorgement en construisant des couloirs étroits à l'intérieur même de votre base : ils seront d'une largeur suffisante pour laisser passer une seule unité à la fois. (Reportez-vous au chapitre *Stratégies militaires* pour plus d'informations sur les points d'engorgement.) Implantez des bobines de Tesla ou des tours lance-flammes à l'extérieur des couloirs, là où ils pourront tirer sur les unités isolées et prisonnières des couloirs.

> **Astuce :** Construire des murs en béton peut renforcer le système de défense de la base, mais peut également être onéreux. Tirez parti des protections naturelles autant que possible : il vaut mieux investir dans un mur court reliant deux plateaux que de s'installer trop loin et de devoir construire un mur long couvrant toute la distance qui les sépare.

Sachez que le puissant tank Mammouth peut écraser à toute vapeur un mur en béton mais qu'il ne le fera que si vous l'y forcez.

> **Note :** Comme pour la clôture barbelée, le mur en béton ne reconduit pas la puissance de la base. Vous ne pouvez donc pas construire de longs murs en béton pour agrandir votre base à moindre coût.

Unités soviétiques

Nous avons fait le tour des structures que vous pouvez construire. Maintenant, nous allons passer aux instruments de guerre à proprement parler : les blindés, l'infanterie et les forces aérien-

Structures et Unités soviétiques

nes qui sont à votre disposition. Chaque unité diffère considérablement des autres : apprenez-en bien les caractéristiques pour utiliser au mieux vos ressources si vous avez l'intention de survivre.

Chaque descriptif d'unité comporte les renseignements suivants :

- **Coût** : Le coût (exprimé en crédits) de construction de cette unité.
- **Puissance** : Le nombre de coups que cette unité peut supporter avant d'être détruite.
- **Blindage** : La qualité du blindage qui protège cette unité des attaques alliées.
- **Vitesse** : La vitesse de déplacement de cette unité à travers le champ de bataille. Sachez que ce nombre est calculé par rapport à la vitesse de déplacement des autres unités.
- **Arme** : L'arme dont dispose l'unité (le cas échéant).
- **Portée** : La portée de l'arme dont dispose cette unité.
- **Dégâts** : Le nombre de coups portés à la cible par l'arme dont dispose l'unité.

Note : Les rubriques "Puissance" et "Dégâts" sont intrinsèquement liées. En effet, le montant des dégâts portés à la cible par l'arme sont soustraits à la puissance de la cible visée. Lorsque la rubrique Puissance atteint la valeur 0, cela signifie que la cible est détruite.

Note : La portée est exprimée en termes d'*unités sur le champ de bataille*. Chaque "unité" a environ la largeur d'un silo à minerai.

Chapitre 3

Chien d'attaque

Coût : 200

Puissance : 5

Blindage : Aucun

Vitesse : 4

Arme : Crocs

Portée : 0

Dégâts : 100

Féroce et très loyal, le chien d'attaque soviétique constitue votre meilleure défense contre l'infanterie ennemie. Les chiens d'attaque peuvent sentir les espions alliés et transformer en chair à pâté toute unité d'infanterie en quelques secondes. Cependant, ils ne sont pas de taille à lutter contre les véhicules ou les mitrailleurs prudents.

Les chiens d'attaque sont plus efficaces par groupes de trois ou quatre, disséminés à l'intérieur du périmètre de votre base. Lorsque vous les mettez en mode Garde, ils deviennent beaucoup plus efficaces, car ils recherchent activement tous les ennemis présents alentour. (Reportez-vous au premier chapitre, *Le minimum vital*, pour plus d'informations sur le mode Garde.)

N'essayez pas de vous attaquer à un groupe de mitrailleurs avec vos chiens. Les fusils sont beaucoup trop précis et tueront les chiens avant même qu'ils ne se soient approchés. L'infanterie lance-flammes représente également un danger pour vos amis canins. Au contraire, les bazookas, eux, pourraient porter un écriteau stipulant : "Bouillie pour chiots".

Astuce : Les chiens d'attaque se déplacent beaucoup plus vite lorsqu'ils cernent leur proie de près. Si vous voulez les déplacer rapidement d'un endroit à un autre, ciblez brièvement un objet quelconque présent à l'endroit visé.

Structures et Unités soviétiques

Lorsque vous déployez vos chiens, n'oubliez pas de garder une distance de sécurité par rapport à la portée de vos tours lance-flammes.

Mitrailleur

Coût : 100

Puissance : 50

Blindage : Aucun

Vitesse : 4

Arme : Fusil M-16

Portée : 3

Dégâts : 15

Les mitrailleurs soviétiques sont bien entraînés, mais leur puissance de feu n'est pas suffisante pour leur permettre de rivaliser avec la plupart des autres unités. Cependant, tout commandant soviétique ne jure que par eux lorsqu'ils sont regroupés par cinq ou dix et qu'ils tirent sur les structures ennemies avec leurs M-16.

Les mitrailleurs ne doivent être utilisés qu'en dernier ressort, pour une reconnaissance des lieux peu onéreuse, ou comme parachutistes. Lorsqu'ils sont ensemble, ordonnez-leur d'effectuer des tirs groupés pour obtenir le meilleur résultat possible.

Attention : Les espions ennemis ont exactement la même apparence que vos mitrailleurs. Dans le doute, vous pouvez toujours lancer quelques chiens d'attaques sur une unité dont l'affiliation n'est pas certaine.

Sachez aussi que les blindés ennemis feront tout pour abattre votre infanterie. Servez-vous de la touche de dispersion (X) pour éviter à vos soldats ce terrible sort. (Reportez-vous au premier chapitre, *Le minimum vital*, pour plus d'informations sur cette option.)

Chapitre 3

Grenadier

Coût : 160

Puissance : 50

Blindage : Aucun

Vitesse : 5

Arme : Grenades

Portée : 4

Dégâts : 50

Avec une portée de tir et une puissance de feu supérieures, le grenadier est une unité efficace car il peut détruire à la fois les obstacles (béton, barbelés, sacs de sable), les structures et les soldats ennemis. Un petit groupe de grenadiers peut échapper au feu d'une tourelle suffisamment longtemps pour la réduire en gravats, et peut mettre en pièces les mitrailleurs ennemis avant même que ceux-ci ne les aient à portée de tir.

> **Attention :** Le grenadier est lesté de grenades et a tendance à exploser violemment lorsqu'il meurt. Maintenez vos grenadiers en formation lâche, mais toujours à distance de sécurité de vos autres précieuses unités lorsqu'ils subissent les feux de l'ennemi.

Ces soldats peuvent lancer des grenades à une grande distance. Cette distance demeure la même, qu'ils lancent des grenades en terrain plat, au-dessus de corniches, de structures ou d'autres obstacles.

> **Astuce :** Grâce à sa taille et à sa mobilité, le grenadier donne du fil à retordre aux obus perforants que lui lancent les tanks et les tourelles. Dans la plupart des cas, il est préférable d'envoyer un groupe de grenadiers contre une cible bien protégée plutôt que d'essayer de les opposer à des blindés. (Méfiez-vous des bunkers, cependant !)

Structures et Unités soviétiques

Infanterie lance-flammes

Coût : 300

Puissance : 40

Blindage : Aucun

Vitesse : 3

Arme : Lance-flammes

Portée : 3,5

Dégâts : 70

C'est le soldat d'infanterie soviétique le plus révolutionnaire. Cette unité dispose d'un lance-flammes portable. Bien que son arme ne soit pas aussi puissante que la tourelle lance-flammes, un seul soldat lance-flammes peut rapidement réduire un groupe d'infanterie ennemi en cendres.

> **Note :** Vous devez d'abord construire un centre technique pour pouvoir ensuite lancer la production d'unités d'infanterie lance-flammes.

Cependant, ces soldats ne sont pas encore tout à fait habitués à leur nouvelle arme et ont tendance à asperger leurs camarades et les unités ennemies dans le même élan destructeur. Prenez garde à les déployer uniquement en petits groupes et bien à l'écart des autres unités d'infanterie.

> **Astuce :** Les soldats lance-flammes, comme les grenadiers, explosent généralement lorsqu'ils succombent à leurs blessures. Evitez leur rassemblement malencontreux avec d'autres unités lorsqu'ils subissent les tirs ennemis.

Le plus judicieux endroit de déploiement des soldats lance-flammes est le point d'engorgement. C'est là que les attaques d'infanterie ennemie sont les plus prévisibles. Les chiens d'attaque

Chapitre 3

montrent une puissante aversion pour ces unités. Déployez-les donc en groupes avec précaution.

Ingénieur

Coût : 500

Puissance : 25

Blindage : Aucun

Vitesse : 4

Arme : Particulière

Ces unités placent leur orgueil dans leurs facultés intellectuelles, mais pas dans leur capacités sportives. Ils ont une parfaite connaissance du fonctionnement de toutes nos structures, ainsi que de celles de nos ennemis. Vous pouvez donc utiliser les ingénieurs dans un but défensif mais aussi offensif, en dépit du fait qu'ils soient dépourvus d'armes.

Dans un but défensif, les ingénieurs peuvent réparer rapidement une de vos structures et lui redonner sa puissance maximale. Pour leur en donner l'ordre, sélectionnez un ingénieur et cliquez sur la structure que vous voulez lui faire réparer (le curseur se transforme en clé anglaise dorée). L'ingénieur se précipitera à l'intérieur du bâtiment et le réparera immédiatement. Sachez que ce processus requiert une surveillance constante et que chaque ingénieur ne peut réparer qu'un bâtiment.

Dans un but offensif, un ingénieur peut endommager ou capturer une structure ennemie. Pour cela, sélectionnez un ingénieur et cliquez sur une structure ennemie (le curseur se transforme en une série de flèches pointant vers le bas). L'ingénieur va se précipiter à l'intérieur du bâtiment et, selon le degré d'endommagement de ce dernier, l'endommagera davantage ou en prendra le contrôle (si la barre d'énergie du bâtiment est dans le rouge. Sinon, il sera seulement endommagé). Sachez que dans chaque cas, vous perdrez votre ingénieur.

Structures et Unités soviétiques

Note : Vous pouvez connaître par avance le sort réservé au bâtiment d'après la couleur des flèches guidant l'ingénieur vers l'intérieur du bâtiment. Si elles sont rouges, il endommagera le bâtiment, si elles sont vertes, il en prendra le contrôle (à moins que la barre d'énergie du bâtiment ne passe du rouge au vert, indiquant qu'il a été réparé avant que l'ingénieur n'arrive).

Astuce : Envoyez deux ingénieurs pour maîtriser une structure que vous souhaitez conserver. Utilisez le premier ingénieur pour l'arraisonner et le second pour lui rendre sa puissance maximale. Une poignée de mitrailleurs peuvent réduire l'énergie produite par la structure de façon que le premier ingénieur la capture plus facilement.

Les ingénieurs sont les cibles favorites de l'ennemi. En effet, ils sont onéreux et très utiles. Gardez-les donc à l'abri jusqu'à ce que vous en ayez besoin et éviter de leur faire traverser des zones dangereuses.

Collecteur de minerai

Coût : 1 400

Puissance : 600

Blindage : Léger

Vitesse : 6

Arme : Aucune

Sur le front, l'entretien de votre base et de vos troupes requiert de l'approvisionnement. Ce dernier consiste en minerai qui est récolté, transporté dans une raffinerie et traité pour devenir un matériau utilisable.

Pour récolter ce précieux minerai, vous pouvez créer des collecteurs de minerai réservés à cet usage. Ces véhicules peuvent à la

Chapitre 3

fois collecter et transporter, ce qui vous épargne l'obligation d'implanter du matériel supplémentaire. Les conducteurs de ces camions sont infatigables et font automatiquement l'aller et le retour entre les gisements de minerai et les raffineries en état de marche.

Outre le minerai, vous pouvez découvrir des gemmes précieuses sur le champ de bataille. Ces gemmes valent deux fois plus que le minerai, à parts égales. Le collecteur de minerai est apte à collecter les deux types de minerai.

Note : Chaque chargement de minerai vaut 700 crédits. Chaque chargement *complet* de gemmes vaut donc 1 400 crédits.

Astuce : Le processus de collecte de minerai est automatique. Chaque collecteur se dirige automatiquement vers le gisement le plus proche, collecte le minerai, retourne à la raffinerie la plus proche et répète le même processus. Néanmoins, vous devrez peut-être intervenir de temps à autre pour rediriger les camions, particulièrement lorsqu'ils commencent à errer en territoire ennemi ! Pour remettre un collecteur dans le droit chemin, sélectionnez-le et cliquez sur le minerai qu'il doit collecter ou sur la raffinerie dans laquelle il doit décharger sa cargaison. (Le curseur d'attaque s'affichera si vous cliquez sur le minerai, le curseur d'entrée s'affichera si vous cliquez sur une raffinerie.)

Vous pouvez vérifier le taux de chargement d'un collecteur de minerai en le sélectionnant. Les petites cases qui s'afficheront à droite de l'unité seront soit vertes (pour le minerai), soit rouges (pour les gemmes). Un collecteur peut transporter une cargaison mixte.

Les collecteurs de minerai sont conçus pour rouler sur le champ de bataille et leur blindage est de type lourd. A leur bord se trouve un mécanicien qui peut les réparer et restaurer jusqu'à la moitié de la puissance. Cependant, sur les champs de bataille où le

Structures et Unités soviétiques

combat fait rage, il est judicieux d'assigner quelques tanks lourds à un camion pour qu'ils l'escortent, ou d'élargir votre système de défense tout autour d'un gisement de minerai particulièrement fourni. (Reportez-vous au premier chapitre, *Le minimum vital*, pour plus d'informations sur les unités placées en mode Garde ou en mode Escorte.)

Tank lourd

Coût : 950

Puissance : 400

Blindage : Lourd

Vitesse : 7

Arme : Double-canon de 105 mm

Portée : 4,75

Dégâts : 30

Voici le champion de vos unités blindées. Habituez-vous à manipuler cette unité, car vous l'utiliserez plus souvent que les autres. Doté d'un double-canon de 105 mm, le tank lourd constitue une réponse de taille aux attaques d'unités blindées ennemies.

Cependant, vos tanks lourds opèrent mieux par paires ou par divisions de cinq unités minimum. Evitez d'envoyer un tank isolé en mission de reconnaissance. Assignez-lui toujours un partenaire et utilisez la technique des tirs groupés pour lutter contre toute opposition rencontrée.

Note : La paire de tanks lourds constitue peut-être le meilleur instrument de reconnaissance possible pour les Soviétiques, puisqu'ils sont dépourvus d'unités rapides et maniables comme les rangers dont disposent les Alliés.

Chapitre 3

Les tanks lourds constituent également un système de défense conséquent lorsqu'ils sont immobiles. Placez-les sur le périmètre de votre base pour seconder les efforts de vos tours lance-flammes et de vos bobines de Tesla. Si vous voulez leur assigner une mission défensive spécifique, mettez-les en mode Garde auprès de certaines tours ou bobines. (Reportez-vous au chapitre premier, *Le minimum vital*, pour plus d'information sur la protection des structures par le mode Garde.)

Astuce : Ne perdez pas de temps à viser les unités d'infanterie avec vos tanks lourds, elles sont trop difficiles à toucher. Ecrasez-les, c'est plus facile. Deux tanks peuvent réduire en bouillie plusieurs douzaines d'unités d'infanterie en dirigeant ses chenilles vers le centre du rassemblement humain une ou deux fois. Pour forcer un tank à rouler sur une unité d'infanterie, sélectionnez le tank, maintenez la touche Alt enfoncée et cliquez sur l'unité choisie.

Poseur de mines AP (anti-personnel)

Coût : 800

Puissance : 100

Blindage : Moyen

Vitesse : 9

Arme : Mines anti-personnel

Portée : 0

Dégâts : 100 (zone d'impact diffuse)

C'ets parfois la défense passive qui marche le mieux. C'est ce que vous pratiquez en utilisant cette unité.

Le poseur de mines AP ressemble au véhicule blindé de transport (VTB), mais contrairement à lui, il transporte et dépose des mines anti-personnel (AP) sur le champ de bataille. Chaque poseur de mines peut porter un maximum de cinq mines et peut être rechargé (sans frais) dans un centre de services.

Structures et Unités soviétiques

Pour déposer une mine, déplacez le poseur de mines jusqu'à l'endroit choisi, puis double-cliquez sur le poseur de mine. Au second clic, le curseur se transforme en curseur de déploiement (quatre flèches pointant vers l'extérieur) et le poseur de mines enterre une mine à cet endroit. Pour déposer d'autres mines, répétez tout simplement le même processus.

Si une unité ennemie court sur une mine enterrée, la mine explosera et endommagera à la fois l'unité et les autres unités qui se trouvaient à proximité de la victime.

> **Note :** Sur votre écran, vous verrez vos propres mines enterrées signalées par une petite croix. Sur l'écran de vos ennemis, les mines seront invisibles, et vice-versa.

Avant de poser des mines, vérifiez que vous n'aurez pas besoin de passer sur la route que vous minez. Si vous décidez cependant de déplacer vos unités sur une zone que vous avez minée, servez-vous de vos armes pour détruire les mines avant de vous en approcher.

> **Astuce :** Utilisez les mines au mieux en les plaçant au milieu des gués étroits ou des ponts, à une entrée de base qui est continuellement attaquée ou dans les gisements de minerai de vos ennemis. Pour rentabiliser au maximum votre potentiel de minage, utilisez les poseurs de mines par deux : l'un posera les mines tandis que l'autre ira se ravitailler.

Lance-roquettes V2

Coût : 700

Puissance : 150

Blindage : Léger

Vitesse : 7

Chapitre 3

Arme : V2 Rocket

Portée : 10

Dégâts : 600 (zone d'impact diffuse)

Cette unité possède la portée de tir la plus longue et sa puissance est supérieure à toutes les autres unités sur le champ de bataille. Deux coups lui suffisent pour détruire la plupart des bâtiments et pour dévaster des groupes entiers d'infanterie. Cependant, elle se déplace plutôt lentement, n'est pas dotée d'un blindage lourd et nécessite un temps de ravitaillement assez long.

Malgré ses déficiences, le lance-roquettes V2 est l'une des armes les plus efficaces contre les cibles construites en dur (tourelles, bunkers, etc..) et contre les structures. Si vous les combinez aux tanks lourds en guise de couverture, et si vous les maintenez hors de portée des unités ennemies tout en les laissant porter des coups mortels à chaque ti r, ils sont pratiquement impossibles à arrêter.

Astuce : Placez trois tanks lourds devant deux soldats lance-roquettes lorsque vous prenez d'assaut des bases ennemies. Les tanks peuvent absorber et détruire toute résistance tandis que les lance-roquettes continuent leur travail dévastateur. (Cette technique fonctionne encore mieux lorsque les soldats lance-roquettes tirent à tour de rôle, de sorte qu'il y a toujours une roquette V2 en circulation !

Vous pouvez aussi utiliser le soldat lance-roquettes pour empêcher tout débarquement d'infanterie sur les plages. Pour ce faire, placez un lance-roquettes à proximité de la plage que vous voulez protéger et il tirera avec efficacité sur toute unité débarquant à cet endroit. Cependant, veillez à ce que le soldat lance-roquettes dispose toujours d'une retraite possible, en cas de débarquement de blindés !

Structures et Unités soviétiques

Tank Mammouth

Coût : 1 700

Puissance : 600

Blindage : Lourd

Vitesse : 6

Arme : Double-canon de 120 mm

Portée : 4,75

Dégâts : 40

Arme : Double lance-roquettes et sac de missiles

Portée : 5

Dégâts : 75 (zone d'impact diffuse)

Le tank Mammouth fait l'orgueil et la puissance de nos divisions blindées. Armé d'un double-canon de 120 mm, les coups tirés par le Mammouth enfoncent le blindage des unités alliées comme du beurre et son double lance-roquettes sait très bien se tirer d'affaire avec l'infanterie et les avions ennemis.

Le tank Mammouth transporte aussi une équipe de mécanos très efficace qui peut au besoin le réparer et lui redonner la moitié de sa puissance.

A l'instar des autres blindés, ses vraies ressources ne sont à leur apogée que lorsqu'il est intégré au sein d'une division. Quand vous en avez l'occasion, déployez les tanks Mammouth par deux ou de concert avec quelques tanks lourds et utilisez les tirs groupés avec ceux de toute votre force d'assaut.

Note : Le tank Mammouth peut facilement écraser plusieurs tanks moyens alliés. Cependant, un tank Mammouth isolé ne peut effectuer ce genre de missions qu'en dernier recours ou dans le cas d'une action-piège. A ce moment, le tank Mammouth sera certes un atout, mais aussi une cible vulnérable et risque d'être bien endommagé.

Chapitre 3

Le grand nombre de possibilités qu'offre le tank Mammouth en matière d'armement est l'une des clés de sa puissance. Il est en effet capable de s'opposer vaillamment à toute menace blindée, aéroportée ou provenant d'unités d'infanterie. Le tank Mammouth peut aussi doubler la capacité de votre système de défense en étant positionné aux endroits stratégiques et en lâchant des salves incessantes sur les envahisseurs ennemis. Cependant, en agissant ainsi, vous gaspilleriez les possibilités de cette machine de guerre agressive.

Astuce : Un groupe de cinq tanks Mammouth est presque impossible à arrêter dans sa marche lorsque vous utilisez les tactiques de concentration de leur puissance de tir. Cependant, évitez de vous engager dans les points d'engorgements, où l'ennemi utiliserait la technique des tirs groupés sur vos Mammouths, en éliminant unité par unité, et vous empêchant ainsi de combiner les capacités destructrices des canons de vos tanks.

VCM (Véhicule de construction mobile)

Coût : 2500

Puissance : 600

Blindage : Léger

Vitesse : 6

Arme : Aucune

Le véhicule de construction mobile vous permet de déployer un nouveau chantier de construction à l'endroit de votre choix. Extrêmement mobile, il peut se déplacer partout où vos blindés passent.

En général, un VCM vous sera fourni en début de mission et vous pourrez l'utiliser pour commencer la construction de votre base. Cependant, le Haut Commandement stalinien pourra ju-

Structures et Unités soviétiques

ger bon de vous fournir d'autres VCM au cours d'une mission s'ils pensent que cela peut vous être utile.

Lorsque vous choisissez l'emplacement pour déployer votre VCM, gardez à l'esprit les remarques suivantes :

- Il vaut mieux être au plus près du gisement de minerai principal.
- Il est préférable d'être à proximité de toute activité ennemie, spécialement des bases ennemies capables de fabriquer des unités rapidement.
- Toute protection naturelle peut vous aider à réduire les frais d'installation de votre système de défense (points d'engorgement naturels, etc.).
- Il faut connaître la distance qui vous sépare de l'étendue d'eau (digne de ce nom) la plus proche (si vous avez l'intention d'utiliser des unités navales).

Attention : Tout dégât subit par votre VCM influera sur la rapidité d'édification de votre chantier de construction lorsque vous déploierez votre VCM. Protégez ce véhicule à tout prix.

Pour les missions effectuées en mode Multijoueurs, il est souhaitable de construire des VCM supplémentaires pour plusieurs raisons : ils sont utiles lors de l'agrandissement de votre base, réduisent le temps nécessaire aux constructions ou vous permettent de construire une base secondaire.

Note : La construction des VCM n'est disponible qu'en mode Multijoueurs.

Chapitre 3

Transport

Coût : 700

Puissance : 350

Blindage : Lourd

Vitesse : 14

Arme : Aucune

Tous les chemins qui mènent à la victoire ne sont pas pavés. En fait, certains chemins conduisent à de larges étendues d'eau que vos blindés ne peuvent traverser seuls.

Chaque transport que vous produisez peut contenir jusqu'à cinq unités terrestres, que ce soient des unités d'infanterie ou des blindés. Pour charger les unités sur le transport, vous devez faire échouer celui-ci sur la plage. Pour ce faire, il suffit de le rapprocher d'une ligne côtière bordée de plages et non pas de rochers.

Pour charger une unité sur le transport, sélectionnez-la puis cliquez sur le transport (le curseur se transforme en une série de flèches pointant vers le bas). Vous pouvez aussi vérifier le taux de remplissage du transport en le sélectionnant. La première des cinq cases de la boîte de sélection de l'unité sera verte, indiquant ainsi le nombre d'unités actuellement à son bord.

Note : Vous ne pouvez connaître les catégories d'unités qui se trouvent à bord d'un transport qu'en les faisant débarquer.

Une fois qu'un transport est chargé, vous pouvez le déplacer à la surface de l'eau jusqu'à la plage où vous souhaitez faire débarquer vos unités. Faites échouer le transport et double-cliquez dessus pour faire débarquer les unités (le curseur se transforme en curseur de déploiement).

Astuce : Vous pouvez sélectionner simultanément jusqu'à cinq unités et leur donner l'ordre de monter à bord du

Structures et Unités soviétiques

transport. Les unités vont se mettre en file indienne et embarquer sur le transport l'une après l'autre.

Sachez que si le transport se déplace sur l'eau assez rapidement pour ne pas avoir besoin d'une escorte, il lui faut cependant un certain temps pour faire débarquer les unités qu'il transporte. En bref, faites échouer vos transports sur des rivages relativement sûrs sinon vous risquez de perdre vos unités au fur et à mesure qu'elles débarqueront.

Astuce : Pour augmenter considérablement le nombre d'unités d'infanterie transportées, vous pouvez utiliser vos VTB le cas échéant. Chargez l'infanterie à bord des VTB, puis chargez les VTB sur les transports.

Sous-marin

Coût : 950

Puissance : 120

Blindage : Moyen

Vitesse : 6

Arme : Torpilles

Portée : 9

Dégâts : 90

La dissimulation et la surprise sont les clés de la victoire sur les forces navales alliées. C'est la raison pour laquelle nous avont déployé nos sous-marins d'assaut. Chaque sous-marin peut se mouvoir à l'insu des alliés, sous la surface de l'eau. Cependant, vu la nature de son armement, les torpilles, il doit faire surface pour tirer. C'est là que le bât blesse, car les unités navales alliées peuvent alors le repérer et lui envoyer des grenades sous-marines.

Chapitre 3

> **Note :** Les bazookas, unités terrestres, peuvent également faire feu sur un sous-marin en surface s'ils en sont assez près.

Les torpilles de nos sous-marins ont un champ d'action supérieur à celui des grenades sous-marines des alliés : profitez de cet avantage. Rassemblez plusieurs sous-marins à bonne distance de votre cible, puis ordonnez-leur de faire feu. Si vous vous y prenez bien, chaque sous-marin devrait pouvoir tirer deux fois avant de se trouver à portée de tir de la cible.

> **Astuce :** Les navires alliés continueront à tirer des grenades sous-marines s'ils soupçonnent la présence de sous-marins ennemis dans le secteur. Ne croyez pas sauver votre peau en plongeant. (Le point positif, c'est que les croiseurs ne peuvent retourner leur canons de pont contre les sous-marins, ce qui les rend complètement vulnérables s'ils ne sont pas escortés par des aviso- ou contre-torpilleurs.)

Lorsque vous utilisez vos sous-marins pour fermer l'accès d'une voie d'eau, mettez-les toujours en mode Garde, sinon, ils tenteront de rester cachés, ce qui permettra aux unités navales alliées de croiser dans ces eaux sans problème. (Reportez-vous au premier chapitre, *Le minimum vital*, pour plus d'informations sur le mode Garde.)

Yak

Coût : 800

Puissance : 60

Blindage : Léger

Vitesse : 16

Arme : Canon à chaîne (15 coups)

Portée : 5

Dégâts : 40

Structures et Unités soviétiques

Le Yak est avant tout un bombardier, conçu pour éliminer rapidement le personnel au sol. Sa lenteur le rend vulnérable aux tirs anti-aériens ennemis, mais on peut lui confier la destruction des unités d'infanteries individuelles ou en groupes relativement bien formés.

En groupes de trois ou quatre unités, les Yaks peuvent également servir à endommager sérieusement les structures et les blindés ennemis. Les Yaks devant opérer suivant une ligne d'approche linéaire pour le mitraillage, les unités plus rapides peuvent aisément échapper à leurs attaques.

Note : Bien que le Yak puisse survoler les zones recouvertes d'une ombre sur le champ de bataille, il ne peut ni viser ce qui se trouve masqué par l'ombre, ni révéler le terrain qu'il survole.

Les pilotes des Yaks ont été entraînés spécialement aux techniques de mitraillage. Ils transportent habituellement jusqu'à 20 recharges de munitions, mais sauront juger de la quantité nécessaire à utiliser. Pour éliminer une unité d'infanterie, un pilote intelligent peut garder en réserve suffisamment de munitions pour faucher deux cibles distinctes. Cependant, le même pilote va généralement vider toutes ses munitions sur une structure lors d'un seul survol.

Une fois l'assaut terminé, le Yak retourne à sa piste d'atterrissage pour se ravitailler en essence et en munitions. Ce processus prend un certain temps, vous ne devez donc pas tabler sur des plans d'attaque requérant l'usage de Yaks en survols qui s'enchaîneraient rapidement.

Note : Vous pouvez faire réparer les Yaks dans un centre de services.

Astuce : Enregistrez vos équipes de Yaks à l'aide d'une touche numérique pour les manipuler facilement. Lorsque

Chapitre 3

> vous avez besoin du maximum de puissance de tir (pour mitrailler des structures), regroupez-les tous. Lorsque vous avez besoin de tirs de précision (pour faucher une unité d'infanterie), attribuez-leur un numéro individuel ou de paire à l'aide des touches numériques.

Ne laissez jamais un avion au sol lors d'une attaque ennemie si celle-ci se déroule à proximité de la piste d'atterrissage. En effet, c'est la position la plus vulnérable pour un avion. Au contraire, utilisez le viseur de la souris pour choisir une destination vers laquelle l'avion pourra se diriger en toute sécurité.

Bombardier Blaireau

Coût : —

Puissance : 60

Blindage : Léger

Vitesse : 16

Arme : 5 Parachutistes ou
5 Parabombes

Portée : 0

Dégâts : 300 (zone d'impact diffuse)

Le bombardier Blaireau n'est pas une unité comme les autres : il est déployée à partir d'une base soviétique proche lorsque vous en avez besoin, mais vous ne pouvez en demander la construction. Il ne sera disponible que lorsque vous aurez implanté votre première piste d'atterrissage.

Au départ, le bombardier Blaireau ne fait que lâcher des parachutistes, mais vous pouvez ensuite lui ordonner de lâcher des parabombes. Chaque option demande un temps de préparation, mais une fois le bombardier prêt, il reste à votre disposition permanente. Vous pouvez visualiser l'état de sa préparation en sélectionnant l'icône correspondante dans la barre d'icônes.

Structures et Unités soviétiques

Pour ordonner au bombardier de lâcher soit des parachutistes, soit des parabombes, cliquez sur l'icône choisie dans la barre d'icônes, puis sur l'emplacement où vous voulez que son chargement soit lâché. Sans tarder, le bombardier va survoler le champ de bataille et lâcher sa cargaison là où vous le lui avez demandé.

Note : Etant donné sa lenteur, le bombardier est particulièrement vulnérable aux tirs anti-aériens. Si vous lui faites survoler les bazookas ennemis ou les canons anti-aériens, il n'atteindra probablement pas sa cible. La perte de cet équipement n'aura aucun effet sur vous, si ce n'est que vous devrez attendre de disposer de la fonction appropriée à sa reconstruction, qui s'affichera dans la barre d'icônes.

Si vous sélectionnez les parachutistes dans la barre d'icônes, le bombardier va faire un piqué et lâcher cinq mitrailleurs aux alentours de l'endroit spécifié. Si vous sélectionnez les parabombes, il lâchera cinq parabombes sur la cible. Sachez, commandant, que le lâcher de parabombes n'est pas particulièrement efficace sur le terrain, et que les troupes alliées ont largement le temps de vider les lieux avant qu'elles ne touchent le sol. Il vaut mieux utiliser les parabombes pour viser les structures fixes.

Astuce : Utilisez les parachutistes pour prêter main-forte rapidement sur le front, comme unités de reconnaissance dans les zones dangereuses, ou pour provoquer une surprise à l'intérieur même de la base ennemie.

Note : En mode Joueur seul, les renforts peuvent arriver via les parachutistes. Ce peut être des ingénieurs, des soldats lance-flammes, etc.. Cependant, lorsque vous utilisez le bombardier Blaireau, vous ne pouvez obtenir que des mitrailleurs en guise de parachutistes.

Chapitre 3

Avion espion

Coût : —

Puissance : 60

Blindage : Léger

Vitesse : 40

Arme : Caméra

L'avion espion est un avion de reconnaissance de haute altitude, capable de prendre un cliché du champ de bataille et de le retransmettre par voie électronique à votre poste de commandement. Au finish, vous obtenez la reproduction d'un secteur précis du terrain pour votre propre usage.

L'avion espion fait aussi partie des unités dont le point de départ n'est pas votre base, mais qui proviennent d'une piste d'atterrissage soviétique principale. Il est à votre disposition dès que vous avez implanté une piste d'atterrissage. Sachez qu'il faut un certain temps au bombardier pour se ravitailler en essence en vue d'un autre raid. Vous pouvez visualiser le processus de ravitaillement à l'aide de l'icône appropriée dans la barre d'icônes. Lorsque l'avion espion est disponible, un message sonore vous le fait savoir.

Pour utiliser l'avion espion, cliquez sur l'icône qui le représente, puis à l'endroit de la carte dont vous voulez obtenir un cliché. Quelques secondes plus tard, l'avion survole l'endroit choisi et le fait sortir de l'ombre. La section de terrain révélée recouvre à peu près les deux tiers de la taille de la fenêtre d'affichage principale du champ de bataille.

Il faut savoir que les générateurs d'ombre opérationnels reformeront l'ombre peu de temps après le passage de l'avion espion. Vous aurez cependant quelques instants pour visualiser -et éventuellement cibler- tout ce qui se passe sous les ailes du générateur.

Structures et Unités soviétiques

> **Note :** Bien que ce soit peu probable, l'avion espion peut être abattu avant d'avoir eu le temps d'effectuer le relevé à l'aide de sa caméra. Si cela se produit, vous ne pourrez voir le paysage qu'il était censé vous révéler. Vous pourrez de nouveau utiliser un avion espion, mais il faudra attendre qu'il se ravitaille en essence.

L'avion espion constitue l'un de vos instruments de guerre les plus puissants. Apprenez à lui faire confiance.

MIG

Coût : 1 200

Puissance : 60

Blindage : Léger

Vitesse : 40

Arme : 3 missiles thermoguidés

Portée : 6

Dégâts : 50

Le dernier-né de notre puissance aérienne est le jet MIG. Cet avion, conçu au départ pour remplir le rôle de "chien d'attaque", s'est très bien été adapté au rôle de bombardier/anti-blindés.

Le MIG transporte trois missiles thermoguidés, capables d'infliger de lourds dommages aux unités blindées comme aux structures. Sa vitesse le rend difficile (mais pas impossible) à atteindre pour les canons et les missiles anti-aériens alliés.

Les MIG sont construits et lancés depuis vos pistes. Bien que vous ne puissiez y avoir accès au départ, vous apprendrez vite à les apprécier.

> **Astuce :** L'assaut combiné de cinq MIG détruit toute structure ou unité sur le champ de bataille. Seuls peuvent en ré-

Chapitre 3

chapper d'autres unités aériennes ou une unité se déplaçant particulièrement vite, empêchant ainsi plusieurs MIG de toucher leur cible.

Une fois ses missiles envoyés, le MIG retourne à la piste d'atterrissage pour se ravitailler en essence et en armes. Notre nouveau système rend ce processus très rapide, le temps d'attente au sol pour un MIG ne devrait pas excéder dix secondes. C'est un avion sur lequel vous pouvez compter lors d'attaques répétées. (Sachez que les MIG, tout comme les Yaks, ne font pas sortir de l'ombre le terrain survolé et ne peuvent atteindre les cibles masquées par celle-ci.)

Note : Vous pouvez faire réparer vos MIG dans un centre de services.

Sachez que l'assaut par un MIG d'unités aériennes garées sur leur piste d'atterrissage ou sur un héliport ne donnera que de piètres résultats. Les pilotes ennemis anticipent de telles attaques et réussissent à faire décoller leurs avions avant que les missiles du MIG ne les touchent. Cependant, si votre but est de détruire une piste d'atterrissage ou un héliport, votre succès est généralement assuré.

Astuce : Il est possible de viser et de détruire des hélicoptères avec un MIG, mais cela requiert quelques efforts. Si vous lancez un assaut sur un hélicoptère au sol à l'aide de trois ou quatre MIG regroupés, l'hélicoptère décollera dès que le premier MIG tirera. Maintenez les MIG sélectionnés et dès que l'hélico sera en phase de décollage, visez-le (vous n'aurez que quelques secondes pour le faire, car dès qu'il sera en altitude, cela vous sera impossible). Les deux autres MIG lâcheront leurs missiles thermoguidés sur l'hélicoptère, ce qui provoquera presque certainement sa destruction.

Structures et Unités soviétiques

Un mot d'avertissement : on se fait facilement piéger en utilisant des MIG parce qu'on oublie que leur coût à l'unité est de 1 200 crédits). Soyez toujours conscient de l'endroit où vous envoyez vos jets et efforcez-vous de ramener leurs pilotes sains et saufs à la maison.

Hélicoptère Hind

Coût : 1 200

Puissance : 125

Blindage : Lourd

Vitesse : 12

Arme : Canon à chaîne (20 coups)

Portée : 5

Dégâts : 40

L'hélicoptère Hind a de multiples possibilités. Vous pouvez vous en servir pour faucher des unités d'infanterie, harceler des blindés, détruire des structures ou nettoyer les champs de mines.

Chaque héliport construit vous permet d'obtenir un Hind. Dès que vous possédez un héliport, vous pouvez construire autant d'hélicoptères que vous le voulez, mais ils devront se partager le même héliport. Ce dernier est situé là où les hélicoptères se ravitaillent en essence et en munitions et il ne peut être occupé que par un seul hélicoptère à la fois.

Le meilleur atout du Hind est également son pire handicap, il s'agit du fait qu'il plane. Cette faculté est avantageuse lorsqu'il tire sur des cibles, mais elle le dessert lorsqu'il est attaqué. C'est pourquoi, il faut envoyer le Hind uniquement sur des cibles qui ne peuvent répondre à l'attaque, ou lorsqu'il constitue votre dernière carte à jouer pour une attaque aérienne.

Astuce : Le Hind peut servir de nettoyeur de mines. Pour ce faire, utilisez la touche Ctrl pour faire tirer l'hélicoptère

Chapitre 3

sur une zone du terrain que vous aurez sélectionnée. Toutes les mines enterrées vont alors exploser, ce qui permettra aux unités blindées de traverser cette zone en sécurité. Continuez à viser une nouvelle zone de la carte après chaque tir et l'hélicoptère continuera à mitrailler le sol.

Sachez que, à l'instar des autres avions, la réparation des Hind peut s'effectuer dans un centre de services.

Hélicoptère Chinook

Coût : 1 200

Puissance : 90

Blindage : Moyen

Vitesse : 12

Arme : Aucune

Les hélicoptères Chinook peuvent servir à amener tout type d'infanterie au-dessus du champ de bataille. Chaque hélicoptère peut contenir jusqu'à cinq unités et se charge et se décharge comme un transport. Pour charger des unités sur l'hélicoptère, faites-le atterrir à proximité et sélectionnez les unités voulues, puis cliquez sur le Chinook (le curseur se transforme en une série de flèches pointant vers le bas). Chaque unité va monter à son tour à bord de l'hélico.

Pour vérifier le nombre d'unités à bord d'un Chinook, sélectionnez l'hélicoptère et comptez le nombre de cases vertes présentes du côté gauche de la boîte de sélection de l'hélicoptère.

Pour décharger un hélicoptère Chinook, faites-le atterrir là où vous voulez placer vos unités et double-cliquez sur l'hélicoptère (le curseur se transforme en curseur de déploiement). Les unités vont sortir de l'hélicoptère une par une.

Astuce : Les hélicoptères Chinook sont particulièrement vulnérables sous le feu des armes anti-aériennes. Cependant, ils constituent l'un des meilleurs moyens de déposer

Structures et Unités soviétiques

des unités d'infanterie de diverses catégories derrière les lignes ennemies. Essayez de repérer une faiblesse dans le système de défense anti-aérienne adverse avant d'envoyer l'hélicoptère en terrain ennemi. Ensuite, dirigez-le de manière à ce qu'il se faufile habilement dans cet espace libre.

4

Stratégies militaires

Chapitre 4

Que vous vous battiez contre Staline ou que vous essayiez de conquérir le monde pour le compte des Rouges, vous devez avoir de solides connaissances en matière de stratégie et de techniques militaires, étant donné qu'elles s'appliquent à la fois au monde réel et au monde d'*Alerte Rouge*. Chaque mission possède ses propres variations stratégiques et tactiques, et nous nous pencherons sur ces aspects au cours des chapitres qui traitent spécifiquement de ces missions. Mais vous devez maîtriser quelques notions fondamentales avant de gagner vos galons de commandant.

Les règles essentielles en stratégie

- Avoir un plan,
- Eviter la complexité,
- Prendre garde aux mauvaises associations d'unités,
- Attaquer en rassemblant la puissance de feu maximale,
- Utiliser la technique des tirs groupés autant que possible.

Bien sûr, *Alerte Rouge* n'est qu'un simple jeu informatique, mais il existe quelques règles de combat fondamentales, qui s'appliquent ici tout autant que dans le monde réel.

La toute première loi de guerre est la suivante : lorsque toutes les autres forces sont égales, c'est le camp qui possède le plus grand nombre d'unités qui l'emportera. Il ne faut rien laisser au hasard. Pour un chef militaire, quelle que soit la situation tactique ou stratégique, quelle que soit la guerre en cours, quel que soit l'ennemi, il vaut toujours mieux avoir plus d'unités que moins.

Le premier corollaire à ce principe militaire fondamental est que la victoire revient à celui qui rassemble la plus grande puissance de feu contre son ennemi. Vingt mitrailleurs dirigés de main de maître feront une bouchée de pain de n'importe quelle unité du jeu.

Stratégies militaires

Commandement des troupes

Souvenez-vous de ceci : pour l'emporter, vous devez avoir des capacités de commandement. *Alerte Rouge* est une bataille en temps réel, vous n'avez donc pas le loisir de réfléchir longuement à chaque déplacement. La bataille est une situation qui évolue : vous devrez prendre des décisions et ajuster vos tactiques à la minute. En mode Multijoueur, vous n'avez même pas la possibilité d'appuyer sur la touche Pause pour reprendre votre souffle.

Reportez-vous au Chapitre 1, *Le minimum vital*, pour plus d'informations sur les touches de contrôle. Nous allons passer en revue les contrôles clés et apprendre à les utiliser le plus efficacement possible.

Regroupement

Lorsque vous commandez plus d'une poignée d'unités, vous devez les regrouper pour conserver le contrôle de vos troupes au plus fort de la bataille. Etant donné que les situations changent très rapidement, vous devez fréquemment modifier vos ordres dans la seconde qui suit. Pour des besoins défensifs, regroupez vos troupes de manière à pouvoir réagir instantanément à n'importe quel assaut lancé contre votre base.

Lorsque vous attaquez avec une force armée importante, mais que vous devez simultanément assurer une forte défense pour votre base, rassemblez la totalité des forces d'assaut en un seul groupe et soyez toujours prêt à renommer les groupes quelques secondes après. Vous pouvez assigner à la totalité d'une force d'assaut un nom de groupe, et utiliser un ou deux autres groupes pour défendre la base. Une fois que la force d'assaut aura atteint son objectif, regroupez-en les composants à votre avantage : vous pouvez unir de manière tactique tous les tanks pour qu'ils abattent une tourelle, puis regrouper les rangers pour qu'ils filent à toute vitesse à travers le système de défense ennemi et assaillent l'infanterie.

Chapitre 4

> **Note :** Ne créez pas un trop grand nombre de groupes, sinon vous aurez du mal à savoir qui est qui. Si vous lancez un assaut sur deux fronts contre une base alliée, par exemple, vous pouvez séparer les deux forces principales en deux groupes distincts. De cette façon, vous pourrez réagir immédiatement à chaque retournement de situation sans avoir à faire l'inventaire de dizaines et de dizaines de groupes pour trouver les unités qui vous manquent.

Encerclement

Etant donné que les situations évoluent très rapidement et très souvent sur le champ de bataille, les groupes que vous avez si bien sauvegardés au début de la bataille vont être réduits en miettes ou s'affaiblir, de telle sorte que les noms de groupes deviendront inutilisables. Apprenez à vous servir de la souris pour encercler des groupes et leur lancer des ordres sans perdre de temps.

> **Note :** Ne vous rendez pas esclave des méthodes de regroupement et d'encerclement au détriment de la technique de contrôle fondamentale. Au plus fort de la bataille, lorsque le regroupement est rendu inutile et que le champ de bataille est trop bondé pour encercler des unités de manière efficace, donnez des ordres individuellement : cliquez sur une seule unité à la fois.

Repères

Ils constituent l'un des outils les plus importants qui soient mis à votre disposition. Apprenez à vous en servir dès le début : ils vous épargnerons bien des désagréments et vous sauverez la vie de nombreux soldats courageux. Les repères sont précieux à tout moment du jeu, soit que vous ayez besoin de vérifier l'état de plusieurs positions défensives, soit que vous souhaitiez visualiser la progression d'une attaque sur deux fronts. Vous pou-

Stratégies militaires

vez également utiliser des repères pour surveiller l'activité d'une base ennemie et garder un œil sur vos collecteurs de minerai.

Formations

Il s'agit d'un contrôle fort utile en cas de déplacement d'unités de plusieurs catégories que vous regroupez en une seule force. En général, utilisez ce contrôle pour maintenir des unités dans un certain ordre lors de leur déplacement vers un objectif. C'est en particulier par ce moyen que vous pourrez maintenir vos blindés sur le front et les unités plus vulnérables telles que l'infanterie à l'arrière. Lorsque vous commandez une infanterie mixte, servez-vous de ce contrôle de formation pour maintenir les ingénieurs et les médecins à distance des troupes qui forment les lignes de front, comme les mitrailleurs et les bazookas.

Distance de sécurité

Tout au long des descriptifs de mission, vous pourrez rencontrer cette phrase, généralement en référence aux armes longue portée, telles que les tanks et l'artillerie. Les deux icônes de ciblage vous indiquent si l'arme sélectionnée est à portée de tir de la cible visée sans avoir à la déplacer. Cette information est souvent primordiale, spécialement lorsque vos unités attaquent des tourelles ou des bobines de Tesla. Lorsque vous faites manœuvrer des blindés ou des unités d'artillerie dans le but d'assaillir une tourelle, déplacez les unités pas à pas, en vérifiant à chaque avancée si elles se trouvent à portée de tir. Lorsque c'est le cas, cliquez sur la cible. Si vous le faites alors que vos unités ne peuvent atteindre la cible, elles vont se lancer aveuglément sur elle et entrer dans le rayon d'action des armes ennemies, ceci avant qu'elles aient elles-mêmes ouvert le feu.

Tirs groupés

Visez la cible avec le plus grand nombre d'unités possible. La bobine de Tesla qui protège la base soviétique peut détruire un groupe de trois tanks avant qu'ils n'aient eu le temps de bouger une chenille. Et puisque les tanks n'auront même pas endommagé la bobine, vous obtiendrez indéfiniment ce résultat si vous lancez des trios les uns après les autres. Mais si vous attaquez avec quinze tanks, et si tous tirent sur la bobine simultanément, le résultat sera différent. Cela respecte l'un de nos principes : éviter la complexité.

Mettre une armée sur pied

Les commandants du monde réel partent au combat avec un nombre d'unités déterminé à l'avance. Dans le monde d'*Alerte Rouge*, cependant, les commandants sont habilités à fixer précisément la quantité et la qualité de leurs forces armées.

Le type de mission le plus courant dans ce jeu, dans un camp comme dans l'autre, est la construction d'une base suivie de l'attaque de celle de l'ennemi. Bien entendu, la guerre est beaucoup plus complexe que cela, selon le terrain et les tactiques envisagés, ce qui donne à chaque mission son originalité. Mais le déroulement ordinaire d'une mission reste celui-ci : vous construisez une base, la défendez contre les attaques, rassemblez une force d'assaut et partez finalement en guerre contre votre ennemi.

La clé de la réussite est la patience. Tout en construisant et en défendant votre base, vous devez pousser la production d'unités offensives à son plus haut degré. Vous devez perpétuellement protéger votre base et vos gisements de minerai jalousés par l'ennemi, mais le bon sens vous commande d'attaquer avec tout ce qui vous tombe sous la main.

A moins de pouvoir battre l'ennemi à plate couture, vous devez envisager d'employer quasiment tous les crédits dont vous disposez à la production d'unités avant de partir au combat. S'il vous reste des crédits non utilisés et des gisements de minerai non épuisés lorsque vous lancez l'assaut, il est judicieux de les utiliser pour la construction de renforts qui prêteront main forte à la force d'assaut principale. La manœuvre peut toujours tourner à votre désavantage, et il serait stupide de mourir les poches pleines !

Stratégies militaires

Stratégies

Voici quelques principes généraux selon lesquels vous devrez mener vos batailles. Devez-vous attaquer la base ennemie avec une seule force armée qui déferlerait sur elle ? Devez-vous séparer votre force armée en deux groupes et attaquer simultanément de plusieurs côtés ? Que penser d'une attaque combinée d'unités terrestres et navales ?

Détruire les moyens de production de l'ennemi

C'est une des stratégies favorites des joueurs de la première version de *Command & Conquer*, elle devrait vous être également utile pour *Alerte Rouge*. Puisque les crédits et la production sont au cœur de la plupart des missions, le fait de couper les vivres à l'ennemi (en le privant d'accès au minerai) peut sérieusement amoindrir ses chances de partir au combat.

C'est une stratégie efficace, mais ne vous focalisez pas trop sur la destruction des collecteurs de minerai : vous perdriez de vue les objectifs de votre mission. Si vous repérez un collecteur de minerai ennemi en action à proximité de votre base, faites des pieds et des mains pour le détruire. Mais vous devez les considérer comme des cibles occasionnelles, plutôt que comme des objectifs premiers.

Un moyen plus efficace de priver l'ennemi de minerai (et de vous mettre de l'argent dans les poches) consiste à vous emparer des gisements de minerai qu'il convoite et à les défendre sans faillir.

Assaut frontal

Il s'agit de la stratégie d'attaque la plus simple ; elle se solde généralement soit par la victoire, soit par l'annihilation totale de la force d'assaut. C'est une excellente tactique, mais uniquement lorsque vous disposez d'un grand nombre d'assaillants. Ce type d'assaut est coûteux, même lorsque vous l'emportez. Si vous choisissez d'attaquer l'ennemi de face, assurez-vous que vous

Chapitre 4

frappez avec tout ce que vous avez. Mais avant d'opter pour cette formule, songez à employer des stratégies moins coûteuses.

Assaut sur deux fronts

L'assaut sur deux fronts, appelé aussi mouvement en tenailles, est souvent extrêmement efficace, pourvu que vous puissiez réunir suffisamment de puissance de feu pour pouvoir séparer vos forces en deux groupes d'assaut. Lorsque vous attaquez une base, le mouvement en tenailles exerce une pression en deux endroits du système de défense ennemi et le force à se défendre en deux points, au lieu de se contenter de canaliser ses unités pour colmater un seul trou dans ses fortifications.

Forces combinées

Lorsque vous avez la chance de disposer d'unités aériennes et navales, outre les unités terrestres, veillez à bien tirer parti de cet avantage. Les contre-torpilleurs et les croiseurs sont un moyen idéal d'affaiblir les fortifications ennemies avant d'envoyer vos unités terrestres. Du côté soviétique, les raids aériens constituent un soutien puissant pour les assauts terrestres.

Préparer un plan d'attaque

Dès que la construction de votre base est lancée, votre tâche prioritaire est de localiser l'ennemi. Vous ne pouvez formuler de stratégie intelligente tant que vous ne savez pas où se trouvent les unités adverses. La seule façon de les trouver est de les chercher (à moins, bien sûr, de lire les instructions que nous vous fournissons !).

Lorsque vous avez localisé votre objectif, commencez à préparer votre plan d'attaque. En premier lieu, déterminez quels sont les points d'accès à votre cible : les routes, les ponts, les gués et l'accès aux plages depuis la mer. La route la plus directe n'est pas, bien entendu, la trajectoire la plus sensée pour l'attaque. Etudiez le système défensif ennemi et sélectionnez un ou plusieurs de ses points faibles.

Stratégies militaires

Par air

Si votre loyauté occidentale vous pousse à choisir le camp des Alliés, sachez que vous manquez la partie de plaisir "explosive" que vous réserve *Alerte Rouge*. En effet, les Soviétiques possèdent la majeure partie de la puissance de feu, avec leur arsenal de MIG, de Yaks, de parachutistes, de parabombes et d'hélicoptères Hinds. Les alliés sont relativement défavorisés avec leur unique modèle d'hélicoptère d'assaut.

Les avions soviétiques remplissent quantité de rôles, mais tous ont pour but ultime de perturber et de détruire les Alliés. Servez-vous des MIG et des Yaks pour harceler l'ennemi sans interruption et mitrailler les troupes, les unités, les bâtiments, soit comme prélude à une offensive terrestre contre les Alliés, soit pour les garder en forme ! Les parachutistes lâchés en plein milieu d'une base alliée peuvent renverser la tendance en votre faveur en deux temps trois mouvements.

Les escadrons d'avions sont très faciles à regrouper et à nommer. Ainsi, il est aisé de lancer des raids aériens sans avoir à repérer au préalable chaque piste d'atterrissage. Si vous pouvez frapper sans cesse les installations alliées, l'ennemi aura beaucoup plus de difficultés à rassembler des troupes pour contre-attaquer.

Les deux camps disposent de l'hélicoptère d'assaut. C'est une plate-forme guerrière puissante, très utile dans un rôle tant offensif que défensif. Ses missiles Hellfire sont spécifiquement conçus pour détruire les blindés. Construisez des héliports sur le périmètre de la base, de manière à ce que les hélicos puissent répondre rapidement à une attaque blindée. Ajoutez ensuite une force d'assaut pour les seconder.

Par mer

Les Soviétiques dominent dans les airs, mais les Alliés sont maîtres des mers. Leurs aviso-torpilleurs, contre-torpilleurs, et croiseurs jouent un rôle essentiel dans le soutien des opérations terrestres. Si vous combattez les Alliés, sachez que vous avez peu de chance de vaincre sans puissance navale. Si la carte présente

Chapitre 4

des étendues d'eau, vous aurez probablement besoin de navires en surface pour vous assurer la victoire.

Les petits aviso-torpilleurs sont essentiellement destinés à couler les sous-marins, mais il vous en faudra beaucoup pour maîtriser un petit nombre de sous-marins. Les contre-torpilleurs sont peut-être le meilleur investissement à faire : ils forment, grâce à leurs missiles, d'excellents cordons de défense en cas de raids aériens, mais leurs charges sous-marines les rendent aussi très efficaces dans la lutte contre les sous-marins.

Pour les Alliés, les sous-marins peuvent constituer l'un des obstacles les plus difficiles à surmonter pour remporter la victoire. Le seul moyen de les détruire est d'employer des navires de surface — qu'une escadre sous-marine peut couler dès leur lancement (si elle ne détruit par avant le chantier naval allié !). Pour couler des sous-marins, il faut une bonne dose de patience : c'est une bataille des nerfs et il faut s'attendre à perdre nombre d'aviso-torpilleurs et de contre-torpilleurs.

Le croiseur allié est la seule plate-forme armée à craindre pendant la guerre : dommage qu'il ne soit disponible que vers la fin du jeu... Trois ou quatre croiseurs alliés peuvent anéantir toute une base en quelques minutes.

La réponse soviétique à la puissance navale alliée est bien sûr le sous-marin. C'est une arme unidimensionnelle, qui ne peut attaquer que les navires en surface et les chantiers navals. Mais son manque de flexibilité ne diminue pas son efficacité. Une poignée de sous-marins soviétiques peut mettre une flotte entière en déroute, voire rayer de la carte les chantiers navals alliés.

Attaquer une base

Quelle que soit votre impatience d'en découdre avec, ne négligez pas l'importance des missions de reconnaissance. Prenez toujours le temps de parcourir la base ennemie et d'évaluer le nombre des unités avant de décider l'attaque. Si vous construisez une base, profitez de la relative lenteur du jeu pour envoyer simulta-

Stratégies militaires

nément en reconnaissance des unités et des espions afin d'évaluer la force de vos ennemis.

Si la base ennemie est particulièrement bien protégée, avec tourelles et bobines de Tesla, sachez que vous aurez besoin d'un grand nombre de blindés lourds pour vous tailler un chemin à travers les fortifications. Du côté des Alliés, l'artillerie est l'arme à utiliser de préférence contre les défenses en dur.

Le blindé est probablement le type d'unité le plus efficace, mais les tanks sont onéreux. Si vous avez l'intention de lancer un assaut de type guerre éclair, construisez au moins deux usines d'armement pour votre production et un centre de service minimum pour les maintenir en état de rouler.

Assaut après assaut, vos blindés vont finir par percer les fortifications les plus dures, mais ils ne peuvent réussir seuls. Lorsqu'ils auront pénétré les défenses ennemies et commencer à faire des dégâts importants dans les structures situées à l'intérieur de la base, faites entrer vos VTB et déchargez des troupes terrestres pour nettoyer la zone.

Capturer des bâtiments ennemis

Si vous vous battez contre plusieurs bases soviétiques en même temps, essayez de prendre le contrôle de la plus petite. C'est difficile, mais cela vaut le coup. Vous aurez besoin de blindés pour écraser son système de défense. Ensuite, endommagez les bâtiments jusqu'à ce que leurs barres d'énergie soient dans le rouge, avant d'envoyer vos ingénieurs faire leur travail : dans une base qui fourmille encore d'unités d'infanterie, ils ne feraient pas long feu. Les navires de surface représentent un excellent moyen d'affaiblir les bâtiments soviétiques, à condition de vous en approcher suffisamment.

Si vous avez remarqué des silos à missiles ennemis à proximité de votre position, envoyez-y un espion ou deux. Ils ne peuvent éviter les chiens d'attaque, mais, si leur chemin est dégagé jusqu'aux silos, ils peuvent retourner la situation en votre faveur sans tirer un seul coup de feu.

Chapitre 4

N'oubliez pas que le médecin est peut-être la seule unité essentielle des Alliés. Maintenez un taux de un médecin pour 10 à 15 unités de combat et efforcez-vous d'en placer au moins un au sein de chacun de vos groupes de forces terrestres.

Construction d'une base

Dans *Alerte Rouge*, votre base est bien plus qu'un Q.G. de commandement. Votre base est tout pour vous : un moyen de production, un centre de recherches, un camp d'entraînement, une usine et un centre de renseignements. L'emplacement, le système de défense et la configuration de la base sont peut-être des éléments indispensables à la réussite sur le champ de bataille.

Partir en reconnaissance

Tandis que votre base est en cours de constitution, envoyez vos unités les plus rapides (généralement des rangers ou des tanks) en reconnaissance dans les environs, ils localiseront les gisements de minerai et repéreront peut-être la base ennemie.

Lorsque vous aurez la possibilité de produire un espion, entraînez-le et envoyez-le dès que possible repérer la base ennemie. Les unités adverses ne peuvent pas le voir (sauf ces fichus chiens d'attaque) et il est capable de s'infiltrer dans les bâtiments et d'en ressortir avec des informations sur la puissance des troupes et le niveau de construction du camp opposé.

> **Note :** Si une unité partie en reconnaissance rencontre plus de difficultés que vous ne l'aviez escompté, disons une paire de tanks Mammouth, pendant que votre première centrale électrique est en construction, ne rapatriez pas votre unité directement : vous conduiriez l'ennemi tout droit à votre base.

Stratégies militaires

Construire où et quoi

Il n'y a pas de méthode prédéfinie pour construire une base, mais voici une liste des priorités à établir en matière de structures : un chantier de construction, une centrale électrique, une raffinerie et deux casernes. Au prix de 300 crédits seulement, une deuxième ou même une troisième caserne est une véritable affaire, et vous permet d'entraîner des troupes beaucoup plus rapidement.

N'installez pas vos structures n'importe où. Lorsque vous choisirez vos sites de construction, n'oubliez pas que l'emplacement des bâtiments détermine l'endroit où vous implanterez les autres structures. Si vous êtes à proximité d'une étendue d'eau, par exemple, étendez vos constructions jusqu'à la berge pour avoir un accès à la côte, préalable indispensable à l'implantation d'un chantier naval. Si vous avez déployé votre VCM trop loin d'une protection naturelle, telle que des corniches, positionnez vos constructions ultérieures dans cette direction, de façon à pouvoir bâtir des tourelles et des bunkers qui le protégeront.

Le système de défense prime

Avant de gagner, vous devez survivre, et la clé de votre survie réside dans une base bien protégée. Au-delà des deux premières missions, lorsque la présence ennemie est tellement affaiblie qu'il n'y a pas de réelle menace d'attaque, vos priorités de construction doivent être le collecteur de minerai et le système de défense.

Efforcez-vous d'édifier un système de défense équilibré. Si vous vous reposez entièrement sur les tourelles et les bunkers, vous serez sans doute dépassé par les troupes qui passeront outre ces fortifications stationnaires et commenceront à abattre vos bâtiments. Maintenez un fort contingent d'unités d'infanterie à l'intérieur de la base, outre les unités assignées à la protection du périmètre de votre base. Utilisez ces unités de soutien regroupées pour repousser toute attaque.

Chapitre 4

Il s'agit d'un tour de passe-passe, bien sûr, puisque vous ne pouvez entraîner et construire qu'une seule unité ou structure à la fois. Mais même si vous avez l'intention de lancer la plus importante offensive depuis le jour J, vous devez protéger votre propre base avant de pouvoir mener une attaque.

Les défenses légères

Selon la quantité de crédits dont vous disposez, essayez de produire une force composée de 25 à 30 soldats de plusieurs catégories : mitrailleurs, bazookas et grenadiers. Vous aurez l'impression, au cours de certaines missions, de les envoyer au casse-pipe, mais l'entraînement d'unités est moins coûteux que la réparation et le remplacement de bâtiments détruits lors d'attaques ennemies.

Ordonnez à des groupes d'unités mixtes de défendre la base et disséminez-les à travers le camp et le long des zones menacées du périmètre. Il est très facile d'oublier la défense de votre propre base lorsque vous vous trouvez à l'autre bout de la carte, en train d'éliminer tout ce qui bouge dans le camp ennemi. Un message sonore vous informera dès qu'une attaque sera lancée contre votre base et vous devrez y répondre sans tarder. Un groupe de mitrailleurs est capable de détruire plusieurs bâtiments essentiels si ces derniers sont laissés sans surveillance.

Lorsque vous prévoyez un assaut comtre un camp ennemi, continuez à construire et à entraîner des unités sur votre base. De temps en temps, appuyez sur la touche E pour sélectionner toutes vos unités, puis sur la touche G pour les mettre en mode Garde. C'est le moyen le plus rapide pour mettre votre force de défense sur le qui-vive. Ensuite, vous pourrez donner de nouveaux ordres à vos forces d'assaut. Si vous oubliez de donner de nouvelles instructions aux forces qui défendent la base, elles resteront debout à contempler les ravages commis par l'ennemi dans leur propre camp.

Stratégies militaires

Tourelles et bunkers

Les tourelles et les bunkers sont généralement un excellent investissement pour la défense, mais n'en construisez pas tant que vous n'avez pas la preuve que l'ennemi s'avancera en force par ce côté. Souvent, un simple groupe d'infanterie mixte fera l'affaire.

Pour les Alliés, les canons anti-aériens sont un élément essentiel dans le renfort de la base. Les Soviétiques tenteront de raser votre base avec leurs MIG et leurs Yaks, puis de lâcher des parachutistes et des parabombes sur votre tête. Quelques bunkers ingénieusement disséminés à l'intérieur de la base pourront rendre la vie impossible aux unités qui auront eu l'intention (bien téméraire) de faire un saut chez vous.

Construire des barrières

Si votre base est la cible d'attaques ennemies, vous devez utiliser au maximum toutes les possibilités de votre système de défense. Construisez un périmètre avec tout ce dont vous disposez. Bâtir des murs en béton peut paraître fastidieux (et c'est effectivement le cas), mais au moins, ils empêchent l'infanterie de venir sonner directement à la porte de votre Q.G. Si cette option est disponible, ne vous privez pas d'en construire.

Bien entendu, vous souhaiterez conserver une voie d'accès pour vos collecteurs de minerai et vos autres véhicules. Ces portes d'entrée doivent être les points de votre périmètre de défense les plus surveillés : renforcez-les également par des tourelles et des bunkers.

L'agrandissement de la base

L'endroit par lequel vos forces entrent sur la carte n'est pas un emplacement de base idéal, mais vous n'avez généralement pas le temps d'admirer le paysage pour y dénicher le site de vos rêves. Soyez toujours prêt à modifier votre conception de la configuration d'une base. Bien des fois, vous devrez agrandir votre base pour chercher une meilleure protection naturelle, de l'eau pour construire un chantier naval ou de nouveaux gisements de minerai.

Chapitre 4

Lorsque vous aurez besoin de vous agrandir, n'hésitez pas. Ne craignez pas de vendre des tourelles, des bunkers et des obstacles qui ne vous servent plus. Vous pouvez reconstruire des fortifications le long du nouveau périmètre de votre base. Cependant, n'essayez pas d'installer systématiquement des barrières autour de chaque nouvelle parcelle de base. Faites une estimation des menaces et essayez de prévoir la taille finale et l'emplacement de votre base idéale.

Les réparations

Comme dans la réalité, il est plus sensé de réparer les choses que de les remplacer. Si votre base est la cible d'attaques fréquentes, vous devrez constamment contrôler les dégâts faits à vos bâtiments. Sinon, vous aurez un choc, à votre retour d'un combat victorieux, en découvrant que l'ennemi vous a rendu visite et a anéanti votre chantier de construction. Le constat est rude : vous avez échoué dans votre mission. Les réparations sont cruciales pour les Alliés, dont les structures sont constamment attaquées par les avions soviétiques.

Bien sûr, les réparations coûtent de l'argent, il faut donc établir des priorités. Vous devez maintenir en état de marche vos chantiers de construction, vos raffineries, vos usines d'armement, vos centrales électriques, et naturellement les bâtiments qui font l'objet d'une attention toute particulière lors des raids aériens soviétiques. D'autres structures, comme les silos, et parfois les casernes, ne sont pas essentiels ; vous pouvez donc envisager de remettre les réparations à plus tard. Du reste, si un bâtiment a l'air gravement endommagé, mieux vaut faire une croix dessus.

Pour les réparations essentielles (notamment lorsque leur base est bombardée), les Alliés doivent garder quelques ingénieurs à disposition en cas d'urgence. Un ingénieur peut réparer entièrement n'importe quelle structure, mais vous le perdrez pendant l'opération. Lorsque vous êtes sur le point de perdre un bâtiment essentiel, et qu'une autre attaque est imminente, envoyez l'un de ces ingénieurs pour réparer ce qu'il peut.

5

Missions alliées

Chapitre 5

Mission 1 : Le professeur absent

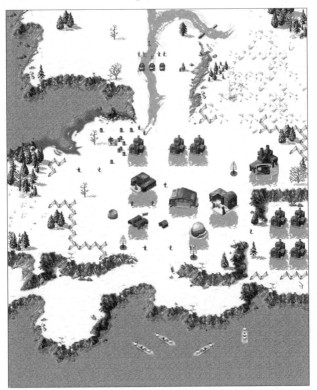

Instructions

Les Soviétiques ont capturé l'un des meilleurs atouts des alliés : Albert Einstein. Votre première mission consiste à effectuer un raid sur la base ennemie, à évacuer le grand scientifique et à le conduire à l'hélicoptère qui l'attend. Pour accomplir cette mission, vous disposerez de votre commando d'élite : Tanya, accompagnée d'une poignée d'hommes d'infanterie et de rangers.

Missions alliées

Résumé

- Eliminez le chien avant qu'il ne lacère un soldat de ses crocs.
- Veillez bien sur Tanya. Si elle disparaît, tout est perdu.
- Méfiez-vous de la bobine de Tesla.

La stratégie gagnante

Votre première mission, récupérer Einstein, est très facile. Il suffit de vous méfier des bobines de Tesla. Déplacez vos troupes prudemment, éliminez les soldats soviétiques dès qu'ils sortent de leur base. Veillez à anéantir le chien d'attaque avant qu'il ne mette vos troupes en pièces. C'est un chien méchant !

Approchez-vous de la base par le côté ouest de l'entrée, en gardant vos forces hors de portée de la première bobine de Tesla. Vous devez tuer les troupes qui gardent le centre de commandement avant qu'Einstein ne tente une sortie. Lorsque vous vous serez débarrassé des gardes, un message sonore vous avertira que l'hélicoptère de secours est arrivé et vous verrez s'élancer hors du bâtiment ennemi cette chère vieille tête aux cheveux blancs. Il vous suffira alors de guider le génie jusqu'à la fumée de la fusée éclairante et vers l'hélicoptère en attente.

Ne traînez pas trop longtemps dans les parages pour admirer votre beau travail. Les croiseurs alliés vont se montrer dès qu'Einstein sortira du bâtiment ennemi. Ils bombarderont la base et ne feront pas de quartier !

Etant donné que votre baptême du feu s'est passé en douceur, vous pourriez tirer profit d'un entraînement aux techniques de commandement et aux tactiques apprises dans ce chapitre sur la stratégie. Même si la récupération d'Einstein s'est déroulée sans encombre et a rempli toutes les conditions requises, vous devez toujours essayer d'amasser le plus de points possible en détruisant chacune des unités et structures soviétiques en vue.

Pendant que votre infanterie légère et vos rangers occupent les Soviétiques dans la partie ouest de la base, infiltrez Tanya sur les

Chapitre 5

lieux pour qu'elle fasse exploser les centrales électriques. Cela permettra de mettre les bobines de Tesla hors jeu, et vous pourrez alors passer le temps qu'il vous reste à dévaster toute la base. Mais n'oubliez pas de quitter les lieux avant que les croiseurs alliés ne commencent à tout bombarder !

Mission 2 : Nettoyage complet

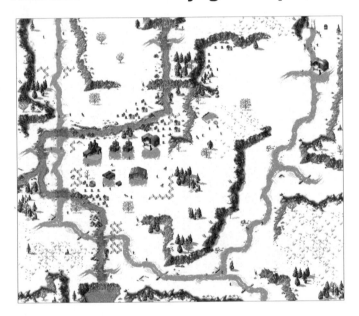

Instructions

Un convoi allié doit arriver d'ici 25 minutes. Votre mission consiste à nettoyer la place pour permettre à ce convoi sensible de passer en toute sécurité. Vous devez détruire toutes les forces ennemies, vous assurer que les camions pourront suivre un che-

Missions alliées

min dégagé, de leur point d'entrée situé au nord-ouest jusqu'au point de sortie situé dans le coin sud-est de la carte.

Résumé

- Utilisez votre puissance de feu supérieure pour éradiquer les Soviétiques du champ d'action.
- Faites suivre un entraînement rapide au médecin pour que vos troupes restent en bonne santé.
- Utilisez les soldats bazookas pour réduire en poussière la clôture barbelée qui barre la route.

La stratégie gagnante

Cette fois-ci, vous disposez de forces dignes de ce nom pour accomplir votre tâche, y compris un VCM (Véhicule de Construction Mobile). Déployez celui-ci sans attendre, dans la clairière située immédiatement au sud de votre point d'entrée. Vous rencontrerez alors une petite résistance, mais votre puissance de feu supérieure devrait l'emporter rapidement. Surveillez cependant bien les chiens d'attaque, sinon ils ne feront qu'une bouchée de plusieurs de vos soldats.

Lorsque les renforts alliés arrivent, regroupez-les et déplacez-les immédiatement pour qu'ils protègent la route du sud et le gisement de minerai à l'est de cette route. Une force armée réduite devrait suffire à prendre d'assaut la route située à l'extrémité sud-est de la carte, c'est-à-dire l'endroit par lequel le convoi allié sortira. Envoyez une autre force armée au sud-sud-ouest de votre base pour vous emparer du gisement de minerai qui s'y trouve. La base soviétique est située à l'ouest de ce gisement, elle est accessible par une brèche dans la corniche montagneuse. Etablissez une position défensive à cet endroit en déployant vos troupes sur les deux flancs de la brèche pour contenir les attaques des Soviétiques pendant que vos forces se préparent à lancer un assaut sur la base ennemie.

Suivez la procédure normale de construction de base. Vos options de construction sont très limitées : vous n'avez droit qu'à

Chapitre 5

une centrale électrique, des raffineries de minerai, des sacs de sable, des casernes, des silos à minerai et des bunkers. Ne construisez que le strict minimum, vous disposez déjà d'un grand nombre de forces armées sur le champ d'action pour éliminer les forces ennemies. N'oubliez pas : c'est une course contre la montre.

Mettez un collecteur de minerai au travail sur le gisement situé au nord de la clairière. C'est un gisement de petite taille qui n'est pas gardé, car il est protégé par la rivière située à l'ouest et la corniche montagneuse au sud. Vous devriez pouvoir amasser largement assez de minerai pour subvenir aux besoins de la mission. Etablissez un périmètre de défense et ne perdez pas de temps à renforcer votre base. Les Soviétiques ne peuvent en effet soutenir que des attaques légères, et le moyen le plus sûr d'éliminer cette menace consiste à pénétrer la base ennemie directement en réduisant à néant leur capacité de préparation d'un assaut.

La base soviétique est de petite taille et mal défendue. Vos rangers et vos bazookas ne feront qu'une bouchée des ennemis qui y sont cantonnés. Faites appel aux techniques de regroupement et de déplacement de troupes pour vous frayer un passage dans la base. Prenez votre temps, maintenez la pression sur vos troupes et servez-vous du médecin pour qu'elles gardent la forme.

Utilisez vos mitrailleurs pour mettre le feu aux barils d'essence et les troupes ennemies partiront en fumée, mais faites bien attention à ne pas faire de même avec vos propres troupes : l'essence qui explose ne fait pas de quartier.

Une fois la base soviétique réduite en cendres fumantes, déplacez-vous rapidement pour éliminer les forces ennemies restantes. N'oubliez pas de garder un œil sur l'horloge. La route va du nord au sud, perpendiculairement à l'extrémité ouest de la base soviétique. Dégagez tout d'abord la partie nord de la route, puisque c'est de ce côté que le convoi entrera dans la zone. Le gué traversant la rivière est défendu par une poignée d'hommes, tout comme la section la plus septentrionale de la route. Débarrassez-vous en. Bientôt, vous souhaiterez que toutes vos missions soient aussi faciles.

Missions alliées

Une fois que la partie nord-ouest de la carte est en sécurité, déplacez vos forces vers le sud le long de la route pour dégager la voie au convoi. Laissez quelques hommes armés au point d'entrée du convoi. N'attendez aucune contre-attaque de la part des Soviétiques, mais le bon sens militaire en matière de tactique exige que vous ne laissiez pas cet endroit sensible sans défense. Ce point d'entrée protégé, ramenez vos troupes de l'autre côté de la rivière en direction du sud-ouest de la carte, là où la route fait un virage vers l'est. Vous rencontrerez un peu de résistance au moment de franchir la rivière, mais ne vous en faites pas. Ce n'est qu'un exercice de ciblage.

Donnez l'ordre à vos bazookas de réduire en poussière la clôture barbelée qui barre la route est-ouest, du côté est de la rivière. Le convoi ne pourra avancer que si vous lui dégagez la voie. Une fois le chemin frayé, déplacez vos troupes vers l'est, le long de la route, pour faire la jonction avec le contingent de défense situé au point de sortie, au sud-est. En attendant le convoi, faites une reconnaissance pour détecter tout Soviétique isolé. Utilisez le viseur de la souris pour dénicher les traînards cachés dans les arbres. Si un seul soldat ennemi en réchappe, vous avez échoué.

Désormais, après avoir ouvert le chemin pour la sécurité du convoi, vous pouvez reprendre votre souffle et observer les camions serpenter sur la carte, chargés des provisions indispensables à vos troupes.

Chapitre 5

Mission 3a : Ça va chauffer !

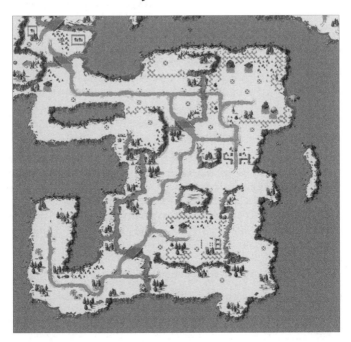

Instructions

Votre espion vous informe que d'importants mouvements de troupes soviétiques ont lieu dans votre secteur. Votre mission consiste à détruire tous les ponts situés dans cette zone pour empêcher toute progression de l'armée soviétique. Vous disposerez de Tanya, experte en démolitions, pour faire sauter les ponts.

Résumé

- Gardez Tanya à l'abri de tout danger.
- Laissez l'artillerie opérer et bombarder les structures soviétiques.

Missions alliées

- Ne faites pas sauter les ponts que vous aurez besoin d'emprunter.

La stratégie gagnante

Vous ne disposez que de Tanya et d'une seule unité d'artillerie. Mais votre chance, c'est que Tanya n'est pas un soldat comme les autres. Il serait judicieux de vous procurer un médecin pour garder Tanya en forme (il y a d'ailleurs toutes les chances que vous en trouviez un sans tarder).

Les quatre ponts sont situés immédiatement à l'est du point d'entrée de Tanya, leur proximité est tentante, mais elle ne peut les atteindre de l'endroit où elle se trouve. Le seul chemin possible passe par le sud, puis vire à l'ouest en suivant une trajectoire circulaire qui mène à l'objectif. Vous rencontrerez une première opposition soviétique au moment où Tanya s'approchera du gué menant vers le sud. Utilisez l'arme longue portée de Tanya à son avantage. Laissez les Soviétiques approcher et éliminez-les l'un après l'autre.

Une fois la rivière traversée, vous trouverez un médecin allié prisonnier, sous surveillance et entouré de barils d'essence. Ordonnez à Tanya de supprimer les troupes soviétiques en prenant bien soin de ne pas mettre le feu au carburant avec une balle perdue. Ordonnez au médecin d'escorter Tanya pour qu'il puisse lui administrer les premiers soins d'urgence en cas de blessure. Maintenez la pièce d'artillerie à l'arrière, là où elle peut décimer les unités soviétiques tout en restant hors de portée d'une quelconque menace.

Vous allez rencontrer une légère opposition en allant vers l'ouest, le long de la route, mais ces soldats soviétiques n'arrivent pas à la cheville de Tanya. Il lui suffira de les descendre au pistolet et de continuer sa progression. Virez au sud près de la côte, puis cherchez un transport soviétique en train de décharger une poignée de soldats lance-flammes. Assurez-vous que Tanya ne soit pas à leur portée, puis ordonnez-lui de les abattre l'un après l'autre, au moment où ils émergent de leur transport.

Chapitre 5

La base soviétique se trouve désormais juste au sud-est de votre position. Votre unité d'artillerie va suivre le mouvement. Lorsque l'œil de lynx de Tanya aura découvert les premières troupes soviétiques errant à proximité de l'entrée de leur base, ordonnez-lui de se tenir tranquille. Faites avancer l'unité d'artillerie vers cet endroit, puis utilisez le viseur de la souris pour vous assurer que vous êtes à portée de tir de la tourelle lance-flammes, qui peut être mortelle pour Tanya. Ordonnez à l'artilleur de bombarder la tourelle pendant que votre guerrière élimine un à un les hommes de l'infanterie soviétique sortant de la base. Grâce à cette méthode bien précise, vous pourrez réduire à néant la base soviétique très rapidement tout en gardant vos forces à l'abri.

A l'est de la base soviétique, ou du moins de ce qu'il en reste, vous trouverez le premier des quatre ponts. Comme vous l'avez sûrement déjà appris à vos dépens, vous aurez une mauvaise surprise si vous ne prenez pas vos précautions en déplaçant Tanya sur les lieux. En effet, un lance-roquettes garde le pont, et même Tanya ne pourrait survivre à l'impact direct d'une roquette soviétique. Ne laissez pas non plus votre artilleur errer trop près du lance-roquettes. En revanche, ordonnez à Tanya de s'approcher suffisamment pour tirer sur l'un des barils d'essence situés près de l'arme ennemie tant redoutée. Puis battez en retraite rapidement et profitez du feu d'artifice.

Les trois ponts restants sont alignés : Tanya pourra les faire sauter sans trop de peine. Vous pouvez le faire maintenant si vous le souhaitez, mais vous pourriez avoir envie de vous occuper de la petite base soviétique située juste au sud de ces ponts. Utilisez la même tactique que celle employée pour détruire la première base, en maintenant votre unité d'artillerie suffisamment loin pour pilonner sans danger les structures ennemies, tandis que Tanya élimine l'une après l'autre les unités d'infanterie soviétique grâce à son arme longue portée.

Le pont le plus à l'est est protégé par une tourelle lance-flammes, ce qui est une mauvaise nouvelle pour Tanya. Déplacez votre unité d'artillerie hors de portée de tir et faites-lui raser cette tou-

Missions alliées

relle. Ensuite, envoyez Tanya faire sauter le pont. Si vous avez été distrait et avez perdu votre unité d'artillerie, il serait bon de faire contourner la tourelle à Tanya pour qu'elle puisse faire sauter le pont tout en se tenant à distance respectueuse des bombes explosives.

Une fois que tous les ponts auront sauté, votre mission sera accomplie. Envoyez des hommes en reconnaissance pour découvrir si vous avez laissé passer une unité soviétique ou des bâtiments ennemis. Eliminez toutes les forces soviétiques qui restent pour amasser le plus de points de bonus possible.

Mission 3b :
Faites-vous les dents !

Instructions

Votre espion vous informe que des mouvements de troupes soviétiques importants ont lieu dans votre secteur. Votre mission consiste à détruire tous les ponts situés dans cette zone pour empêcher la progression des blindés ennemis. Vous disposerez de Tanya, experte en démolitions, pour faire sauter les ponts.

Résumé

- Ne tuez pas le médecin, c'est votre ami.
- Evitez les tours lance-flammes.

La stratégie gagnante

Il semblerait que Tanya doive lutter toute seule contre l'armée soviétique, mais si elle est prévoyante et discrète, elle pourra s'en tirer valeureusement. Sa mission commence à l'extrémité nord d'une étroite péninsule. Déplacez-la vers le sud et éliminez les soldats soviétiques qui montent vers le nord pour la saluer. Au moment où la route va vers l'est, à proximité d'une église, vous trouverez un camion soviétique entouré de barils d'essence.

Chapitre 5

Attendez quelques secondes avant d'y mettre le feu car un médecin allié dont vous aurez besoin se cache parmi eux. Au moment où Tanya s'approchera de l'endroit, le médecin tentera de sortir d'entre les barils. C'est à ce moment-là que vous pourrez ouvrir le feu et provoquer des feux d'artifices.

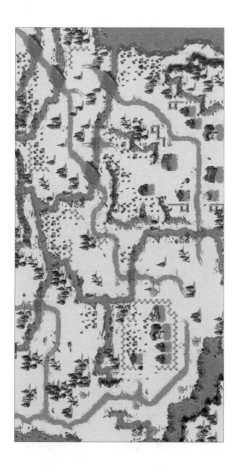

Missions alliées

Vous devrez de temps en temps vous débarrasser d'un soldat soviétique pendant le trajet de Tanya en direction de l'est. Elle parviendra bientôt à une fourche, l'une des branches de la route partant vers le nord et l'autre continuant vers l'est et traversant une la rivière. Elle peut accomplir sa mission quel que soit le chemin emprunté, mais les choses seront un peu plus faciles si vous choisissez la voie qui part à l'est. Plus loin, vous verrez une Jeep gardée par deux Soviétiques. Ordonnez à Tanya de leur lancer quelques explosifs et dirigez-vous vers le nord en longeant la côte. Ce faisant, vous progresserez vers l'arrière d'une petite base soviétique protégée par une corniche montagneuse du côté ouest. A cet endroit, vous trouverez quatre ingénieurs alliés, prisonniers d'une poignée d'hommes d'infanterie soviétiques. Tirez sur l'un des ennemis et les autres s'enfuiront vers le nord et iront se jeter tête baissée dans un amas de barils d'essence. Le résultat est bien sûr explosif. Déplacez les ingénieurs pour les mettre hors de danger et ordonnez-leur de rejoindre Tanya et le médecin.

Pendant que Tanya s'entraîne sur une petite cible, la Jeep qui vient du sud a fait son chemin vers le nord et s'arrête à la barrière d'une base soviétique plus grande, à l'extrémité nord-est de la carte. Deux tanks soviétiques vous attendent à cet endroit, derrière une petite barrière de sacs de sable. Heureusement, il se trouve quelques barils d'essence tout près de là et d'un seul petit coup de gâchette Tanya va faire disparaître toute cette zone. La destruction des barils et des tanks force la Jeep à effectuer une course suicidaire vers la structure soviétique où elle heurte une tour lance-flammes et provoque un gigantesque feu. Vous êtes donc bien aise d'être débarrassé de cette tour, mais il en reste encore deux du côté ouest de la base qui n'attendent que Tanya. A cet endroit se trouvent quelques cibles tentantes, y compris un port sous-marin, mais vous feriez mieux de vous en tenir aux objectifs de la mission et de ne pas être trop gourmand. Ignorez-les pour l'instant et faites contourner en douceur les tour lance-flammes par Tanya et conduisez-la vers le pont situé au nord-ouest de ce point.

Chapitre 5

Eliminez les soldats dès qu'ils apparaissent tout en surveillant bien les arbres qui peuvent cacher des mauvaises surprises. Faites sauter le pont au nord-ouest puis partez en direction du sud. Tanya peut contourner les tour lance-flammes pour faire sauter le pont situé au sud-ouest de la base, mais en définitive, vous aurez envie de faire le héros et de faire sauter toutes les structures soviétiques de la carte. Les bombes explosives tirées par les tours sont lentes, mais Tanya sera au moins touchée une fois avant de pouvoir mettre le détonateur hors service. Elle pourra s'en tirer si vous veillez à ce qu'elle ne le soit pas une seconde fois. Placez le médecin près d'elle pour qu'il puisse lui administrer les premiers secours et déplacez Tanya vers l'une des tours lance-flammes. Maintenez-la hors de portée des deux tours, sinon elle risque de ressembler à un toast. Détruisez une tour après l'autre en laissant toujours le médecin auprès d'elle. Ainsi, Tanya vivra suffisamment longtemps pour pouvoir raconter son aventure.

Une fois les tours éliminées, rien sur la carte ne pose vraiment de problème à Tanya. Un avion de transport soviétique lâchera une poignée de soldats sur cette zone, mais elle peut en faire son affaire les yeux fermés. Maintenant, vous pouvez prendre votre temps et faire sauter ce qui vous chante. Visez d'abord les ponts puisqu'ils représentent l'objectif principal de votre mission.

Mission 4 : Remake mortel

Instructions

Vous souvenez-vous de la route que vous aviez dégagée pour un fameux convoi ? Les Soviétiques sont revenus en force et essaient de reprendre ce passage-clé à travers les montagnes. Les Alliés ne pouvant laisser faire, votre mission consistera donc à construire une base et à anéantir la menace soviétique. Le front grec est en train de se désintégrer et l'Allemagne semble sur le point de tomber. Si vous ne gagnez pas ce combat, les Alliés pourraient bien perdre la bataille et la liberté.

Missions alliées

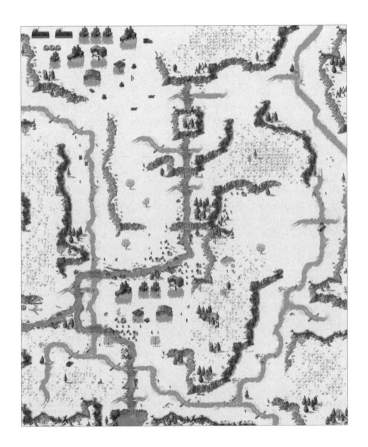

Résumé

- Construisez rapidement des défenses pour repousser les attaques ennemies.
- Mettez les gisements de minerai à l'abri pour financer la construction des bases et des unités.

Chapitre 5

- Protégez les base lorsque vous partez vous battre à l'extérieur.

La stratégie gagnante

Cette mission est votre premier test d'envergure en tant que commandant allié. Vous devez construire une base dans une zone extrêmement hostile et la défendre contre des attaques soviétiques particulièrement féroces. Ensuite, vous devez accroître suffisamment la production d'unités et de machines pour détruire le puissant contingent soviétique, tout en continuant à protéger votre base des contre-attaques.

Les tout premiers moments ont l'air d'être catastrophiques, mais vous devez garder votre sang-froid tandis que vous repoussez les forces soviétiques et établissez une base. Une présence alliée se trouve près de la zone nord-est de la carte et vous y trouverez une petite base et un contingent d'infanterie. Ils seront immédiatement pris sous le feu d'une unité soviétique. Simultanément, un autre groupe d'infanterie et de rangers apparaît au sud-ouest du point d'entrée initial. Mettez toutes les unités en mode Garde en les sélectionnant d'abord avec la touche E, puis en appuyant sur la touche G. Pendant que vos unités repoussent les Soviétiques, déplacez-vous vers la grande clairière située entre les deux groupes. Elle est bordée au nord par un gisement de minerai.

Pendant que vous construisez les éléments fondamentaux de votre base (centrales électriques, mine, casernes), déployez des groupes d'unités de différents types vers les points vulnérables de cette zone. La clairière étant bordée dans sa majeure partie de corniches impénétrables, vous devez donc concentrer vos forces à la défense des ouvertures de ces barrières naturelles.

Une fois éliminées les menaces soviétiques immédiates, agrandissez vos périmètres défensifs pour vous emparer des gisements de minerai situés au nord et au sud de la base. Vous devez conserver ces gisements et garantir aux collecteurs de minerai un accès en toute sécurité. Construisez une usine d'armement et

Missions alliées

lancez le démarrage de vos tanks. Construisez une deuxième mine dès que possible pour que les crédits continuent à affluer.

Vous devez vous occuper d'une base soviétique d'où proviendront les attaques les plus sérieuses. Déplacez le poseur de bombes vers le petit gisement de minerai situé juste au nord de votre base, puis déployez les explosifs dans les deux ouvertures de ce gisement.

Ensuite, établissez un périmètre de défense solide à l'aide de bunkers. Construisez-en des camouflés si vous pensez pouvoir les payer. Placez les tourelles de façon à concentrer le feu sur les points d'engorgement naturels créés par les ouvertures de la corniche montagneuse. Les attaques soviétiques vous occuperont pendant un certain temps. Utilisez des marques pour retourner rapidement aux points névralgiques et répartissez les médecins entre les 3 ou 4 sections d'infanterie qui doivent garder la base. Utilisez au moins deux groupes de deux ou trois tanks pour enfoncer les blindages soviétiques qui entreront dans le champ de bataille depuis le nord et le sud-ouest. N'oubliez pas que la force d'attaque soviétique la plus considérable se trouve au nord-ouest et maintenez un plus forte concentration de vos unités de défense à cet endroit. Vous serez occupé pendant un certain temps à tenir les Soviétiques à distance. Rassurez-vous, ces raids aériens ne dureront pas éternellement.

Assurez-vous que les collecteurs de minerai travaillent sans interruption. Construisez deux raffineries et attribuez-leur à chacune au moins deux camions. En fin de compte, vous parviendrez à dépasser la production des Soviétiques et vous pourrez continuer l'offensive. Progressez alors lentement vers le sud, et mettez à l'abri le petit gisement de minerai situé au sud-est de vos collecteurs. Vous devriez désormais vous être rendu maître de la majeure partie de la moitié est de la carte. Maintenant, rendez aux Soviétiques la monnaie de leur pièce.

Assemblez deux forces : l'une au sud et un contingent plus important au nord de la base. Ordonnez à la première de se déplacer vers l'ouest. La cible initiale devrait être les collecteurs

Chapitre 5

soviétiques qui sont à l'œuvre sur le gisement de minerai important situé au sud-ouest de la carte. Détruisez tous les collecteurs que vous pourrez trouver et mettez le gisement à l'abri. Maintenant, déplacez cette force vers le nord, en direction de la grosse base soviétique. Lancez une attaque à partir du nord et forcez l'ennemi à y répondre. Continuez à créer des unités en équilibrant infanterie, bazookas, médecins et tanks. Vous avez désormais la supériorité, mais les Alliés vont encore subir de lourdes pertes.

Une fois que vous serez à même d'enserrer la base soviétique principale par l'est et par le sud, il ne vous faudra pas longtemps pour la dominer et détruire toute résistance.

Faites sortir une dizaine de bazookas pour vous défendre contre les attaques des Yaks soviétiques. Ne pouvant construire un dôme radar pour cette mission, ces bazookas sont votre meilleur atout.

Mission 5a, 5b, 5c : Pour le roi et la patrie

Instructions

Le commandement allié a obtenu les services d'un agent espion pour mener à bien un raid audacieux afin de secourir Tanya, prisonnière des Soviétiques sur une île lointaine. Faites entrer l'espion dans une usine d'armement où il tentera de prendre les commandes d'un camion, à l'aide duquel il fera une brèche dans la prison de Tanya. Le fait de libérer Tanya de sa cellule déclenchera le déploiement d'une force d'assaut alliée. Vous devrez alors conduire et commander cette force armée lors d'une mission de prise de pouvoir d'une petite base soviétique. A partir de là, vous mettrez vos forces sur pied et jetterez les Soviétiques hors de l'île.

Missions alliées

Résumé

- Surveillez, attendez et déplacez l'espion pour qu'il entre dans l'usine d'armement.
- Libérez Tanya et envoyez-la vers le dôme radar et les missiles SAM.
- Protégez les ingénieurs pour qu'ils puissent faire leur travail.

La stratégie gagnante

MISSION 5a

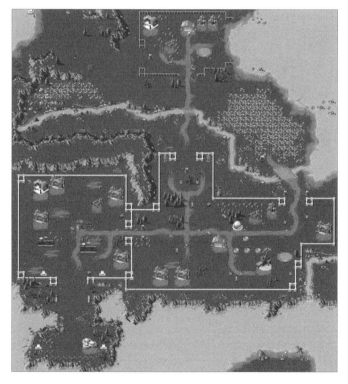

Chapitre 5

L'espion, allié est un homme de main qui ne porte même pas d'arme, mais qui a vraiment fière allure dans son smoking. Il est tellement intelligent qu'il se rend invisible à toutes les unités, à l'exception des damnés chiens de garde. Vous devez diriger l'espion pour qu'il entre dans une usine d'armement, mais sans aller trop vite. L'horloge est calée sur 30 minutes, vous avez tout le temps nécessaire pour accomplir votre mission. Les chiens de garde sont partout, mais ce serait dommage que ce superbe smoking soit taché de sang. Attendez le bon moment, puis déplacez-le lorsqu'ils partent dans une autre direction. Eloignez-le le plus loin possible tant que les chiens ne regardent pas vers lui et soyez toujours prêt à l'immobiliser dès qu'ils s'approchent ou se retournent. Utilisez les arbres comme abri, mais n'oubliez pas que les murs en béton ne cacheront absolument pas votre espion.

Une fois que vous avez réussi à faire entrer l'espion dans l'usine d'armement, vous pouvez vous reposer et regarder le spectacle. Votre bonhomme va prendre les commandes d'un camion et traverser l'île jusqu'au dôme radar et aux missiles SAM où Tanya est prisonnière. Vous verrez Tanya se libérer de ses ravisseurs. Quant à l'espion, il est probablement sur un radeau flottant quelque part, blotti dans les bras d'une superbe créature.

Maintenant, laissez Tanya agir : elle va faire sauter les missiles SAM et le dôme radar, puis viser soigneusement et abattre les unités soviétiques imprudemment venues enquêter sur les lieux. Lorsqu'elle aura détruit le dernier missile SAM, un hélicoptère Chinook l'enlèvera dans les airs et la mettra à l'abri. Au moment où Tanya essaiera d'entrer dans l'hélico, une force d'invasion alliée arrivera à l'endroit même où l'espion avait commencé sa mission. N'ordonnez pas immédiatement à Tanya de monter dans l'hélicoptère. Mais déplacez-la au contraire avec précaution dans la base, tout en lui ordonnant d'abattre les troupes et les chiens qui réagissent. Le tank représente la seule menace sérieuse pour Tanya, ordonnez-lui alors de faire sauter autant de structures que possible et de tuer autant d'unités qu'elle le peut jusqu'à ce que le tank fasse son apparition. Puis, faites-la sortir

Missions alliées

de cet endroit en quatrième vitesse pour l'embarquer à bord de l'hélico.

Lorsque les renforts arrivent, conduisez-les directement dans la petite base soviétique, celle-là même que l'espion a infiltrée. Laissez les ingénieurs sur la plage et à l'abri, vous aurez besoin d'eux pour anéantir certains bâtiments soviétiques. Maintenez votre artillerie à l'arrière pour qu'elle ne prenne pas feu. L'opposition que vous rencontrerez dans cette base sera plutôt facile, alors concentrez votre puissance de feu et éliminez l'ennemi en prenant soin de ne pas détruire les bâtiments.

Une fois la bataille terminée, rappelez vos ingénieurs et commencez à prendre d'assaut des bâtiments. Ordonnez à deux ou trois unités de tirer sur l'un d'eux, puis sélectionnez ce bâtiment de façon à pouvoir constater les dégâts de visu. Lorsque la barre d'énergie passe au rouge, ordonnez aux unités de cesser le feu et mobilisez les ingénieurs pour qu'ils entrent dans le bâtiment, qui va prendre les jolies teintes bleutées du camp allié. Veillez à capturer également une caserne pour pouvoir entraîner plus d'ingénieurs et vous emparer de la totalité de la base.

Maintenant que vous avez pris pied sur l'île, la mission se réduit à une simple tâche de récolte de minerai et de construction de base. Le problème est qu'il y a peu minerai sur l'île. Il existe pourtant bien un petit gisement ainsi que quelques gemmes situés directement au sud-ouest de votre nouvelle base. Faites travailler un collecteur de minerai sur ce gisement et commencez à construire une infanterie et des tanks. Servez-vous du centre de service pour réparer les véhicules endommagés lors de l'assaut de la base.

Lorsque vous aurez épuisé le gisement de minerai et dépensé tous vos crédits pour construire une force d'assaut, il sera temps de bouger. La route la plus directe pour parvenir à la base soviétique principale est au sud, au-delà du gué de la rivière. Un deuxième accès à cette base passe par le pont situé au sud-ouest. Séparez vos forces en deux groupes et envoyez la première vers le sud-ouest en lui faisant traverser le gisement de minerai. A cet

Chapitre 5

endroit, vous trouverez un collecteur soviétique en fonctionnement. Détruisez-le pour réduire la production ennemie, mettez le gisement à l'abri et envoyez votre propre collecteur pour qu'il y travaille.

Maintenant, envoyez le deuxième groupe vers le sud, en lui faisant traverser la rivière, pour qu'il lance un assaut frontal contre la base, tandis que l'autre contingent traversera le pont et attaquera la base depuis cet endroit. Utilisez les crédits provenant du gisement pris à l'ennemi pour construire sur deux fronts les renforts nécessaires à cette attaque. La base est défendue par l'une de ces dangereuses bobines de Tesla, ne vous précipitez donc pas sans réfléchir, sinon, vous perdrez beaucoup de vos meilleurs hommes. Utilisez votre artillerie pour bombarder la bobine de Tesla tout en restant hors d'atteinte, tandis que le gros de vos forces ouvrira simultanément le feu sur tout Soviétique sortant de la base.

Une fois la bobine de Tesla détruite, introduisez-vous dans la base par toutes les issues à la manière d'une guerre éclair où l'effort est maximum. Vous êtes embarqué dans une bataille sans pitié, mais vous en ressortirez vainqueur si vous maintenez vos forces groupées pour coordonner les attaques.

MISSION 5b

Dans cette variante, il est un peu plus délicat de faire entrer l'espion, car la base est plus petite et vous ne disposez que de 15 minutes pour accomplir votre mission. Le lieu est envahi par des chiens assoiffés de sang. Prenez tout votre temps, déplacez l'espion sur de petites distances à chaque fois que les chiens sont un peu éloignés et utilisez les arbres comme abri dès que cela est possible. Lorsque l'espion est entré dans l'usine d'armement, la même mission de sauvetage audacieuse vous sera de nouveau proposée. Utilisez la procédure définie pour la Mission 5a et poussez Tanya à faire sauter les missiles SAM. Une fois encore, laissez-la détruire tout ce qu'elle peut jusqu'à ce qu'elle se heurte à des blindés, puis faites-la monter dans l'hélico.

Missions alliées

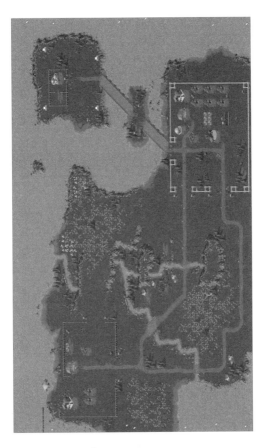

Lorsque vos renforts arrivent, préparez immédiatement un assaut contre la plus petite base soviétique, puis utilisez les ingénieurs pour prendre le contrôle des bâtiments. Mettez un collecteur de minerai au travail sur le petit gisement de minerai situé au sud-ouest de la base. La récompense se trouve à l'est de votre nouvelle base, il s'agit d'un gisement de minerai plus im-

Chapitre 5

portant contenant des gemmes d'une taille honorable. Pour ce dernier, il vous faudra combattre les Soviétiques ; vous assemblerez donc une force mixte d'infanterie et de blindés pour mettre le gisement à l'abri. Mettez un deuxième collecteur de minerai au travail sur ce gisement et préparez-vous à repousser les contre-attaques soviétiques.

Les crédits affluant des deux gisements vous permettent de construire une force d'assaut jusqu'à épuisement des ressources. Vous pouvez ensuite préparer une attaque massive sur la base soviétique en traversant le pont. Une fois encore, maintenez votre artillerie à l'arrière.

> **Note :** Aucune bobine de Tesla dans cette mission !

MISSION 5C

Les objectifs sont identiques à ceux des premières variantes. Vous avez 30 minutes pour faire entrer l'espion dans l'usine d'armement et il doit éviter un nombre moins important de chiens de garde. L'espion conduira le camion jusqu'à l'extrémité sud-est de la carte où il libérera Tanya en plein milieu d'une importante installation de batteries de missiles SAM. Ordonnez à Tanya de détruire les six missiles SAM, mais surveillez bien le lanceur.

> **Astuce :** Une information supplémentaire : le lanceur de missiles n'entrera en action qu'à partir du moment où le bâtiment dans lequel Tanya était retenue prisonnière sera détruit. Si vous le laissez indemne, la roquette V2 ne vous ratera pas quand vous ferez sauter les missiles SAM. Une fois ce travail terminé, détruisez le lanceur et l'hélicoptère viendra prendre Tanya avant qu'elle ne soit en danger.

Une fois que Tanya a fini son travail, les tactiques sont identiques à celles utilisées pour les autres variantes de cette mission. Vous devez collecter le minerai d'un gisement important qui

Missions alliées

s'étend du nord au sud, immédiatement au sud-ouest de la base. Le gisement le plus riche en minerai se situe au sud-est de votre base, mais il est dangereusement proche de la base soviétique. Essayez d'y envoyer un collecteur, tout particulièrement sur le dépôt de gemmes situé à l'extrémité sud du gisement. Prendre ce gisement et en garantir la sécurité vous coûtera cher, mais si vous pouvez amasser les crédits provenant de ces gemmes, vous pourrez alors mettre sur pied une solide force d'assaut qui sera en mesure de balayer complètement le camp soviétique.

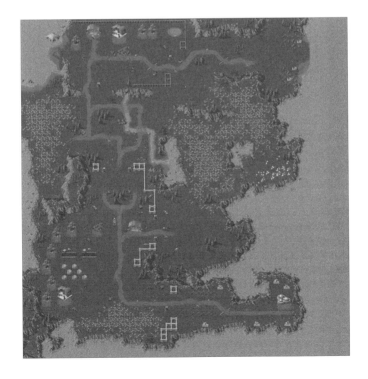

Chapitre 5

Mission 6a, 6b : Exercice naval

Instructions

Vous avez reçu l'ordre d'obtenir des renseignements top-secrets sur le projet d'armement soviétique dont le nom de code est "Rideau de fer". Etablissez une base sur l'île, envoyez un espion dans le centre technique de la base soviétique en traversant le golfe. Une fois que l'espion en est ressorti avec les informations confidentielles, préparez un assaut pour détruire toutes les unités et bâtiments soviétiques qui se trouvent dans le secteur.

Résumé

- Prenez d'assaut la petite base soviétique située au sud du point d'entrée.
- Rassemblez une force navale suffisamment nombreuse pour anéantir les sous-marins soviétiques.
- Lancez une invasion massive pour détruire la principale base soviétique.

La stratégie gagnante

Mission 6a

Votre tâche initiale consiste à mettre l'île sur laquelle vous êtes déployé à l'abri. Etablissez immédiatement votre chantier de construction, mettez un collecteur de minerai au travail sur le gisement situé à l'ouest. La zone qui entoure votre base dispose de bonnes défenses naturelles, grâce aux corniches montagneuses qui s'étendent au sud. Au-delà de l'ouverture méridionale, se trouve une petite base soviétique, dont l'équipement consiste en casernes, un dôme radar et quelques tanks. Celle-ci est protégée par deux tours lance-flammes.

Ne dépensez pas trop de crédits pour la défense de votre base contre les attaques au sol, car les Soviétiques ne sont pas assez fortement implantés sur l'île pour préparer une attaque très

Missions alliées

puissante. Mettez sur pied des bazookas pour parer aux attaques des Yaks, puis établissez des positions défensives le long de l'ouverture méridionale et à l'extrémité sud du gisement de minerai. Concentrez vos efforts sur la construction de tanks, créez deux ou trois médecins, tout en repoussant les attaques soviétiques. Vous aurez également besoin de deux ingénieurs pour vous emparer des installations adverses.

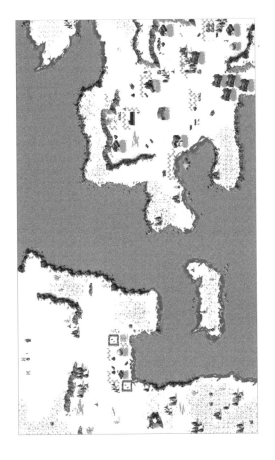

Chapitre 5

Déplacez quatre tanks pour anéantir les tours lance-flammes tout en les gardant, ainsi que vos unités d'infanterie, hors d'atteinte des bombes explosives. Une fois les tours détruites, entrez avec les chars dans la base soviétique et descendez toutes les unités qui s'opposent à vous. Essayez d'épargner les casernes pour pouvoir vous en emparer à l'aide d'un ingénieur.

Maintenant, introduisez-vous dans la centrale électrique avancée et emparez-vous de quelques autres raffineries pour récolter les riches gisements de minerai situés au sud-est de la base (dont vous provenez) et à l'est de la base soviétique, que vous venez de capturer. Les Soviétiques devant tenter encore des raids aériens, construisez quelques canons anti-aériens. Etablissez deux chantiers navals dans la baie sud de la base capturée, puis construisez rapidement des aviso-torpilleurs pour repousser les attaques que les sous-marins soviétiques vont déclencher très vite. Deux torpilles suffiront pour couler un aviso-torpilleur, vous devrez alors en soutenir la vitesse de production. Utilisez les aviso-torpilleurs pour établir une barrière navale contre les sous-marins, et poussez plus loin vers l'est dès que vous en détruisez quelques-uns.

Lorsque la protection de vos chantiers navals est assurée, construisez un bateau et créez un espion. Conduisez-le avec ce bateau à l'extrémité sud de la grosse base soviétique, en l'escortant avec deux ou trois aviso-torpilleurs. Il vous faudra éviter quelques chiens d'attaque, mais si vous réussissez à faire accoster l'espion sain et sauf, il devrait parvenir à entrer dans un centre technique.

Maintenant, vous allez vous amuser. Assemblez une force d'invasion massive et capturez d'un coup la principale base soviétique. Tout en construisant des transports, des VTB (véhicules de transport blindés), des tanks et en créant des troupes pour votre force d'assaut, créez un autre espion et tentez de l'introduire dans le port sous-marin soviétique. Une fois qu'il y est, les Alliés recevront un signal sonar qui leur révélera toute l'activité sous-marine dans le secteur.

Missions alliées

Il existe deux endroits de débarquement possibles pour votre force d'invasion : soit près du port sous-marin situé directement à l'ouest de votre île, soit dans la baie qui forme la partie septentrionale de l'île. Le port sous-marin étant protégé par une bobine de Tesla, cette possibilité est à éviter. La zone de débarquement au nord est relativement dégagée, mais des sous-marins pointeront leur nez lorsque votre flotte approchera. Laissez les aviso-torpilleurs traiter avec les sous-marins, tandis que les bateaux se précipitent vers la berge.

Maintenez un ou deux bateaux pleins d'ingénieurs à l'arrière de la force d'invasion principale, puis débarquez-les lorsque vous aurez dégagé et assuré la sécurité de la plage qui s'étend devant eux. Une fois que votre force principale aura progressé vers l'intérieur de l'île, servez-vous des ingénieurs pour capturer quelques bâtiments-clés des Soviétiques, y compris l'usine d'armement et les casernes. Vos crédits sur l'île sont suffisants et vous pouvez donc créer des hommes et des machines directement dans l'arrière-cour soviétique.

Reprenez la production dès que votre débarquement a réussi. Continuez à créer des unités, à la fois dans votre base continentale, et si vous vous débrouillez bien, dans votre nouvelle acquisition soviétique. Une grande quantité de minerai devrait vous parvenir pour que vous puissiez financer la production continue d'unités et de véhicules destinés au front. De plus, reconstituez une flotte d'aviso-torpilleurs en en construisant d'autres si vous le pouvez, afin de lancer une attaque contre le port sous-marin ennemi. Vous devrez chasser et anéantir tous les sous-marins présents sur la carte pour remplir les objectifs de la mission, même après avoir détruit toutes les forces de l'île.

Mission 6b

Les objectifs sont identiques, mais la Mission 6b offre une situation tactique beaucoup plus complexe, du moins, au départ. Vos forces sont coincées sur une minuscule péninsule, reliée à l'île principale par une mince bande de terre qui héberge la première base soviétique. Les forces d'attaque y sont concentrées, ce qui

Chapitre 5

rend la zone plus facile à défendre, mais vous n'avez pas suffisamment de place pour construire une base digne de ce nom. En fait, vous devrez faire quelques recherches pour trouver de la place et déployer votre VCM.

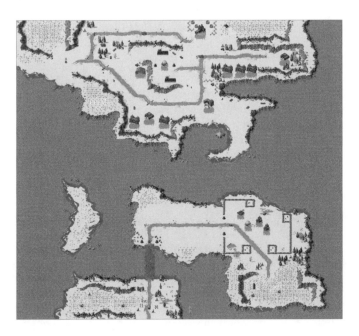

Vous avez besoin d'espace, alors attaquez immédiatement vers le nord, en traversant la bande de terre. Déplacez vos deux aviso-torpilleurs dans cette direction et attendez que la première vague de troupes ennemies de la base se frayent un chemin jusqu'à cette bande de terre. Lorsqu'elles atteindront la barrière de sacs de sable du côté soviétique, ordonnez à vos aviso-torpilleurs d'ouvrir le feu sur les barils. Le feu va brûler tout ce qui se trouve près de la barrière de sacs de sable, à l'exception d'un tank isolé. Orientez la puissance de feu navale sur ce tank et ordonnez à vos forces de partir au nord. Vous devriez pouvoir survivre à cette

Missions alliées

bataille incendiaire sans trop y laisser de plumes, et vous disposez maintenant d'un peu plus de place pour construire une base sur l'île principale.

Il y a cependant un léger problème : votre nouvelle base jouxte le camp soviétique et bien que sa base soit relativement faible, vous devez construire la vôtre très vite. Envoyez un collecteur de minerai travailler sur le riche gisement situé au sud, en le faisant revenir sur la bande de terre sur laquelle vous venez de vous frayer un chemin. Créez quelques bazookas supplémentaires pour vous défendre contre les raids aériens, puis produisez au minimum quatre tanks pour vous emparer des tours lance-flammes qui défendent la base soviétique. Anéantissez-les, créez quelques ingénieurs et capturez la base ennemie.

Une fois que vous aurez évincé les Soviétiques de votre île, commencez à constituer une force d'invasion. Il est même plus audacieux de faire s'introduire un espion dans un Q.G. situé sur l'île soviétique principale. La seule zone dégagée se trouve sur l'étroite bande de terre qui s'étend au sud, à l'est du port sous-marin. Or le chien qui garde cet endroit ne semble pas vouloir déguerpir. Voici une solution : envoyez un seul aviso-torpilleur faire le tour de la bande de terre pour se diriger ensuite vers la baie septentrionale. Vous devriez pouvoir placer votre aviso-torpilleur à portée du chien et l'envoyer au paradis. Cela semble un peu exagéré pour un simple animal, mais ça va marcher.

L'assaut de la forteresse sur l'île se déroule à peu près comme dans la mission 6a, sauf que plusieurs bobines de Tesla vont compliquer votre tâche. Ne pouvant construire d'artillerie dans cette mission, il faut donc vous résoudre à perdre quelques tanks à cause des bobines. Attaquez-les avec deux tanks à la fois et veillez à ce que les renforts ne cessent d'affluer depuis votre base.

Chapitre 5

Mission 7 : Attaque sous-marine

Instructions

Vos qualités de chef lors de la dernière mission ont porté un coup à la recherche soviétique dont le nom de code est "Rideau de fer". Un communiqué intercepté par vos hommes vous per-

Missions alliées

met maintenant de remonter la piste jusqu'à une base soviétique située à Bornholm. Capturez le dôme radar ennemi, puis constituez une force de frappe pour détruire l'important port sous-marin qui s'y trouve.

Résumé

- Déplacez-vous rapidement pour vous emparer du dôme radar ennemi.
- Construisez une défense tout en établissant une base à l'intérieur des terres.
- Attaquez la base soviétique par voie de terre et par voie de mer.

La stratégie gagnante

Il s'agit ici d'une mission de construction de base relativement classique, mais un assaut frontal massif sera nécessaire pour atteindre les ports sous-marins. Les aviso-torpilleurs ne pouvant pas y parvenir seuls, il vous faudra donc préparer une attaque sur deux fronts, par voie de terre et par voie de mer.

Au début de la mission, vous devez évacuer rapidement vos forces de base de la plage, éliminer les quelques opposants et progresser à l'intérieur des terres vers le sud-est. Construisez une base sans tarder, mais n'investissez pas trop en défenses musclées (bunkers et tourelles) car vous ne ferez pas long feu dans cet endroit. Mettez un collecteur de minerai au travail sur le gisement qui s'étend du nord au sud de la base, construisez deux casernes et lancez la création d'une infanterie de composition variée.

Si vos tanks ont survécu à la bataille qui s'est déroulée sur la plage, vous ne devriez pas perdre votre temps à lutter contre la petite base soviétique qui se trouve au sud-est de votre base. Vous devez vous emparer du dôme radar. Le petit camp n'est défendu que par une tour lance-flammes, deux tanks et un lanceur de roquette V2. En le capturant maintenant, vous pouvez établir une base avancée, suffisamment tôt pour maintenir la pression sur la

Chapitre 5

base soviétique principale. Par ailleurs, vous pouvez obtenir l'accès au riche gisement de gemmes et de minerai qui s'étend directement à l'est de votre seconde base.

Une fois le radar pris et une base établie à cet endroit, concentrez-vos efforts sur la construction d'une défense solide. Les blindés soviétiques frapperont très fort depuis l'est et des raids aériens, doublés d'attaques de parachutistes seront presque incessants. Construisez plusieurs canons anti-aériens sur vos deux bases, ainsi que des tourelles et des bunkers le long du périmètre oriental, face à la principale base soviétique.

Tout en renforçant votre défense, construisez au moins deux chantiers navals jouxtant la première de vos bases. Commencez à produire toute une armada d'aviso-torpilleurs, mais n'oubliez pas les techniques de combat sous-marin. Déplacez sans arrêt vos aviso-torpilleurs pour éviter certaines torpilles. Une fois que vous avez passé la barrière de sous-marins au nord, ordonnez à vos bateaux de bombarder tout ce qui bouge, mais surveillez attentivement la bobine de Tesla qui se trouve sur la côte septentrionale, elle ferait peu de cas d'une flotte entière d'aviso-torpilleurs.

Pendant que vos aviso-torpilleurs occupent les Soviétiques au nord, attaquez à l'est depuis votre base continentale, et frappez les Soviétiques avec tout ce que vous avez sous la main. Servez-vous des usines d'armement et d'un centre de services de la base avancée pour avoir un approvisionnement continu en tanks flambant neufs. Regroupez vos tanks pour attaquer les bobines de Tesla, pendant que l'infanterie et les rangers les doublent pour éliminer les unités soviétiques.

Concrètement, détruire les ports sous-marins permet de nettoyer la totalité de la base soviétique. Vous n'aurez probablement pas suffisamment d'aviso-torpilleurs disponibles pour menacer les ports, du moins sans un soutien de votre base continentale. Lorsque vous aurez détruit le noyau de résistance, envoyez un groupe de tanks tout neufs, soutenu par des aviso-torpilleurs, pour anéantir les ports sous-marins.

Missions alliées

Missions 8a, 8b : Sauvez la Chronosphère

Instructions

Les Soviétiques tentent de contrecarrer vos recherches sur la Chronosphère. Vous devez redonner toute sa puissance au centre technique et protéger la base jusqu'à ce qu'une expérience vitale pour vous puisse être menée à terme. L'horloge indique l'heure à laquelle cette expérience cruciale doit avoir lieu. Vos installations devront fonctionner à leur puissance maximale au moment où elle sera tentée, sinon l'intégralité du projet échouera.

Résumé

- Frayez-vous un chemin aux armes vers le centre technique assiégé.
- Construisez des défenses et une alimentation électrique de secours.
- Servez-vous des poseurs de mines pour tenir les blindés soviétiques à distance.

La stratégie gagnante

Mission 8a

Votre objectif immédiat consiste à déplacer votre force d'invasion de sorte qu'elle vienne rejoindre et apporter son soutien au centre technique. Avant de déplacer ces unités, rendez-vous à la base alliée et commencez à réparer le complexe de la Chronosphère et toutes les centrales électriques qui ont été endommagées. Vous devrez envoyer votre VCM dans la base et le déployer avant de pouvoir construire les centrales électriques nécessaires à l'obtention du maximum d'énergie possible.

Chapitre 5

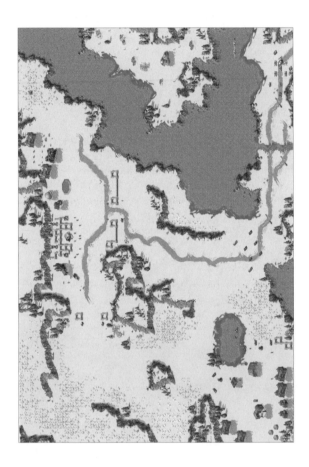

Ne cherchez pas la précision à tout prix, vous devez amener vos forces le plus vite possible au centre technique. Ordonnez à vos tanks de se diriger tout droit sur les blindés soviétiques. Maintenez les vôtres à l'arrière, mais suffisamment près pour qu'ils puissent bombarder les unités ennemies. Laissez vos poseurs de bombes en dehors de cette action et n'oubliez pas vos contre-

Missions alliées

torpilleurs. Mettez-vous à portée des lance-roquettes V2 soviétiques et ouvrez le feu.

Lorsque vous atteindrez la base, déployez votre VCM et commencez à construire des centrales électriques avancées. Lorsque l'alimentation du centre technique se met en marche, commencez à réparer vos blindés et construisez une usine d'armement. N'interrompez pas la construction des centrales dès que vous produisez de l'électricité : il vous en faudra beaucoup car elles seront soumises à des bombardements incessants.

Vérifiez souvent l'état de la Chronosphère et des canons anti-aériens qui la protègent. Construisez quelques canons anti-aériens supplémentaires pour renforcer sa protection et celle des centrales électriques. Maintenez un nombre important d'hommes d'infanterie de divers types assez près de la Chronosphère pour repousser les parachutistes qui seront lâchés par l'ennemi pour l'attaquer.

Vos poseurs de mines seront ici un atout indéniablement utile, puisque l'accès à la base est réduit par les corniches montagneuses à une ouverture étroite à l'est et à une ouverture un peu plus large au nord-est. Posez des rangées de mines doubles au travers de chaque ouverture et renvoyez les poseurs de bombes au centre de services pour les réarmer.

Deux tourelles protègent chacune des entrées de la base, mais quatre autres disposées à chaque entrée renforceront votre système de défense. Vous ne devez pas laisser les blindés soviétiques faire une trouée dans vos défenses, sinon la Chronosphère serait perdue.

Mission 8b

Ces deux missions sont très semblables, seul l'emplacement des bases diffère. Les routes d'accès à la base alliée n'étant pas aussi étroites que celles de la Mission 8a, les champs de mines ne seront pas aussi efficaces. Vous devrez donc investir dans un nom-

Chapitre 5

bre supérieur de bunkers et de tourelles que vous placerez aux entrées sud et sud-ouest de votre base.

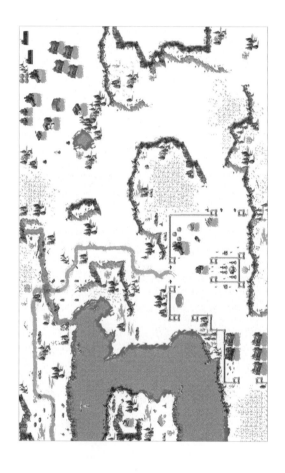

Missions alliées

Mission 9a, 9b : Le transfuge

Chapitre 5

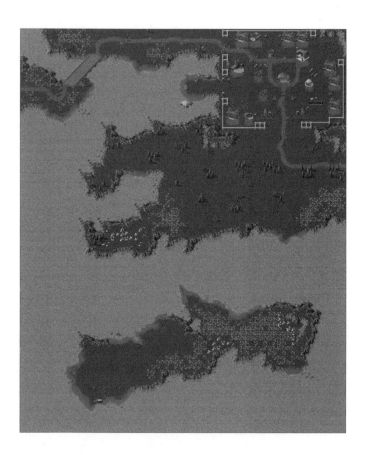

Instructions

Les Soviétiques sont plongés dans un projet de mise en œuvre d'armes atomiques. S'ils s'avèrent capables de développer cette terrible technologie, tous vos valeureux combats n'auront servi à rien. Un scientifique émérite, Vladimir Kosygin a signalé sa vo-

Missions alliées

lonté de passer à l'ouest. Votre mission consiste à infiltrer la structure soviétique basée à Riga, où Kosygin vous attend au Q.G. Envoyez un espion jusqu'à lui et ramenez-le sain et sauf à votre base.

Résumé

- Servez-vous des riches gisements de l'île pour construire une base puissamment défendue.
- Construisez 4 ou 5 chantiers navals pour mettre sur pied une armada de contre-torpilleurs.
- Mettez les sous-marins en déroute, détruisez le port sous-marin, puis bombardez tout ce qui se trouve à votre portée.
- Une fois les chiens réduits au silence, faites entrer votre espion dans le Q.G. ennemi.

La stratégie gagnante

Pour faire entrer l'espion dans le Q.G. ennemi et atteindre Kosygin, vous devrez tout d'abord dégager le chemin à l'aide de toute la puissance de feu navale que vous pourrez rassembler. L'île sur laquelle vous avez débarqué regorge de riches gisements de minerai et de gemmes. Construisez le noyau fondamental d'une base, puis mettez au travail deux ou trois collecteurs de minerai. Concentrez vos efforts sur la construction d'un système de défense anti-aérien, c'est-à-dire un dôme radar et plusieurs canons anti-aériens.

La base soviétique étend sa domination sur la grande île située au nord de la vôtre. Cette île est un vrai parcours du combattant : on n'y compte pas les lance-roquettes V2, les bobines de Tesla, les tours lance-flammes, les chiens d'attaque et les sous-marins.

Lorsque vous aurez établi votre base de défense, comprenant quelques hommes d'infanterie laissés à l'intérieur pour s'occuper des pilotes descendus et des parachutistes, changez de casquette et commencez à mettre en place une flotte, comme un authentique amiral. Produisez autant de contre-torpilleurs que

Chapitre 5

vos moyens vous le permettent, plus vous en aurez, plus votre tâche sera facilitée. Lancez l'attaque avec un minimum de 4 contre-torpilleurs contre les sous-marins prêts à l'offensive et se tiennent à quelques brassées de la baie où se trouve le port sous-marin.

Vous allez probablement perdre tous vos contre-torpilleurs dans ce premier raid, mais vous devriez être en mesure d'éliminer la plupart des sous-marins. Veillez à manœuvrer les bateaux pour qu'ils fassent converger grenades et missiles sur les mêmes cibles. Pendant que vous construisez des contre-torpilleurs supplémentaires, déplacez-vous vers le nord pour trouver un endroit abrité près de la baie. Lorsque la première vague ennemie sera détruite, lancez immédiatement un deuxième assaut. Cette fois-ci, vous devriez pouvoir éliminer les derniers sous-marins et vous diriger vers le port sous-marin pour le réduire à néant.

Continuez à produire une force d'invasion en équilibrant infanterie et blindés. Construisez autant de contre-torpilleurs que vous le pouvez et remplissez-en la baie. Ordonnez-leur d'ouvrir le feu en priorité sur les cibles les plus dangereuses : les bobines de Tesla, les lance-roquettes V2 et les tours lance-flammes. N'épargnez pas les chiens. Quant à vos missiles, ils ne parviendront pas à atteindre l'intérieur de la base ennemie, mais ils pourront ménager une ouverture suffisante pour que votre espion puisse se glisser jusqu'au Q.G. ennemi.

Note : Si un chien d'attaque est assez habile pour rester hors de portée des contre-torpilleurs, déplacez l'espion de façon à le provoquer et à le faire avancer dans le champ de tir. Ouvrez le feu, mais visez bien, sinon vous perdrez un ami.

Tandis que l'espion se fraye un chemin vers le Q.G., envoyez votre force d'invasion en masse. Lorsque le périmètre de défense est ébranlé, vous pouvez faire avancer vos tanks jusqu'au cœur de la base ennemie. Le combat sera un vrai bain de sang, mais

Missions alliées

vous pourrez vous emparer de la base. Veillez cependant à laisser un passage dégagé pour que Kosygin puisse s'échapper et monter à bord d'un bateau.

Mission 10a :
Le centre de recherche

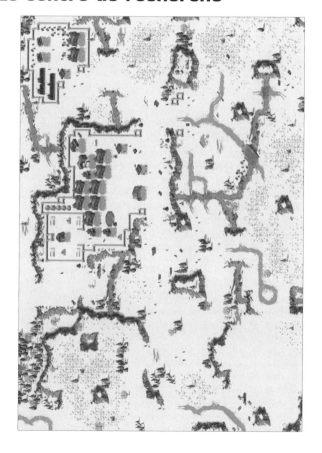

Chapitre 5

Instructions

Grâce à Kosygin, vous savez désormais où se trouve le centre soviétique dans lequel des recherches sur l'armement atomique sont effectuées. Vous devez construire une base, puis rassembler une force d'attaque assez puissante pour vous frayer un chemin entre les défenses ennemies jusqu'au centre. Anéantissez-le d'abord, puis détruisez tout ce que vous voyez.

Résumé

- Amassez des crédits et construisez avant toutes des défenses solides.
- Servez-vous des générateurs d'ombre pour masquer votre base.
- Mettez sur pied une force d'assaut conséquente, comprenant des hélicoptères d'assaut (Apache Longbow).

La stratégie gagnante

Pas question de combats navals dans cette mission, la bataille sera terrestre, acharnée et sanguinaire. Cette mission a beau être une simple tâche de construction de base, vous avez du pain sur la planche. La taille de l'installation soviétique est considérable et celle-ci est hérissée d'armes de défense puissantes. L'infanterie et les blindés ennemis sont disséminés bien au-delà des limites du camp. Il vous faudra donc arracher à l'ennemi chaque centimètre de terrain, simplement pour parvenir à vous frayer un chemin jusqu'à la base.

Heureusement pour vous, votre point d'entrée offre des défenses naturelles solides pour votre base et les gisements de minerai fourmillent à l'est de l'endroit où vous vous trouvez. Mettez-vous rapidement au travail en envoyant les collecteurs de minerai sur les gisements et en construisant des points de défense sur le périmètre de votre base. Cette zone est protégée par des corniches montagneuses de tous côtés et ne présente que deux ouvertures, l'une à l'est et l'autre au nord-ouest. Positionnez vos

Missions alliées

bâtiments de façon à pouvoir construire des tourelles et des bunkers pour défendre ces ouvertures. Envoyez de petites forces armées de plusieurs types en éclaireur pour qu'elles vous avertissent suffisamment tôt des attaques ennemies.

Lorsque vous aurez épuisé le gisement le plus proche, vous devrez déplacer vos collecteurs de minerai vers l'est pour qu'ils en exploitent un autre. Les forces soviétiques sont disposées tout autour de ce gisement, bordé au nord par une rivière dont le pont est protégé par une troupe ennemie supplémentaire. Envoyez une force puissante composée d'hommes d'infanterie et de blindés, escortés par un hélicoptère d'assaut, pour repousser les Soviétiques, puis mettez vos collecteurs au travail.

Naturellement, vous aurez rassemblé votre principale force d'assaut simultanément. Dépensez tous les crédits que vous pouvez amasser avant de lancer votre attaque pour construire tous les bâtiments possibles. Vous pourrez peut-être constituer deux groupes d'assaut et en envoyer un à l'est, qui traversera ensuite le pont septentrional pour attaquer le plus petit camp situé au nord-ouest de la carte. Ordonnez à l'autre groupe de se diriger directement vers le nord du camp, de briser toutes les défenses disséminées et de progresser résolument vers le cœur du centre de recherche, quelles qu'en soient les conséquences sur vos troupes.

Vous disposez d'hélicoptères d'assaut et d'unités d'artillerie pour accomplir cette mission. Vous aurez effectivement à vous en servir. Tirez profit des armes longue portée de l'artillerie pour détruire les bobines de Tesla et les tours lance-flammes, puis laissez les blindés avancer pour anéantir les tanks et les lance-missiles ennemis. Une fois le périmètre de défense détruit, envoyez vos VTB décharger rapidement l'infanterie.

Ne vous pressez pas. Cette mission sera longue, même si vous la gagnez facilement. Réunissez la puissance de feu la plus conséquente possible avant d'aller au combat, et poussez les renforts sans cesse vers le nord jusqu'à ce que toutes les unités et struc-

Chapitre 5

tures soviétiques existantes soient réduites en poussière. Maintenant, préparez-vous : voici la grande bataille.

Mission 10b : Croisée d'ogives

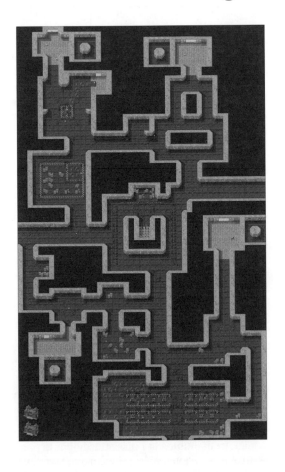

Missions alliées

Instructions

Vous venez de mettre hors jeu le centre technique, mais vous devez désactiver les pupitres des salles de commandes qui se trouvent à l'intérieur pour empêcher Staline de lancer ses armes atomiques. Cette mission se déroule à l'intérieur des salles de commandes et vous ne pourrez donc pas recevoir de renforts. Donnez ordre à vos ingénieurs de désactiver tous les pupitres sans exception.

Résumé

- Protégez les médecins et les ingénieurs.
- Servez-vous d'espions pour faire des reconnaissances dans les salles de commandes.
- Maintenez les médecins groupés pour qu'ils puissent se soigner réciproquement.

La stratégie gagnante

Vous vous trouvez au cœur du centre technique de Staline, chargé des recherches sur les armes atomiques. Cette fois-ci, vous êtes tout seul, commandant. Vous ne disposez que d'une poignée de mitrailleurs, de deux médecins, d'une équipe d'ingénieurs et de deux espions. Vous devez désactiver chaque pupitre de lancement avant que les missiles n'atteignent leur cible. Le sort de millions d'innocents est entre vos mains.

Au début de la mission, votre petite troupe se retrouve coincée dans l'embrasure d'une porte et doit y rester quelques minutes. En fait, cela constitue une position de défense très efficace, alors tant que vous n'avez pas d'informations sur les lieux, restez tranquille et descendez les soldats soviétiques un peu imprudents qui viennent voir ce qui se passe. Au fait, n'oubliez pas de faire un sort à leurs chiens.

Lorsque les environs immédiats seront dégagés, quittez cet endroit étroit et regroupez vos unités. Les ingénieurs doivent toujours rester à l'abri, puisque vous aurez besoin d'eux pour

Chapitre 5

désamorcer les pupitres de commandes. Les médecins, eux aussi, doivent être protégés à tout prix. Envoyez vos espions dénicher les salles de commandes, ce sont les pièces grises qui sont pleines d'ordinateurs.

> **Note :** Vous serez peut-être tenté d'envoyer de petits groupes rechercher l'objet de votre mission pour aller plus vite. N'y songez même pas. Les médecins ne peuvent se soigner eux-mêmes, il leur faut donc rester ensemble pour se panser mutuellement

Avancez avec précautions, veiller à maintenir chacune de vos unités en bonne santé et vous devriez réussir à faire entrer vos ingénieurs dans chacune des cinq salles de commandes. Deux d'entre elles sont situées à l'extrémité nord-ouest du complexe de recherche, l'une se trouve au sud-ouest, une autre au nord-est et la dernière à l'est-sud-est de votre point d'entrée. Une fois entré dans une salle de commandes, faites avancer un technicien devant le pupitre de commandes qui est doté d'une petite lumière rouge.

Les deux salles de commandes situées au nord-ouest sont protégées par une tour lance-flammes, et malheureusement, ce genre d'arme fonctionne aussi très bien à l'intérieur des bâtiments. Ordonnez à un ingénieur de se placer devant le premier pupitre de commandes et de désactiver cette tour.

Mission 11 : Invincible Armada ?

Instructions

Les Alliés ont finalement porté le champ de bataille sur le terrain soviétique, mais des blindés lourds ralentissent sa progression vers l'intérieur de la Russie. Votre mission constiste à construire une base à proximité de la Volga et à dégager la voie pour vos navires de guerre. Attendez-vous à une résistance forcenée.

Missions alliées

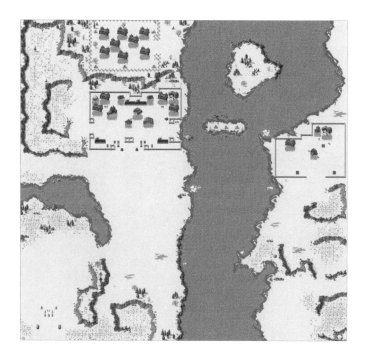

Résumé

- La base doit atteindre le rivage occidental afin que vous puissiez construire des chantiers navals.
- Construisez un dôme radar et des canons anti-aériens immédiatement.
- Attaquez l'île de Tesla à l'aide d'une grosse armada de contre-torpilleurs.

Chapitre 5

La stratégie gagnante

Ce ne sont pas les commandants timorés qui gagnent les batailles, sautez donc le pas bravement et déplacez votre VCM vers le nord, puis vers l'est jusqu'à ce que vous atteigniez la rivière. Il vous faut une puissance navale pour détruire la forteresse de l'île qui est placée au milieu de la rivière, qui n'est accessible que par un endroit très à l'est de votre point de départ. Pour construire

Missions alliées

des chantiers navals, vous devez établir une base qui puisse recevoir des extensions jusqu'à la rivière.

Poussez vos blindés et votre artillerie en avant tandis que le VCM roule pesamment jusqu'à la rivière. Vous vous trouverez nez-à-nez avec deux tanks Mammouth en patrouille. Attention, le combat sera si soudain que vous ne pourrez même pas reprendre votre souffle. Vos crédits sont au beau fixe, restez à distance du gisement de minerai tant que vous n'avez pas construit un dôme radar et des emplacements pour canons anti-aériens. Ce site d'implantation vous rapproche dangereusement du camp soviétique. Lancez la constitution de fortifications de base, y compris des bunkers et des tourelles.

Construisez alors une raffinerie et envoyez votre collecteur de minerai travailler sur les gisements situés au sud et au sud-ouest de votre base. Vérifiez l'état de vos fortifications et ajoutez-y un mur en béton ou un canon anti-aérien supplémentaire selon vos besoins. Construisez un second collecteur de minerai car vous aurez besoin de crédits pour construire toute une flotte de contre-torpilleurs.

La construction de chantiers navals est un vrai casse-tête. Les sous-marins vont faire surface dès votre construction achevée et commenceront à lancer des torpilles sur le bâtiment tout neuf. Commencez à construire un contre-torpilleur et un autre chantier naval immédiatement. Déplacez aussi une unité d'artillerie vers la côte, vous pourriez avoir de la chance et voir un sous-marin faire surface juste à portée de canon. Si le sous-marin anéantit le premier chantier naval — il y a de fortes chances que cela arrive —, la production du contre-torpilleur va continuer dans le second. En produisant sans arrêt des contre-torpilleurs et des chantiers navals si leurs prédécesseurs sont détruis, vous finirez par nettoyer les sous-marins du proche voisinage de la base. Déplacez une rangée de contre-torpilleurs légèrement plus au nord pour visualiser toute activité sous-marine ennemie éventuelle.

Maintenant, commencez à rassembler une force d'invasion, tout en continuant la production de contre-torpilleurs et peut-être

Chapitre 5

celle d'un aviso-torpilleur. Ne soyez pas impatient. Prenez le temps de construire autant d'unités que vous le pouvez et épuisez pour cela tout le minerai que vous trouverez s'il le faut. Lorsque vous mettre le cap au nord, vous aurez besoin de toute la puissance de feu possible.

Regroupez les contre-torpilleurs par 4 ou 6 pour préparer une attaque de l'île et des bobines de Tesla qui y sont nombreuses. La rivière étant trop étroite pour faire manœuvrer efficacement plus de navires et les maintenir sur leur cibles, vous perdrez un grand nombre de contre-torpilleurs. Produisez-en donc sans interruption si vous en avez les moyens, et attaquez les bobines de Tesla par vagues successives de navires. Ne faites aucun cas des autres cibles, ce sont les bobines de Tesla que vos navires doivent détruire. Finalement, la seule puissance de feu de votre flotte réduira en cendres tout ce qui se trouve sur l'île.

Lorsque les bobines de Tesla seront détruites, vos contre-torpilleurs pourront endommager sérieusement le cœur de la base soviétique et décimer ses défenses. Faites des tourelles, des tanks et des lanceurs vos cibles prioritaires. Ne restez pas sur place pour regarder les feux d'artifices, mais revenez à votre base et rassemblez la force d'invasion que vous avez constituée pendant ce temps-là. Vos contre-torpilleurs donnent du fil à retordre à Staline et il est maintenant temps de frapper un grand coup avec vos tanks, votre artillerie, vos rangers et votre infanterie.

Mission 12 : Le rideau de fer

Instructions

Votre espion vous informe que le projet soviétique intitulé "Rideau de fer" est en voie d'achèvement et que la technologie développée risque d'être encore supérieure en puissance à celle que vous imaginiez. Votre mission consiste à mener un assaut sur le centre de recherche suspecté d'héberger les résultats des travaux, de vous emparer de tous les centres techniques et de

Missions alliées

détruire tous les prototypes de rideaux de fer que vous pourrez trouver.

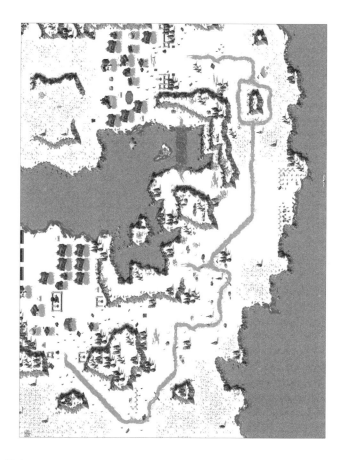

Résumé

- Tout en subissant les attaques de l'ennemi, construisez une base.

Chapitre 5

- Emparez-vous de la base soviétique située au nord-est de votre point d'entrée.
- Utilisez les contre-torpilleurs comme soutien pour l'assaut sur le centre de recherche.

La stratégie gagnante

Vous serez constamment sous pression lorsque vous établirez une base solide et soumise à des attaques presque ininterrompues. Les Soviétiques possèdent deux bases sur la carte : l'une se situe à l'extrémité nord-est et le centre de recherche se trouve au nord-ouest. Les deux bases sont bien protégées et de toutes deux sont sorties des forces armées en direction du sud. Vous pouvez vous attendre à des attaques ininterrompues de la part des blindés, de l'infanterie et des hélicoptères, provenant de tous les côtés. Personne n'a dit que ce serait facile, commandant.

Lorsque vous aurez déployé votre VCM, mettez un collecteur de minerai au travail sur le gisement situé à l'est. Commencez à construire des fortifications. Vous aurez besoin de toute une panoplie de matériel de guerre : un dôme radar et des canons anti-aériens, des bunkers et des tourelles disposés sur le pourtour de la base. Utilisez les blindés qui ont débarqué en même temps que vous pour étendre les défenses de la base vers le sud, vers le nord-ouest jusqu'au croisement de routes, et à l'est au carrefour de routes également. Des réserves de minerai supplémentaires se trouvent à l'est et vous en aurez besoin.

Un centre de services est fort utile ici pour renvoyer vos blindés remis à neuf aux deux emplacements défensifs de votre base. Construisez un héliport et un second hélicoptère d'assaut. Leurs missiles Hellfire destructeurs de blindés vous seconderont utilement en défense lors des attaques ennemies provenant des deux côtés de votre base. N'oubliez pas de défendre l'intérieur de votre base à l'aide de votre infanterie multi-catégorie, car les Soviétiques lâcheront fréquemment des parachutistes directement sur celle-ci.

Missions alliées

Une fois que vous serez en mesure de contrer les attaques soviétiques, commencez à assembler une force d'assaut. Votre premier objectif est la base soviétique qui se trouve au nord-est. Commencez à envoyer vos forces armées multi-catégories vers le nord en direction de la base ennemie, et repoussez la présence soviétique tout en progressant. Continuez à faire venir des renforts, parce que l'entrée de la base va être source de batailles sanglantes. Une fois que vous aurez fait une brèche dans les premières défenses, faites venir vos ingénieurs pour qu'ils s'emparent des bâtiments de la base. Lorsque vous l'aurez capturée, augmentez encore le taux de production en mettant un collecteur de minerai au travail sur les gisements septentrionaux, et commencez à vous préparer pour le raid sur la base principale ouest. Pendant l'offensive contre la base nord-est, ne négligez pas vos propres fortifications qui peuvent être endommagées par l'autre base ennemie.

La prise de la base nord-est vous donnant accès à la rivière, commencez à construire des contre-torpilleurs. Constituez des forces d'assaut dans les deux bases, puis lancez une attaque à deux fronts, l'une en traversant la baie depuis la base capturée, et l'autre directement en suivant la route nord-ouest partant de la première base. Vos contre-torpilleurs bombardant sans ménagement les fortifications et les structures soviétiques depuis la baie, vous devriez être en mesure de prendre le pouvoir sur la base soviétique. Veillez à ne pas détruire le centre de recherche, malgré tout. Vous devez vous emparer des résultats des travaux pour remplir les objectifs de la mission.

Mission 13 :
Course contre la montre

Instructions

Félicitations, commandant ! En vous emparant des centres techniques soviétiques, vous avez mis à jour un centre d'armement souterrain. Votre mission consiste maintenant à le détruire. Fai-

Chapitre 5

tes entrer un groupe armé réduit à l'intérieur. Donnez ordre à vos ingénieurs de poser des charges explosives sur tous les générateurs existant au sein du bâtiment. La somme des explosifs devrait suffire à tout détruire.

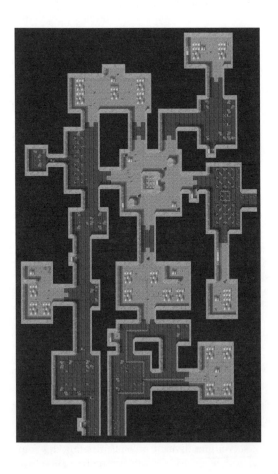

# Missions alliées

Résumé

- Déplacez les ingénieurs vers les pupitres de commandes pour qu'ils désactivent les tourelles.
- Gardez les ingénieurs et les médecins à l'abri de tout danger.
- Veillez à ce que toutes vos unités restent en bonne santé.

La stratégie gagnante

Au début de la mission, vos unités restreintes sont séparées en deux petits groupes, chacun comprenant plusieurs mitrailleurs, une poignée d'ingénieurs, un médecin et un espion. Chaque groupe fonctionne en autonomie pour l'instant, mais vous pouvez éventuellement les rassembler pour constituer une puissance de feu supérieure et pour permettre aux médecins de se soigner mutuellement.

Le dynamitage de tous les générateurs est une véritable course contre la montre, mais vous devez cependant rester sur vos gardes et maintenir la cohésion et la santé de vos troupes. En général, mettez l'infanterie en première ligne, suivie des ingénieurs, puis du médecin. Utilisez le contrôle d'information (touche F) pour conserver cette organisation. Formez des équipes séparées pour l'infanterie et les non-combattants, de façon à pouvoir réagir énergiquement en cas de menaces. Si vous êtes menacé par l'ennemi à l'arrière, vous devrez alors déplacer vos unités rapidement pour répondre à l'attaque.

Le groupe qui se tient dans le couloir au nord est coincé, il se trouve juste en face de la tour lance-flammes et ses unités ne pourront éviter les flammes si elles tentent de se faufiler pour passer. La solution se trouve tout près d'eux et le respect d'une tactique stratégique va être primordial : déplacez un ingénieur jusqu'au pupitre de contrôle légèrement encastré dans le mur. Ce faisant, il va désactiver la tourelle qui protège l'entrée de la salle avant. Déplacez vos soldats vers cette salle et éliminez les gardes soviétiques. Lorsque l'une de vos unités est sérieusement

Chapitre 5

blessée, faites-la battre en retraite et envoyez votre soldat vers le médecin pour qu'il soit soigné.

Une deuxième tourelle barre le passage dans le hall, face à vous, et cette fois-ci, vous êtes bel et bien coincé. La manette de désamorçage se trouve à l'est du second groupe, vers le sud de la base. Le groupe septentrional devra simplement attendre que le deuxième groupe vienne le libérer. Ne vous faites pas de soucis pour lui ou pour les tanks disséminés dans le centre d'armement, ils ne vous tireront pas dessus. Mais, puisque vous êtes coincé à cet endroit, vous feriez tout aussi bien de les détruire.

Le groupe situé au sud va se frayer un chemin rapidement et sûrement, éliminant la légère opposition, désactivant les tourelles et posant des charges explosives. Ce travail est long et ennuyeux et l'horloge continue d'avancer. Veillez à maintenir vos unités en bonne santé et conservez leur ordre de formation. Essayez d'attirer des soldats ennemis vers les couloirs, là où vos tirs groupés seront les plus efficaces. Les mitrailleurs sont des cibles faciles. Les grenadiers, cependant, forment une menace plus sérieuse. Utilisez le contrôle X pour disperser vos troupes autant que possible, et faites battre vos unités en retraite immédiatement dès que leur jauge de puissance descend dans le jaune. Mettez en joue immédiatement tous les chiens qui approchent, sinon d'un seul mouvement ils vous feront perdre un de vos soldats.

Essayez de trouver une caisse dans la section septentrionale. Ouvrez-la et vous y trouverez trois unités d'infanterie fraîches et disposes. D'autres caisses situées dans ce bâtiment permettront de rendre la pleine santé à vos hommes. Des unités d'infanterie viendront en renfort lorsque vous poserez des charges explosives. A leur arrivée, vous devrez décider rapidement de l'endroit où elles seront les plus utiles. Toute une horde de troupes ennemies vous attend dans la grande salle qui se trouve au sud-est, et dans laquelle vous trouverez une manette de désamorçage de générateur et de tourelle. Vos premières forces sont probablement déjà trop affaiblies pour s'emparer de cette salle, alors envoyez des troupes fraîches.

Missions alliées

Si vous parvenez à conserver vos médecins et vos ingénieurs en vie, vous atteindrez finalement tous les générateurs. Le défi consiste à y arriver avant que l'horloge n'indique la fin du temps qui vous est imparti pour cette mission.

Mission 14 : Derniers feux

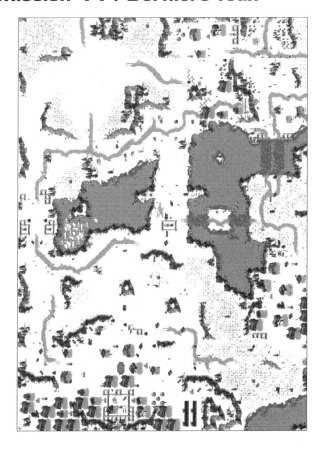

Chapitre 5

Instructions

Voici le moment tant attendu de l'assaut final sur le Q.G. de Staline. L'Union soviétique autrefois puissante va bientôt rendre les armes. Attendez-vous tout de même à ce que Staline décharge désespérément sur les Alliés tout ce qui lui reste de munitions. Vous devez établir une base solide et détruire tous les vestiges de cet empire maléfique.

Résumé

- Couvrez les voleurs jusqu'à ce qu'ils atteignent les silos.
- Ordonnez à Tanya de détruire les bâtiments.
- Mettez plusieurs collecteurs de minerai au travail.
- Construisez une flotte de croiseurs et de contre-torpilleurs qui patrouilleront dans le lac septentrional.
- Tout en étant soutenu par un bombardement naval, lancez un assaut blindé massif.
- Utilisez la Chronosphère pour télétransporter vos navires jusqu'au lac méridional et éliminer les sous-marins.

La stratégie gagnante

La mission alliée finale constituera un ultime test de toutes les compétences que vous avez acquises en tant que chef militaire. Votre premier défi consiste à garder en vie Tanya et les voleurs jusqu'à ce que les renforts arrivent. Ensuite, vous devrez construire la base la plus redoutable que vous ayez construite à ce jour, si vous espérez pouvoir détruire les restes militaires des Soviétiques.

Les Soviétiques dominent la partie ouest de la carte et possèdent une base tentaculaire qui part des ailes nord et sud du champ de bataille. Deux lacs proches du centre de la carte séparent l'est de l'ouest, et un passage émergé s'étend entre eux, ainsi qu'au nord et au sud des lacs. Un grand gisement de minerai se trouve dans la section nord-est de la carte et un petit de gemmes est situé le long du bord sud-est.

Missions alliées

Mais vous avez beaucoup de travail à faire — sans parler de sa complexité —, avant même de pouvoir penser à construire une base et à capturer les forces d'élite de Staline. Au début de la mission, vous devez opérer des déplacements rapides pour garder Tanya et les voleurs en vie. Le trio est entouré de barils d'essence et ils vont être immédiatement soumis aux tirs des troupes soviétiques qui progressent dans leur direction. Sélectionnez-les tous immédiatement à l'aide de la touche E, puis déplacez-les vers l'ouest pour les éloigner des barils. Une fois qu'ils sont à distance des barils, laissez Tanya ouvrir le feu sur les troupes ennemies les plus proches. Lorsqu'elle aura éliminé les menaces les plus imminentes, et si le trio a survécu aux explosions, sélectionnez Tanya uniquement et déplacez-la légèrement vers l'avant, laissant ainsi les voleurs derrière elle et à l'abri. Avez-vous remarqué le collecteur soviétique qui fait cap au nord ? Il devra être détruit, mais vous n'en avez pas le temps maintenant.

Les colts 45 de Tanya sont mortels et leur portée est supérieure à celle des armes soviétiques, laissez donc les soldats ennemis s'approcher d'elle et les éliminera l'un après l'autre. Surveillez bien ce soldat qui se cache dans les arbres. Lorsque vous aurez nettoyé la zone au sud de la base soviétique de toutes ses unités, vous pourrez faire une pause pour reprendre votre souffle et sauvegarder le jeu. La petite base est protégée par une bobine de Tesla et deux tours lance-flammes, donc Tanya ne peut pas s'en emparer seule. Déplacez-la vers le sud-ouest de la base, le long du lac. Ordonnez aux voleurs de bouger, tout en restant juste derrière elle. Ces types ont l'air sinistre, mais ils ne portent aucune arme, il faut donc que Tanya détruise tout ce qui peut les menacer.

Note : Vous pouvez gagner sans l'aide des voleurs, mais les quelques milliers de crédits supplémentaires qu'ils dérobent vous donneront un bon petit coup de pouce pour commencer. Essayez autant que possible de les garder à l'abri de toute menace pour qu'ils puissent faire leur travail.

Chapitre 5

L'extrémité ouest de la base n'est pas protégée, déplacez Tanya lentement vers l'intérieur du camp. Détruisez les centrales électriques et tout ce qu'elle peut éliminer sans se mettre en danger, mais veillez à la laisser à distance de sécurité des tourelles et de la bobine de Tesla. Faites attention au chien d'attaque qui se trouve au nord-ouest. Il va se faufiler derrière Tanya et suivre les voleurs, turez-le dès maintenant.

Note : Il est tentant d'épargner les structures soviétiques pour pouvoir vous en emparer lorsque vous aurez déployé votre VCM. Mais ce n'est pas une bonne idée. Lorsque le VCM va se déployer, toutes les structures soviétiques de la base vont disparaître et envoyer encore plus de soldats au combat. Ordonnez à Tanya de faire sauter tous les bâtiments qu'elle pourra atteindre sans danger.

Les installations soviétiques restantes, c'est-à-dire les silos à minerai, les casernes et les tourelles, se trouvent maintenant à l'est de l'endroit où se tient Tanya. Et voici de nouveau ce camion, accompagné d'un hélicoptère Chinook qui vient d'atterrir. Avancez et faites tirer Tanya sur l'hélicoptère avec ses colts .45 pour ne pas avoir à vous occuper des troupes qui se trouvent à l'intérieur. Maintenant, ordonnez à Tanya de tirer quelques coups le feu sur le camion. Pendant ce temps, une cachette va apparaître derrière lui et déclenchera l'arrivée des renforts alliés. Si Tanya détruit le camion en plein milieu de la base, les tourelles et la bobine de Tesla l'empêcheront d'atteindre la cachette.

Tirez quelques balles dans le camion pour qu'il prenne la direction du sud et sorte de la base. Faites revenir Tanya sur ses pas et faites-la intercepter le camion qui s'enfuit. Désormais, elle peut le détruire et s'emparer de la cachette. Les tanks alliés et un VCM arriveront alors du nord de la base. Déplacez les unités légèrement au sud jusqu'à la brèche qui s'ouvre dans la corniche menant à la base soviétique. Ne vous en occupez plus pour l'instant. Les Soviétiques vont lancer une attaque sans grande incidence depuis le nord-ouest, et le simple déplacement de vos

Missions alliées

rangers suffira pour que cette menace ne soit plus qu'un souvenir.

Ne déployez pas encore le VCM, mais tâchez de faire entrer ces fameux voleurs dans les silos à minerai. Si vous les faites passer par le trajet le plus court, les défenses soviétiques les réduiront en cendres bien avant qu'ils n'atteignent les silos. Vous devez donc les faire contourner ces défenses ennemies en les dirigeant d'abord vers le nord, puis vers l'est. Etant donné que des clôtures barbelées bloquent leur route en deux endroits, amenez un tank depuis le nord pour dégager la voie. Celui-ci peut éviter la bobine de Tesla et les tourelles et atteindre la clôture barbelée qui barre la route septentrionale, là où se trouvaient jadis les centrales électriques. Ouvrez une brèche dans cette barricade d'un coup de canon, et mettez les voleurs en route vers le nord. Maintenant, ramenez le tank puis envoyez-le vers l'est, en direction des silos. Faites une brèche dans la section nord de la clôture qui les protège. Les voleurs peuvent désormais se frayer un chemin jusqu'à eux sans passer à portée de la bobine de Tesla tant redoutée. Laissez-les faire leur sale besogne, c'est-à-dire, voler les crédits dans deux des silos ennemis.

Maintenant que le larcin est commis, que les tirs commencent ! Placez Tanya dos au lac, pour qu'elle ne soit pas encerclée par les soldats qui vont affluer des casernes et des tourelles. Déplacez deux rangers vers le sud, attribuez-leur un nom de groupe et mettez-les en mode Garde pour qu'ils attaquent tout ce qui part au nord. La plupart des unités soviétiques vont se lancer à la poursuite de Tanya, vous devrez donc vous préoccuper d'elle durant toute la durée de cette bataille incendiaire.

Ordonnez aux rangers de partir au sud et d'entrer dans la base soviétique, puis déployez immédiatement le VCM. Les structures soviétiques vont alors disparaître et une horde de soldats ennemis va se disperser. Partez chercher Tanya immédiatement — ici, un repère sera très utile —, et provoquez vos ennemis. N'envoyez pas Tanya en première ligne, mais servez-vous de son arme longue portée et laissez les soldats s'approcher d'elle. Elle peut anéantir toute cette troupe armée. Si vous êtes un peu ha-

Chapitre 5

bile et rapide avec la souris, avec un peu de chance, vous la garderez en vie. Si vous voulez qu'elle survive, vous ne pouvez pas la laisser tomber pour aller vous occuper d'autres unités. Elle serait complètement débordée par les forces ennemies et tuée en quelques secondes. Si vous la perdez, vous ne perdrez pas le jeu, mais ses colts .45 vont vous manquer un peu plus tard dans la mission.

Bon travail, commandant ! Mais, ce n'est qu'un début. Maintenant, vous devez construire la base la plus puissante de toutes et rayer définitivement les Soviétiques de la carte. Cela va vous prendre un certain temps, vous n'avez donc pas à vous presser. Votre compte en banque est bien rempli et vous avez à votre disposition une grande quantité de minerai sans protection ennemie à récolter. N'oubliez pas que la défense prime. Vous devrez vous attendre à des attaques venues du sud et du nord, ainsi qu'à des raids aériens ininterrompus du sud.

Mettez au travail sur les gisements au moins trois collecteurs et commencez à mettre sur pied votre infrastructure. Construisez au moins deux usines d'armement, deux ou trois casernes et au minimum un centre de services. Un dôme radar et plusieurs canons anti-aériens constituent un investissement solide, puisque les raids aériens soviétiques seront presque constants.

Vous devrez étendre la surface de la base rapidement, à la fois vers le nord, le sud et l'ouest pour atteindre le rivage du lac septentrional. Les Soviétiques pouvant vous frapper dans quatre zones au moins, vous aurez donc besoin de défenses résistantes implantées en divers endroits. Les poseurs de mines seront très appréciables dans cette situation, les forces soviétiques se trouvant à l'étroit sur les zones d'accès, quel que soit l'endroit d'où ils attaqueront. Utilisez les centres de services pour réarmer les poseurs de mines et truffez les zones d'accès de mines. Vous pouvez pratiquement fermer l'accès du passage émergé en y implantant toutes les mines possibles. Ceci devrait vous permettre de lâcher un peu de lest dans la ligne de défense méridionale et de concentrer vos attaques sur le nord.

Missions alliées

La base soviétique est en réalité constituée de trois camps qui s'étendent dans le sens nord-sud. Les deux premiers camps en partant du nord disposent de fortifications plus solides et d'un nombre plus élevé de blindés que le troisième. Mais ce dernier peut effectuer des raids aériens. Quelle que soit la stratégie choisie pour l'attaque, concentrez-vous d'abord sur une seule de ces bases. Le plus judicieux consiste à vous diriger vers la base la plus au nord, bien qu'elle soit dotée de défenses redoutables, telles que bobines de Tesla et tours lance-flammes. Voici la raison de ce choix.

Les Alliés vous ont finalement livré le croiseur que vous attendiez et les canons imposants dont il est doté sont votre meilleur atout. Ils ne partiront pas en haute mer bien sûr, cependant, le lac septentrional vous offre l'opportunité de mettre en action ces canons imposants. Comme il est infesté de sous-marins soviétiques, construisez un ou deux chantiers navals sur ses berges, les croiseurs ont trop de valeur pour les laisser couler par des sous-marins ennemis. Construisez quatre ou cinq croiseurs supplémentaires et deux ou trois contre-torpilleurs. Cette flotte entourée par les terres peut malgré tout faire des ravages chez les Soviétiques. Les croiseurs peuvent envoyer des obus sur la partie est de la base soviétique septentrionale et endommager les fortifications qui en protègent l'entrée. Les contre-torpilleurs, quant à eux, constituent une ligne supplémentaire de défense contre les raids aériens ennemis. Les deux catégories de vaisseaux peuvent protéger le passage émergé situé au sud, et malmener sérieusement toute force soviétique qui tenterait d'attaquer en passant par là.

Note : Pour harceler l'ennemi et ralentir sa production, utilisez la Chronosphère pour télétransporter un tank à proximité d'un collecteur de minerai soviétique non escorté. Vous devriez pouvoir détruire le camion avant même que l'ennemi ne puisse répondre.

Chapitre 5

Tandis que vos canons pilonnent sans arrêt les fortifications soviétiques septentrionales, constituez une armée de tanks à faire pâlir d'envie Rommel. D'autres unités pourront renforcer ce groupe : il vous est fortement conseillé de disposer un soutien en artillerie à l'arrière, mais un savant dosage de tanks moyens et légers constitue le moyen le plus sûr de gagner la base soviétique. Attaquez la base septentrionale avec tous les moyens du bord, c'est-à-dire au minimum 20 à 25 tanks. Tout en attaquant, poursuivez la production de tanks et de pièces d'artillerie. Deux bobines de Tesla protègent l'intérieur de la base, il vous faudra donc lancer deux ou trois vagues de blindés pour anéantir la base.

> **Note :** N'oubliez pas de vous préoccuper de votre propre base pendant que vous vous battez. Les Migs soviétiques peuvent dévaster vos centrales électriques ou pire votre chantier de construction en un rien de temps. Veillez à garder constamment vos structures fondamentales en état et vérifiez que vos troupes terrestres sont en nombre suffisant pour pouvoir lutter contre l'invasion des parachutistes.

Lorsque vous aurez éliminé la plus grande partie de l'opposition armée du camp septentrional, amenez sur place quelques ingénieurs pour qu'ils s'emparent d'un petit nombre de bâtiments. Servez-vous des structures saisies comme des bases pour la construction d'une usine d'armement, de casernes et d'un centre de services. Constituez une autre armée de blindés et lancez une attaque sur la deuxième base soviétique située au sud. Vos croiseurs ne peuvent la bombarder, la bataille sera donc plus meurtrière et plus chère que la précédente. Vos navires, quant à eux, peuvent détruire toutes les unités ennemies qui vagabondent à l'est de la base.

Une fois que vous aurez établi un bon rythme de production dans le camp soviétique investi au nord-ouest, vous devriez être en mesure d'écraser et de détruire ce qui reste de résistance grâce à un impact blindé massif. Cependant, même après avoir dévasté toutes les structures ennemies, il vous restera encore du travail

Missions alliées

à accomplir. Puisque les objectifs de la mission stipulaient que vous deviez détruire chaque unité soviétique existant sur la carte, vous devrez également vous occuper des sous-marins. En ignorant sciemment l'existence du lac méridional, nous avons fait abstraction des sous-marins, mais il est maintenant temps de les anéantir.

Vous devez mettre à l'eau quelques navires dans le lac méridional pour traiter avec les sous-marins soviétiques. C'est une petite étendue d'eau, les sous-marins vont donc commencer à attaquer le chantier naval dès que vous le mettrez sur pied. Heureusement pour vous, ceux du lac septentrional vont dépasser la vitesse de production de celui que vous implanterez sur le lac méridional. Vous pourrez donc y construire des avisotorpilleurs ou des contre-torpilleurs en un clin d'œil. Construisez de plus un deuxième chantier naval sur le lac méridional, au cas où les sous-marins ennemis détruiraient le premier. Servez-vous de la Chronosphère pour téléporter un contre-torpilleur du lac septentrional au lac méridional. Une fois que vous aurez télétransporté trois ou quatre navires dans ce lac, vous pourrez supprimer les sous-marins soviétiques en un rien de temps.

Après avoir anéanti la dernière résistance soviétique, prenez le temps de passer la carte en revue et d'inspecter le paysage carbonisé. Sa vue vous remplit d'aise, elle illustre sans ambiguïté la victoire définitive et glorieuse des Alliés.

6

Missions soviétiques

Chapitre 6

Bienvenue au sein de l'armée de Staline, camarade. Cette partie du manuel vous fournira tous les détails nécessaires pour remporter la victoire. Nous vous montrerons les positions de toutes les unités ennemies et nous vous gratifierons de quelques astuces expliquant la manière de les mettre en déroute.

En tout, vous pouvez effectuer 20 missions en tant que commandant soviétique. Cependant, vous n'avez à accomplir que 14 d'entre elles pour gagner le jeu. Plusieurs des missions proposées possèdent des variantes parmi lesquelles vous pouvez choisir. Par exemple, pour la deuxième mission, vous pouvez choisir entre deux zones d'attaque.

Chacune des variantes vous offre un scénario légèrement ou totalement différent de l'une à l'autre. Parfois, la carte subit de légères modifications et l'objectif reste le même pour les variantes proposées. D'autres fois, les cartes peuvent être totalement différentes, de même que les objectifs fixés.

Astuce : Essayez toujours de sauvegarder votre jeu peu avant d'atteindre l'objectif qui vous mènera à la victoire. Ce faisant, vous pourrez revenir à cet endroit précis de la mission et rejouer les autres variantes lors de la suivante.

Quelle que soit la variante choisie, vous devez remporter la manche. Le fait de gagner une mission vous permet d'accéder à la mission suivante de la séquence de jeu. En gagnant la quatorzième mission, vous obtenez la victoire finale.

Voici quelques remarques :

- Plusieurs techniques et tactiques ne vous seront pas expliquées en détail au cours de l'action. Reportez-vous au chapitre "Stratégies militaires" pour obtenir des détails sur celles qui vous sont quelque peu étrangères.
- Tous les jeux rapidement exposés dans cette partie ont été testés en niveau de difficulté normal. Si vous jouez à un autre niveau (facile ou difficile), le nombre d'unités enne-

Missions soviétiques

mies peut varier et d'autres facteurs peuvent également modifier radicalement la stratégie à utiliser pour gagner.

- Dans la plupart des cas, chaque mission et sa ou ses variantes proposent une démarche différente. Lorsque les diverses variantes sont vraiment très semblables, elles peuvent être parcourues en même temps.

Astuce : Pour savoir quelle mission est en cours, ouvrez le menu Options. La boîte de dialogue correspondante indique le numéro de code de la mission en petits caractères (par exemple : "SCU06EA"). Le numéro de la mission se trouve au milieu du code (ici : "06"). La variante est indiquée à la fin du code (ici : "A"). Lorsqu'il n'existe qu'une seule version de la mission, la lettre finale est toujours "A". Ceci vous indique clairement que vous lisez bien la démarche correspondant à la bonne mission.

Pour chaque mission, vous disposez des détails suivants :

Carte de la mission	Une carte complète de la zone où la mission aura lieu.
Instructions	Les étapes que vous devez effectuer pour accomplir la mission et tous les renseignements nécessaires concernant la position de l'ennemi et la puissance dont il dispose apparemment.
Résumé	Une petite liste d'objectifs pour parvenir à la fin de la mission.
La stratégie gagnante	Un compte-rendu pas à pas de la tactique à employer pour vaincre l'opposition et marcher vers la victoire.

Note : Les différentes étapes ont été abordées selon le style de l'auteur. Peut-être que ce style personnel ne conviendra pas à votre façon de jouer : dans ce cas, servez-vous d'elles comme d'un guide au lieu des les considérer comme un plan dirigiste.

Chapitre 6

Mission 1 : Les ennemis du peuple

Instructions

Votre première mission consiste à liquider une poignée de rebelles qui se sont barricadés dans leur village. Faites un exemple : tuez-les tous et détruisez leur maison.

Missions soviétiques

Résumé

- Utilisez le Yak pour éliminer toute menace visible.
- Faites sauter les barils situés à côté de l'église et du ranger pour obtenir des renforts en infanterie.
- Débarrassez le terrain de toute unité alliée rescapée.

La stratégie gagnante

Au début de la mission, le pont situé au sein de la ville vole en éclats. Ne craignez rien, Staline vous a fourni tous les instruments dont vous aurez besoin. Utilisez votre Yak pour descendre tout rebelle en vue. Servez-vous des barils d'essence disséminés çà et là pour parachever la destruction.

D'ici peu, les renforts seront parachutés sur les lieux. Utilisez cette nouvelle infanterie ou votre Yak pour terminer votre besogne.

Attention : Surveillez bien les bunkers situés de l'autre côté du pont septentrional. Utilisez un grenadier ou un Yak pour faire sauter les barils qui se trouvent tout autour d'eux pour les détruire.

Astuce : Regroupez les Yaks en un ou deux esquadrons à l'aide des touches de regroupement. Vous pourrez ainsi les contrôler. Reportez-vous au Chapitre 2, intitulé "Alerte Rouge : Le minimum vital", pour plus d'informations à propos des touches de sélection de groupe.

Astuce : Utilisez les barils pour détruire l'église. A l'intérieur se trouve cachée une caisse contenant une malette de secours qui redonnera à vos unités une santé de fer. Si vous détruisez l'église par tout autre moyen que celui-ci, vous risquez de détruire en même temps la précieuse caisse.

Chapitre 6

Mission 2a :
Protéger les biens du peuple

Note : Voici la première variante de la deuxième mission (SCU02EA). Son but est identique à celui de la deuxième variante (SCU02EB), seule la carte diffère.

Instructions

L'action vous manque ? Pour l'instant, gardez votre sang-froid et protégez votre base. Avec un peu de chance, les Alliés implantés au-delà de la rivière vont ouvrir les hostilités. Répondez-leur de manière appropriée !

Missions soviétiques

Résumé

- Construisez des défenses suffisantes pour la base.
- Faites une reconnaissance de la zone.
- Attaquez et détruisez la base alliée.

La stratégie gagnante

La mission vous enseignera les compétences fondamentales nécessaires à la construction d'une base, ainsi que l'art de savoir coordonner diverses actions simultanément.

La première chose à faire est d'arrêter la progression des soldats alliés vers votre base. Utilisez vos mitrailleurs et lâchez-leur les chiens. Après cela, construisez respectivement les structures suivantes : casernes, centrale électrique, tour lance-flammes et raffinerie de minerai.

Note : Ne dépensez pas vos crédits trop vite. Souvenez-vous qu'une raffinerie de minerai en coûte 200 !

Pendant que vous êtes dans les constructions, produisez deux Yaks que vous installerez sur vos pistes d'atterrissage. Faites décoller le premier et tirez sur les barils proches du pont au sud de votre base. Le pont sera également détruit et supprimera un passage-clé fort utile aux Alliés souhaitant s'introduire dans votre base. Faites effectuer à vos mitrailleurs une reconnaissance de la zone directement voisine de votre base.

Lorsque vous aurez fini de construire la tour lance-flammes, positionnez-la à l'angle nord-ouest de votre base. Entre celle-ci et vos chiens, aucun soldat allié ne devrait pouvoir passer.

Entraînez un groupe de grenadiers, envoyez-les au nord, puis à l'est, au-delà de la rivière. Escortez-les avec des Yaks lorsque c'est nécessaire.

Chapitre 6

> **Astuce :** Regroupez vos Yaks à l'aide des touches assignées pour vous faciliter le travail. Reportez-vous au chapitre *Alerte Rouge : Le minimum vital* pour plus d'informations sur les touches de sélection de groupe.

Pour finir, construisez un ou deux silos à l'intérieur de votre périmètre de base pour stocker le minerai. Effectuez cette tâche lorsqu'on vous y invite. Il serait judicieux de construire également un chenil et de disperser quelques chiens d'attaque supplémentaires pour qu'ils couvrent l'espace de votre base.

Vos reconnaissances au nord-ouest vont aboutir à la base alliée et la traverser. Utilisez un grenadier ou un Yak pour faire sauter la rangée de barils d'essence en vue et provoquer des dégâts. Servez-vous de vos grenadiers pour détruire d'une manière systématique la base alliée, à raison d'une structure à la fois.

> **Note :** Lorsque vous détruirez le dôme radar, vous recevrez des renforts. Grâce à ces troupes, vous pourrez sans aucun doute mettre rapidement fin à l'existence de la base alliée.

> **Astuce :** Gardez les tourelles pour la fin : elles vous serviront à nettoyer ce qui reste de soldats alliés.

Missions soviétiques

Mission 2b :
Protéger les biens du peuple

Note : Voici la deuxième variante de la deuxième mission (SCU02EB) dont le but est identique à celui de la première variante (SCU02EA), seule la carte diffère. Si vous ne sou-

Chapitre 6

haitez en faire qu'une, choisissez celle-ci, elle vous procurera un peu plus de sensations.

Instructions

L'action vous manque ? Pour l'instant, gardez votre sang-froid et protégez votre base. Avec un peu de chance, les Alliés implantés au-delà de la rivière vont ouvrir les hostilités. Répondez-leur de manière appropriée !

Résumé

- Construisez des défenses suffisantes pour la base.
- Faites une reconnaissance de la zone.
- Attaquez et détruisez la base alliée.

La stratégie gagnante

Envoyez immédiatement deux chiens de garde et vos grenadiers en direction du sud-est. Mettez vos chiens près du pont, ils sauront s'occuper des soldats alliés qui tenteraient de traverser la rivière. Lorsque l'endroit aura retrouvé sa paix, placez un chien pour barrer l'accès au pont. De cette manière, le convoi de ravitaillement ne pourra pas traverser la rivière.

Déplacez vos grenadiers jusqu'à l'église et détruisez-la. A l'intérieur se trouve cachée une caisse qui vaut 2 000 crédits. Chaque camion détruit en contient aussi une identique.

Note : Lorsque vous détruisez l'église et les camions, réprimez votre enthousiasme. Si les dégâts sont trop importants, les caisses seront également détruites !

Pendant ce temps, construisez une raffinerie de minerai, des casernes et quelques Yaks à garer sur vos pistes d'atterrissage. Placez une tour lance-flammes à chaque extrémité de votre base, pour la protéger contre toute future attaque alliée. (Quelques

Missions soviétiques

chiens d'attaque supplémentaires ne feront pas de mal, ajoutez un chenil dès que vous en aurez l'opportunité.)

Note : La majeure partie de ces projets de construction et de préparation n'est pas nécessaire, mais elle vous sert d'entraînement pour réussir la construction de vos futures bases.

Astuce : Faites sauter les barils disposés à l'autre extrémité du pont. Ceci permettra de démolir le pont en même temps et d'empêcher toute progression alliée de grande ampleur.

Entraînez une poignée de grenadiers et partez avec eux explorer le terrain au nord, en les escortant avec un Yak. Ensuite, traversez la rivière et partez en direction du sud-est, vers la base alliée. Utilisez votre Yak pour faire sauter les barils d'essence disséminés.

Peu de temps après, des renforts seront parachutés à vos côtés. Nettoyez la base alliée et marquez ce jour d'une pierre blanche.

Astuce : Gardez les tourelles pour la fin : elles vous serviront à nettoyer ce qui reste de soldats alliés.

Mission soviétique 3 : Espion, es-tu là ?

Instructions

Un espion a saboté votre base et tente de s'enfuir dans la nature. Pistez-le et tuez-le avant qu'il ne puisse s'échapper. Vous avez 15 minutes devant vous avant que son taxi ne vienne le chercher. Vous n'avez pas le droit d'échouer.

Chapitre 6

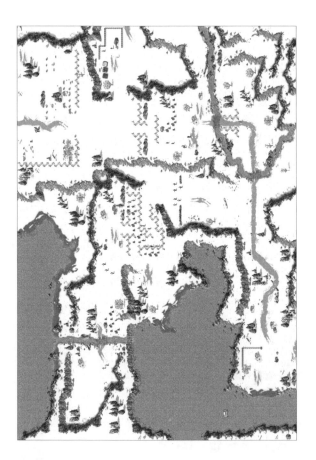

Résumé

- Libérez les soldats prisonniers dans la ferme située à proximité.
- Utilisez un grenadier pour faire sauter les barils d'essence et le bunker.
- Chassez l'espion d'église en église.

Missions soviétiques

- Capturez l'espion avant qu'il ne puisse s'enfuir et tuez-le.

La stratégie gagnante

Il vous sera presque impossible d'accomplir votre mission en conservant vos cinq chiens d'attaque, mais il doit en rester au moins un.

Un groupe de soldats soviétiques est caché dans la ferme située au sud-est de la base détruite. Servez-vous des chiens pour tuer le soldat et les civils qui patrouillent autour de la ferme pour libérer vos camarades.

Déplacez toutes vos unités à l'exception d'un grenadier vers le bord de la clôture barbelée, en les mettant à distance de sécurité du bunker, qui se trouve de l'autre côté de la clôture. Déplacez ce grenadier isolé vers le sud, le long du plateau. Lancez une grenade sur les barils pour détruire le bunker afin que vos troupes puissent avancer.

Astuce : Puisqu'un chien d'attaque au moins doit survivre pour que vous gagniez la mission, pensez à en laisser un en retrait.

L'espion va courir d'église en église sur la carte, en quittant sa cachette dès que vous en approcherez.

Il commencera par se cacher dans celle qui se trouve juste au sud du bunker. Puis, il courra vers l'église qui se trouve pratiquement à l'ouest. Lorsqu'il en sortira, un bateau va lui faire traverser la rivière et l'amener vers la baie, là où se trouve l'église septentrionale.

Astuce : Plusieurs bâtiments contiennent des mallettes de secours cachées dans des caisses. Si vous avez suffisamment progressé, détruisez quelques-uns des bâtiments et soignez toutes vos unités à l'aide des caisses que vous pourrez trouver.

Chapitre 6

Surveillez bien les alentours tandis que vous poursuivez l'espion. Des surprises peuvent se présenter sous forme de soldats alliés qui vont sortir sans prévenir des bâtiments, dès que vous vous rapprochez de l'espion. Utilisez vos chiens d'attaque contre les bazookas, mais méfiez-vous des mitrailleurs, ils ne feront qu'une bouchée de vos chiens. Vos grenadiers disposent d'armes d'une portée supérieure à celles des mitrailleurs, profitez-en. Si nécessaire, des renforts seront parachutés dans votre zone. Tuez toutes les forces alliées qui se trouvent autour de l'église méridionale pour obtenir ces renforts.

Astuce : Lancez une grenade sur les barils disposés autour des clôtures barbelées dans la zone nord-ouest de la carte. De cette manière, vous tuerez tous les soldats alliés qui s'y trouvent, ou presque.

Depuis l'église située de l'autre côté de la clôture barbelée, l'espion va courir vers l'ouest pour rejoindre l'église de la vallée. C'est là que vous pourrez le coincer. Efforcez-vous de le capturer avant qu'on ne vienne le sauver.

Mission 4a : Amuser pour mieux tuer

Note : Cette mission constitue la première des deux variantes qui vous sont proposées pour la mission 4.

Instructions

Vous avez fait du bon travail et Staline est content de vous. Maintenant, vous allez vraiment entrer dans le vif du sujet. Détruisez la base alliée située dans cette zone ; elle est devenue gênante pour la cause que vous défendez. Coupez en premier lieu les voies de communication pour ralentir la progression des ennemis.

Missions soviétiques

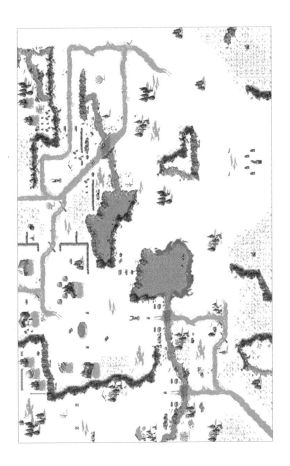

Résumé

- Construisez une base dotée de défenses suffisantes.
- Faites une reconnaissance de la zone pour trouver la base alliée.
- Servez-vous de la nouvelle technologie de l'avion espion

Chapitre 6

pour faire sortir de l'ombre le terrain entourant les bases alliées.
- Détruisez les centrales électriques périphériques pour que les dômes radar alliés cessent de fonctionner.
- A l'aide des roquettes V2 et des tanks lourds, anéantissez l'ennemi.

La stratégie gagnante

Pour survivre sur le champ de bataille, vous devez être en mesure de contrer l'offensive avec une défense digne de ce nom. Cette mission va tester votre capacité à équilibrer les forces en présence.

Commencez la construction de votre base là où le VCM entre sur le terrain. Utilisez vos tanks lourds pour partir en reconnaissance vers l'est et l'ouest, afin de faire sortir de l'ombre les gisements de minerai. Veillez à éviter les troupes alliées tant que vous n'êtes pas en mesure de vous défendre convenablement.

> **Note :** La base alliée, et par conséquent la concentration des forces alliées, se trouvent dans la zone nord-ouest de la carte.

Tout en construisant votre base, concentrez vos efforts tout d'abord sur le système de défense, en construisant une centrale électrique, des casernes, quelques tours lance-flammes, des chenils et, si besoin, davantage de centrales électriques. Ensuite, construisez deux raffineries de minerai, de chaque côté de votre base. Une quantité importante de minerai gît à chaque extrémité de votre base et suffira à occuper vos collecteurs un moment. Veillez à bien disperser vos grenadiers, vos tours lance-flammes et vos chiens d'attaque tout autour de la zone pour protéger votre capital.

Une fois vos défenses mises en place et vos rentrées financières stabilisées, construisez un dôme radar et une usine d'armement. Ensuite, commencez à mettre sur pied votre puissance de destruction : construisez une grande quantité de tanks lourds et

Missions soviétiques

quelques lance-roquettes V2. Ajoutez quelques pistes d'atterrissage et construisez un Yak sur chacune d'entre elles.

Utilisez des tanks lourds par paires pour faire des reconnaissances dans la zone qui vous entoure. Vous remarquerez que la zone située au nord de la rivière reste invisibe. Ceci provient de la nouvelle technologie de vos adversaires : le générateur d'ombre. Ce dernier circonscrit l'ombre autour de chaque élément à proximité des possessions alliées. Ne vous tracassez pas, nos stratèges ont une solution. Pour l'instant, localisez l'emplacement de tous les gués, et en particulier ceux qui se trouvent au nord-ouest de votre base.

> **Astuce :** L'église située à côté de la rivière (du côté de l'extrémité ouest de celle-ci) contient une caisse d'une valeur de 2 000 crédits. Pour l'obtenir, détruisez l'église.

> **Attention :** Si vous traversez la rivière sans passer par un gué, vous risquez d'alerter un gros contingent de forces alliées. Veillez à disposer de suffisamment de blindés autour de votre base pour pouvoir répondre à leurs offensives. Utilisez la technique des tirs groupés pour que vos tanks lourds abattent une unité ennemie à la fois, vous verrez alors qu'ils peuvent se mesurer sans problème à ces unités alliées légères.

Utilisez le nouvel avion espion pour partir en reconnaissance au-dessus des bases alliées, en commençant par la zone la plus au nord-est de la carte. Faites exploser des deux centrales électriques qui leur appartiennent en vous servant de votre Yak et des parachutistes. Lorsque vous le pourrez, lâchez un groupe de parachutistes sur la zone où se trouvaient auparavant les centrales électriques et faites-leur suivre une trajectoire circulaire vers l'ouest, pour qu'ils trouvent le générateur d'ombre. Celui-ci est maintenant inopérant étant donné que l'alimentation électrique a perdu de sa puissance. Partez en reconnaissance dans la zone aussi loin que vous le pouvez à l'aide de vos parachutistes.

Chapitre 6

Astuce : Faites sauter le pont situé sous le générateur d'ombre assez vite au cours de votre mission pour permettre à la partie orientale de votre base de fonctionner correctement. En effet, les agressions alliées seront alors moindres ou inexistantes.

Continuez à utiliser l'avion espion pour faire sortir de l'ombre la plus grande partie possible du terrain des forces alliées. Les générateurs vont rapidement recréer l'ombre, mais vous aurez la possibilité d'entrevoir quelques secondes ce qu'elle recouvrait.

Vous trouverez le dôme radar allié dans la zone nord-ouest de la carte. Lâchez quelques parachutistes dans les environs et emparez-vous du dôme, ainsi que de la centrale électrique avoisinante. Désormais, les deux générateurs devraient être hors service. Votre premier objectif est donc atteint. Il vous reste à éliminer toutes les unités alliées rescapées.

Utilisez des lance-roquettes V2 et des tanks lourds pour passer la rivière. Les V2 peuvent s'attaquer aux tourelles et aux bunkers tout en restant hors de portée de ces structures, pendant que vos tanks protègent les lance-roquettes V2. Vos Yaks pourront vous prêter main-forte en bombardant continuellement les bâtiments qui se trouvent derrière les lignes ennemies. Concentrez vos tirs sur l'usine d'armement alliée, c'est de là que leurs renforts proviennent. Lâchez des parachutistes sur la base à chaque fois que vous le pouvez afin de couper les lignes d'approvisionnement.

Détruisez les gardes qui traversent la rivière et faites rouler vos blindés sur tout ce qui se trouve devant leurs chenilles.

Mission 4b :
Amuser pour mieux tuer

Note : Cette mission constitue la seconde des deux variantes proposées pour la mission 4.

Missions soviétiques

Instructions

Vous avez fait du bon travail et Staline est content de vous. Maintenant, vous allez vraiment entrer dans le vif du sujet. Détruisez la base alliée située dans cette zone ; elle est devenue gênante pour la cause que vous défendez. Coupez en premier lieu les voies de communication pour ralentir la progression des ennemis.

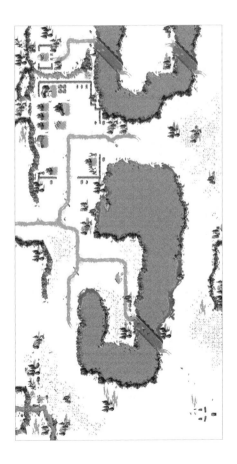

Chapitre 6

Résumé

- Construisez une base dotée de défenses suffisantes.
- Faites une reconnaissance de la zone pour trouver la base alliée.
- Servez-vous de la nouvelle technologie de l'avion espion pour faire sortir de l'ombre le terrain entourant les bases alliées ;
- Détruisez le dôme radar pour retarder l'arrivée des renforts alliés.
- A l'aide des roquettes V2 et des tanks lourds, anéantissez l'ennemi.

La stratégie gagnante

Pour survivre sur le champ de bataille, vous devez être en mesure de contrer la puissante offensive avec une défense digne de ce nom. Cette mission va tester votre capacité à équilibrer les forces en présence.

Commencez la construction de votre base là où le VCM entre sur le terrain. Utilisez vos tanks lourds pour partir en reconnaissance vers l'est et le nord, afin de faire sortir de l'ombre les gisements de minerai. Veillez à éviter les troupes alliées tant que vous n'êtes pas en mesure de vous défendre convenablement.

Note : La base alliée, et par conséquent la concentration des forces alliées, se trouvent dans la zone nord-est de la carte.

Tout en construisant votre base, concentrez vos efforts tout d'abord sur le système de défense, en construisant une centrale électrique, des casernes, quelques tours lance-flammes, des chenils et, si besoin, davantage de centrales électriques. Ensuite, construisez votre raffinerie de minerai aussi près que possible du gisement de minerai oriental. Veillez à bien disperser vos grena-

Missions soviétiques

diers, vos tours lance-flammes et vos chiens d'attaque tout autour de la zone pour protéger votre capital.

> **Astuce :** Vos lance-roquettes V2 sont également un excellent moyen de défense pour votre base. Positionnez-les à l'intérieur de son périmètre (derrière les tours lance-flammes), afin qu'ils puissent tirer sur toute unité qui s'en approchera.

Dès que possible, construisez un dôme radar et une piste d'atterrissage. En effet, cette dernière vous permet d'obtenir un nouvel avion espion. Utilisez-le pour faire des reconnaissances dans les environs tout en passant totalement inaperçu aux yeux des Alliés.

Lorsque vous aurez amassé encore plus de crédits, construisez une usine d'armement et commencez à fabriquer des tanks lourds. Construisez-en cinq ou six, ainsi que quelques lance-roquettes V2 supplémentaires.

En définitive, c'est grâce à votre avion espion que vous pourrez trouver la base alliée. La zone nord-est de la base se trouve sous la protection d'un exemplaire de la nouvelle technologie alliée : le générateur d'ombre. Ce dernier circonscrit l'ombre autour de chaque élément à proximité des possessions alliées. Ne vous tracassez pas, nos stratèges ont une solution pour remédier à cela.

Aidez-vous de votre avion espion pour découvrir le dôme radar qui se trouve à l'extrémité nord-est de la carte. Lâchez quelques parachutistes derrière et utilisez un meneur isolé pour attirer vers lui le feu des tanks moyens pendant que vous détruisez le dôme. Cette perte devrait ralentir un peu leur action.

Maintenant, formez une division d'assaut avec vos blindés. Déplacez cinq tanks lourds et deux ou trois lance-roquettes V2 vers l'est. Ordonnez aux tanks de dégager le chemin jusqu'au premier pont. Placez-les à l'entrée pour couvrir les lance-roquettes lorsqu'ils détruiront les bunkers situés de l'autre côté

Chapitre 6

du pont. Sachez qu'ayant une très longue portée, les lance-roquettes V2 peuvent rester hors de portée des tirs des bunkers.

Note : Veillez à ne pas détruire le pont. Vos troupes en ont besoin !

Portez votre force d'assaut au nord et agissez comme précédemment pour le pont suivant. Cette fois-ci, vous détruirez les tanks légers qui protègent le pont. Faites passer vos blindés sur le pont et éliminez les tanks moyens qui assuraient la protection du dôme radar.

Maintenant, construisez une deuxième division de tanks et de lance-roquettes V2, puis envoyez-les vers le nord, puis vers l'est en les faisant contourner la rivière. Le pont est trop bien défendu et ne sera détruit que lors d'un conflit majeur qui se déroulera à cet endroit.

Depuis le pont dont vous venez de vous rendre maître, vous pouvez facilement faire pleuvoir des roquettes V2 sur la base alliée. Eliminez d'abord la centrale électrique pour désactiver le générateur d'ombre. Pendant que l'alimentation est à son plus bas, utilisez l'avion espion pour faire sortir de l'ombre le reste de la base.

Faites avancer votre deuxième division blindée dans la base par le côté ouest, en utilisant la même tactique avec les lance-roquettes V2 qu'auparavant. Pendant ce temps, faites pleuvoir les projectiles sur l'est de la base à partir de la corniche sur laquelle se trouve le dôme radar. Ne laissez réchapper aucun ennemi.

Astuce : L'église située au nord de votre point d'entrée renferme une caisse qui contient une mallette de secours. Servez-vous en si nécessaire.

Missions soviétiques

Mission 5 : Ruée vers le minerai

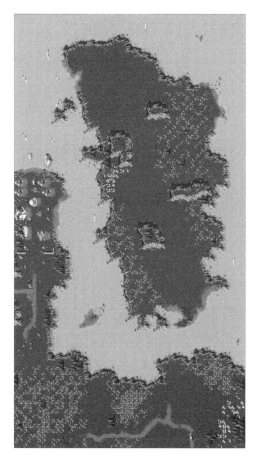

Instructions

Félicitations, capitaine ! Souhaitons que votre carrière soit toujours aussi réussie.

Chapitre 6

L'armée de Staline a besoin de minerai. L'île voisine, Khalkis, en contient une grande quantité. Emparez-vous en à tout prix au détriment des Alliés. Dans le même temps, capturez leur dôme radar pour visualiser la progression de leur installation dans cette zone.

Résumé

- Construisez une base dotée de défenses solides.
- Explorez les voies navigables en vous servant de vos sous-marins.
- Faites une reconnaissance au nord de la base et au-dessus des îles avec l'avion espion.
- Construisez une force d'assaut et prenez la base alliée située au nord.
- Construisez des bateaux et plusieurs divisions de tanks lourds.
- Prenez l'île d'assaut avec des VCM, un support aérien et des parachutistes.

La stratégie gagnante

Cette mission requiert une démonstration de puissance pure, ainsi que d'intelligence guerrière. Ne vous inquiétez pas, toutes deux sont à votre disposition.

Construisez votre base immédiatement au nord du gisement de minerai méridional. Pour sa défense, combinez l'usage de tours lance-flammes, de chiens d'attaque et de Yaks comme support logistique. Dès que possible, construisez un port sous-marin et commencez à faire des reconnaissances avec vos engins aux environs de l'île située au centre de la carte.

Attention : Surveillez bien l'extrémité nord-est de la carte. La flotte alliée est concentrée dans cette zone et peut décimer vos sous-marins en moins de temps qu'il ne faut pour le dire. De même, laissez quelques sous-marins de garde

Missions soviétiques

autour du port pour prévenir toute incursion alliée impromptue.

Le seul moyen pour les blindés et les troupes armées d'atteindre Khalkis est d'utiliser des bateaux. La seule plage disponible pour aborder se trouve de l'autre côté de la base alliée, c'est-à-dire au nord pour vous. Votre première étape consiste donc à écraser la base et à capture le dôme radar.

Lorsque le gisement de minerai du sud sera épuisé, construisez une autre raffinerie vers le nord, de sorte qu'elle soit plus proche des autres gisements. Servez-vous sans cesse de votre avion espion pour faire sortir de l'ombre la base alliée depuis votre propre plage jusqu'à celle où vous abordez sur Khalkis. Pendant ce temps, produisez une force blindée suffisante pour pouvoir lutter contre les Alliés.

Attention : Ne lâchez pas de parachutistes sur Khalkis, sinon vous allez mettre la base alliée en alerte et celle-ci générera encore plus d'unités pour se défendre.

Sachez qu'une nouvelle technologie alliée fait usage de soldats spécialement entraînés pour dérober votre minerai et vos crédits. Ces voleurs ont un uniforme spécifique. Construisez vos silos derrière vos lignes de front pour les mettre à l'abri des voleurs et servez-vous de vos chiens d'attaque pour protéger vos raffineries.

Avec un escadron de cinq ou six tanks lourds, franchissez l'entrée centrale de la base alliée. Lâchez des parachutistes à l'intérieur et servez-vous de vos Yaks comme support logistique.

Astuce : Vous avez également la liberté de vous entourer de divisions blindées supplémentaires. Cependant, deux choses importantes doivent être faites lors de votre assaut initial. Laissez le dôme radar debout et détruisez tous les poseurs de mines alliés. Le dôme doit être capturé et s'ils

Chapitre 6

> en sont alertés, les poseurs de mines rendront la traversée de la zone extrêmement dangereuse.

Servez-vous de vos sous-marins pour dégager les voies maritimes et détruisez le chantier naval allié. Envoyez un ingénieur capturer le dôme radar. Pour ce faire, vous devrez l'endommager suffisamment pour que sa barre d'énergie vire au rouge, mais veillez à ne pas le détruire pour autant !

Détruisez ou capturez les bâtiments alliés qui restent sur cette plage. Maintenant, votre assaut sur Khalkis peut commencer. Construisez une deuxième usine d'armement pour accroître la production et commencez à mettre sur pied une grosse division de tanks lourds et quelques bateaux.

Chargez vos tanks sur les bateaux depuis la plage et conduisez-les à celle située à l'extrémité sud-est de Khalkis. A présent, votre avion espion devrait avoir sorti de l'ombre l'intégralité de l'île. Déployez vos tanks et détruisez tout. Veillez à bien concentrer votre puissance de feu sur les unités défensives et servez-vous de vos Yaks et de vos parachutistes pour apporter du renfort là où cela est nécessaire.

Mission 6a : Le convoi

Instructions

Staline souhaite faire transiter un convoi spécial entre deux bases. Il est de votre responsabilité de veiller à sa sécurité : il doit arriver entier. Escortez les deux camions au travers des lignes ennemies jusqu'au nord-est de la carte. Si vous perdez un camion, c'est votre vie que vous mettez en danger.

Résumé

- Mettez en place une base dotée de bonnes défenses.
- Veillez à la sécurité des camions du convoi.

Missions soviétiques

- Faites des reconnaissances dans les différentes zones à l'aide des tanks et de l'avion espion.
- Construisez des forces d'assaut en vous servant des roquettes V2 et des tanks lourds.
- Anéantissez la centrale électrique pour mettre le générateur d'ombre hors circuit.

Chapitre 6

- Prenez la base alliée d'assaut depuis la corniche occidentale.
- Utilisez les sous-marins pour vider la rivière de ses occupants alliés.
- Utilisez les bateaux pour faire traverser la rivière aux camions et les amener à destination.

La stratégie gagnante

L'approche directe n'est pas toujours la meilleure stratégie. Nos blindés sont nettement supérieurs à ceux des alliés. Vous pourriez avoir l'impression qu'en les emboutissant sans état d'âme, vous pourriez traverser le pont sans dommages et vous retrouver en sécurité. Mais un seul tir bien ciblé provenant d'un des croiseurs alliés voisins pourraient bien terminer abruptement la mission ! Les croiseurs ont également ordre de faire sauter le pont en cas de nécessité, ce qui vous ferait échouer du mauvais côté du pont avec des unités blessées en prime.

A l'inverse, prenez votre temps et mettez en place une force suffisante pour vous assurer la victoire. Pour cela, vous avez le privilège de posséder l'un de nos VCM.

Faites faire le tour du plateau à toutes vos unités et dirigez-les vers le nord de votre point d'entrée. Fixez-vous dans la vallée riche en gisements qui se trouve à l'est de celui-ci. Suivez les procédures standard de construction de base en milieu hostile : bâtissez les défenses en premier lieu, puis les systèmes d'implantation de mines. Nous vous avons fourni suffisamment de crédits pour que vous soyez à l'abri du besoin pendant un moment.

Astuce : Faites monter les deux camions sur le plateau pour les mettre à l'écart de l'action. Ils seront relativement à l'abri à cet endroit.

Sachez que vous avez une nouvelle structure à votre disposition : le centre technique. En lançant la construction de cette structure, vous pourrez entraîner un nouveau type

Missions soviétiques

d'unité : l'infanterie lance-flammes. Ces nouveaux soldats provoquent des désastres dans les autres unités d'infanterie, mais sont également dangereux pour vos propres hommes. Si vous choisissez de faire appel à eux, faites-les opérer en petits groupes, à l'écart des autres unités d'infanterie.

> **Astuce :** Veillez à construire une piste d'atterrissage pour pouvoir au moins tirer parti de l'avion espion.

Lorsque vous aurez mis en sécurité votre propre base et que le fonctionnement du collecteur de minerai sera bien rôdé, commencez à créer votre division blindée. Construisez plusieurs tanks lourds et quelques lance-roquettes V2 pour porter les coups sur de longues distances.

Pendant ce temps, faites effectuer des reconnaissances à vos tanks lourds en les envoyant par paires. Vous trouverez une base alliée au nord de votre position, à l'abri des regards grâce à un générateur d'ombre. C'est au cœur même de cette base que vous allez vous tailler un chemin.

Lorsque vous serez prêt, divisez vos forces en groupes plus petits : cinq tanks lourds et deux lance-roquettes V2 forment un groupe de choc. Avancez-vous assez près de l'entrée de la base pour que les lance-roquettes fassent feu à volonté tandis que les tanks lourds les protègent des représailles alliées. Utilisez la technique des tirs groupés pour détruire les bunkers et les tourelles, votre but est de forcer l'ouverture de la base pour que vos blindés puissent envahir le terrain.

> **Astuce :** La corniche montagneuse qui se trouve à l'ouest de la base alliée offre suffisamment d'espace pour loger des lance-roquettes et tirer des V2 sur le camp ennemi situé en contrebas. Amenez un groupe de tanks lourds en support logistique et barrez l'accès méridional à la corniche pour accroître votre protection. Faites feu sur les centrales électriques sans retenue et sur les autres structures si-

Chapitre 6

tuées à l'arrière de la base alliée. Cependant, faites attention aux tirs des bazookas qui proviennent de la base.

Une fois les défenses de l'entrée de la base détruites, faites rouler les tanks lourds à l'intérieur, dévastant tout sur leur passage. Laissez cependant le chantier de construction allié sur pied, ainsi que quelques centrales électriques. Nous avons quelque chose en réserver pour eux.

Amenez vos ingénieurs au nord et capturez le chantier de construction allié et autant de centrales électriques que possible. Le vent a changé et la chance vous sourit de nouveau.

Détruisez toute unité alliée qui se trouve à proximité et construisez un port sous-marin au niveau de la rivière. Amenez une flotte de sous-marins au sud et détruisez toutes les unités navales alliées que vous pourrez trouver. N'oubliez pas de faire sauter les ponts et de descendre les unités qui se trouvent à l'extrémité méridionale de la rivière. Il vaut mieux ne pas jouer avec la chance, n'en épargnez donc aucun.

Simultanément, conduisez quelques blindés de l'autre côté de la rivière en leur faisant emprunter les gués. Détruisez toute résistance ultime qui se trouverait sur votre passage et amenez les camions à destination.

Astuce : Une église contenant une caisse d'une valeur de 2 000 crédits se trouve sur une petite île située au nord du pont. Pendant la mission, vous pouvez lâcher quelques parachutistes pour détruire l'église et obtenir les crédits.

Missions soviétiques

Mission 6b : Le convoi

Instructions

Staline souhaite faire transiter un convoi spécial entre deux bases. Il est de votre responsabilité de veiller à sa sécurité : il doit arriver entier. Escortez les deux camions au travers des lignes

Chapitre 6

ennemies jusqu'au nord-est de la carte. Si vous perdez un camion, et c'est votre vie que vous mettes en danger.

Astuce : Cette mission semble, de prime abord, nettement plus difficile que l'autre variante proposée. Cependant, une fois mise en route, elle s'avère beaucoup plus abordable.

Résumé

- Mettez en place une base dotée de bonnes défenses.
- Veillez à la sécurité des camions du convoi.
- Faites des reconnaissances dans les différentes zones à l'aide des tanks et de l'avion espion.
- Soumettez la base alliée à l'aide d'attaques coup-de-poing aux roquettes V2.
- Mettez en place une force d'assaut en vous servant des roquettes V2 et des tanks lourds.
- Anéantissez l'usine d'armement alliée.
- Construisez des sous-marins supplémentaires et détruisez toutes les unités navales alliées.
- Débarrassez le pont des unités hostiles.
- Faites traverser le convoi en empruntant les gués et amenez-le à destination.

La stratégie gagnante

Les troupes alliées ont cerné votre convoi par surprise. Sortez-le vite de ce piège ! Faites cap au nord-ouest rapidement, en couvrant toutes vos unités à l'aide des tanks lourds. Déplacez vos unités entre les deux plateaux et installez votre chantier de construction de l'autre côté. Commencez à le réparer dès qu'il est attaqué tout en construisant une centrale électrique et des casernes. Positionnez les camions de transport à proximité des arbres situés à l'est de cette entrée. Ils y seront à l'abri.

Missions soviétiques

Les deux plateaux créent un point d'engorgement intéressant qui permettra à vos unités de faire disparaître les forces alliées à raison d'une unité à la fois. Finissez-en rapidement avec les attaquants de la première heure.

> **Astuce :** Evitez de construire des structures trop au nord. En effet, les croiseurs alliés ont une portée suffisante pour atteindre l'intérieur des terres. Pour l'instant, ne leur donnez pas l'occasion de tirer sur vos bâtiments.

Maintenez vos blindés lourds à l'avant de votre base, mais utilisez vos VBT pour partir en reconnaissance dans les environs immédiats. Vous vous apercevrez alors que vous vous trouvez dans une vallée riche en gisements de minerai, qui ne comporte qu'un seul accès.

Pendant ce temps, construisez votre système de défense sans tarder. Placez quelques tours lance-flammes au point d'engorgement situé entre les deux plateaux et dispersez judicieusement quelques chiens d'attaque à l'intérieur de votre base.

> **Astuce :** Deux caisses sont cachées derrière les arbres, du côté est de la vallée. L'une contient 2 000 crédits et l'autre, une mallette de secours. Utilisez une roquette V2 pour faire sauter l'arbre du milieu et envoyez un soldat pour qu'il aille récupérer les deux caisses.

Construisez une raffinerie de minerai avant que les crédits ne vous fassent défaut et commencez à récolter du minerai du côté occidental de votre base. Dès que possible, construisez un port sous-marin au nord-ouest et envoyez deux ou trois sous-marins pour qu'ils entament les hostilités avec les croiseurs alliés qui pourraient se trouver là. Laissez au moins deux sous-marins de garde au nord de votre base, au cas où quelques-unités navales alliées passant par là auraient des intentions malveillantes. Construisez également une usine d'armement et commencez à produire des tanks lourds et quelques lance-roquettes V2.

Chapitre 6

Lorsque vous aurez reconstitué vos réserves en crédits, construisez un dôme radar et une piste d'atterrissage. Commencez à vous servir de votre avion espion dès que possible afin de faire sortir de l'ombre la base alliée qui se trouve au sud-est de votre position. Transportez vos lance-roquettes V2 en passant par les arbres du côté est de votre base, jusqu'à la corniche montagneuse qui surplombe la base alliée. Depuis cette position stratégique avantageuse, vos lance-roquettes peuvent commencer à dévaster la base, tout en restant hors d'atteinte des unités alliées.

Note : Bien que vos V2 soient en sécurité, votre attaque sera sûrement à l'origine d'un assaut allié des plus vigoureux sur votre base. Il faut vous y préparer avant même de lancer votre attaque contre eux.

Une fois que vous aurez fait sauter tout le système de défense allié, lâchez quelques parachutistes près des casernes et détruisez-les. Menez quelques blindés à l'extrémité nord de la base alliée et éloignez les tanks moyens alliés du pont où ils sont en faction. Détruisez-les en concentrant votre tir sur eux tandis qu'ils s'avancent vers vous. Envoyez immédiatement votre VBT rempli d'ingénieurs à l'intérieur de la base et emparez-vous de l'usine d'armement alliée.

Astuce : L'usine d'armement constitue la meilleure prise possible à cet endroit et c'est la seule structure que les Alliés ne vendront pas si vous tentez de vous en emparer. N'essayez pas de capturer les centrales électriques ou toute autre structure alliée, car celles-ci vous seraient alors vendues (libérant ainsi des troupes supplémentaires), et pourraient alerter les croiseurs qui commenceraient à tirer sur tout ce qui se trouverait à leur portée.

Construisez une rangée de silos à minerai sur le rivage méridional de la base alliée et mettez en place un autre port sous-marin

Missions soviétiques

en lui assignant le rôle principal (cliquez deux fois dessus) et faites-en sortir deux ou trois sous-marins.

Faites sillonner la mer à vos sous-marins septentrionaux vers l'est et le sud en leur donnant ordre de détruire toute unité navale alliée rencontrée. Faites de même avec vos sous-marins méridionaux vers l'est, puis le nord en leur donnant des ordres identiques.

Déplacez quelques lance-roquettes V2 vers l'intérieur de la base alliée capturée et servez-vous en pour repousser les tanks moyens vers le rivage. Veillez à placer quelques tanks lourds à l'avant de vos lance-roquettes pour absorber tout tir de représailles. Simultanément, lâchez un groupe de parachutistes de l'autre côté du pont et partez en reconnaissance dans cette zone pour éliminer les troupes restantes.

Une fois le pont et les voies navigables dégagés, faites traverser le pont au convoi.

> **Note :** Si le pont était *accidentellement* détruit lors de l'attaque, construisez un transport pour faire traverser les camions.

Mission 7 : Sauvez le réacteur

Instructions

Les Alliés se sont saisi de l'un de nos réacteurs nucléaires, ont pris les techniciens en otage et touché au noyau nucléaire. La fusion est imminente. Vous avez 30 minutes pour remettre en marche les quatre stations de refroidissement !

Résumé

- Echappez à vos poursuivants.
- Libérez les chiens d'attaque.

Chapitre 6

- Libérez les ingénieurs.
- Escortez les ingénieurs vers les quatre centres de contrôle du refroidissement.
- Transportez un ingénieur vers le centre technique principal pour qu'il mette le réacteur hors tension.

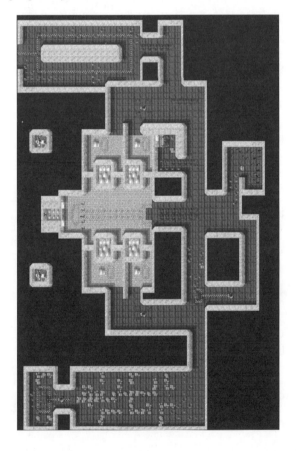

Missions soviétiques

La stratégie gagnante

Vos ressources sont limitées et vous devez malgré tout récupérer l'équipe d'ingénieurs qui travaillait sur le réacteur et l'amener aux quatre stations de refroidissement en moins de 30 minutes. Pas de problème, camarade : vos forces opèrent mieux lorsqu'elles sont motivées !

Eloignez immédiatement vos forces des barils. Les unités alliées qui progressent vers vous vont les faire sauter quelques secondes après le début de la mission. Déplacez vos troupes vers l'est, puis faites cap au sud, le long du couloir.

Lorsque vous vous trouvez à l'extrémité de l'alignement de barils, courez sans cesse, les Alliés vont partir à votre poursuite (des surprises les attendent !) ou retournez la situation et faites sauter les barils pour faire griller les Alliés sur place. Ne vous retournez pas, continuez à avancer. Le tic-tac de l'horloge ne s'arrête pas.

Suivez le court passage menant vers le sud jusqu'à la jonction en forme de T, puis partez vers l'ouest.

Une pièce située derrière le mur sud de cette allée renferme un bunker allié qui retient prisonniers plusieurs chiens d'attaque aux abois. Faites sauter les barils pour le détruire et libérer les chiens.

> **Note :** Si vous avez omis de faire griller vos poursuivants alliés tout à l'heure (à l'aide des barils), courez vers la meute de chiens. Ils vont mettre les Alliés en pièces.

Maintenant, amenez les ingénieurs vers les stations de refroidissement.

> **Astuce :** Une mallette de secours est cachée dans une caisse placée dans un petit centre de contrôle qui est situé à l'extrémité septentrionale d'une longue allée (à peu près au nord du chenil). Mais pour atteindre cette caisse, vous

Chapitre 6

perdrez plusieurs hommes ou chiens, ce qui en rendra le bénéfice presque négligeable.

Suivez la longue allée menant vers l'ouest et tuez tous les soldats alliés que vous rencontrerez. Au bout de l'allée, vous trouverez l'entrepôt. Les ingénieurs sont prisonniers dans une petite zone de stockage, à l'extrême nord de cet entrepôt. Servez-vous des chiens pour éliminer leurs ravisseurs ou prenez le risque de mettre le feu aux barils placés à l'arrière de la pièce pour tuer tous ceux qui se trouvent dedans.

Maintenant, il vous suffit de faire entrer un ingénieur dans chaque station de refroidissement et un dernier dans le centre de contrôle situé au cœur du réacteur. Ne vous inquiétez pas si vous perdez un ingénieur ou deux. Il leur suffit d'entrer dans la station et d'effectuer une simple opération, puis de se déplacer vers une autre station de refroidissement si nécessaire. Cependant, une bonne équipe technique est difficile à trouver, et cinq hommes peuvent terminer un travail bien plus vite qu'un ou deux !

Note : Dirigez-vous d'abord vers les stations de refroidissement. Lorsqu'elles seront de nouveau opérationnelles, le système de défense de la base s'occupera des troupes qui attendent à l'extérieur de la salle de contrôle principale.

Mission 8a : Elbe, nous voilà !

Instructions

On a détecté une activité alliée sur l'île d'Elbe. Réinstallez-vous immédiatement sur la base de l'île et éliminez la présence alliée. Tuez tout civil qui pourrait être utile à leur cause.

Missions soviétiques

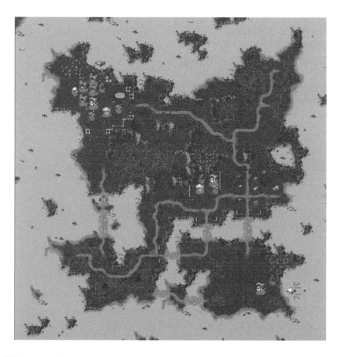

Résumé

- Construisez une base bien protégée.
- Utilisez une nouvelle technologie : la bobine de Tesla.
- Agrandissez la base en direction du nord.
- Prenez d'assaut la base alliée en combinant plusieurs unités armées et en construisant des bobines de Tesla à proximité de l'entrée de la base alliée.
- Anéantissez les unités navales à l'aide de vos sous-marins.

Chapitre 6

La stratégie gagnante

Cette mission promet d'être une partie de plaisir. Les Alliés sont plutôt agressifs sur Elbe, et ils ont le soutien des autochtones. Cette mission est taillée sur mesure pour vous.

Dès le début, vos troupes et votre base seront immédiatement attaquées. Néanmoins, les attaquants ne sont rien de plus que du menu fretin. Ils vont prendre leurs jambes à leur cou lorsque vous commencerez à construire des casernes. Ils doivent avoir déjà vu vos lance-flammes à l'ouvrage...

Commencez à déployer vos sous-marins tout autour de l'île, envoyez-en la moitié au nord et l'autre moitié au sud. Le groupe septentrional doit être mis en mode Garde autour de la première plage qu'il rencontrera. Il y a fort à parier que les Alliés essayeront de faire accoster leur renforts à cet endroit.

> **Astuce :** Laissez également un ou deux sous-marins au sud de votre force terrestre pour la protéger contre les débarquements alliés sur cette plage.

Une fois les casernes construites, mettez sur pied une centrale électrique avancée et une raffinerie de minerai. Les renforts arriveront via les parachutistes et les bateaux. Faites-les traverser votre territoire, en leur faisant reconnaître tous les chemins qui mènent à votre camp.

Construisez votre système de défense aussi vite que possible. Les tours lance-flammes et les chiens d'attaque serviront de couverture initiale, mais lorsque vous aurez construit une usine d'armement, vous pourrez bâtir votre meilleure défense : la bobine de Tesla !

> **Astuce :** La bobine de Tesla est un excellent moyen défensif, mais elle nécessite beaucoup d'énergie. Construisez de nombreuses centrales électriques avancées pour faire

Missions soviétiques

fonctionner votre système de défense. Sinon, vous risquez une panne de courant au mauvais moment. Surveillez bien la barre d'énergie !

Placez quelques bobines de Tesla à la périphérie de votre base. Faites particulièrement attention aux croisements de routes existant dans ce secteur de l'île. Essayez de placer les bobines de façon à ce qu'elles puissent détruire les unités alliées qui passent à leur portée dans cette zone.

Astuce : Vos bobines de Tesla sont en mauvaise posture lorsqu'elles sont attaquées par un groupe de blindés important. Pour réduire les risques, implantez les bobines à distance des croisements de routes. Ensuite, construisez des couloirs en béton étroits et tortueux qui font la jonction entre les diverses voies menant à votre base. Les unités alliées seront alors forcées d'entrer en file indienne dans vos couloirs, ce qui permettra aux bobines de Tesla de les détruire l'une après l'autre sans se presser. Surveillez les points faibles de ces murs. Vendez et remplacez les sections endommagées dès que vous le pouvez.

Tout en construisant vos défenses avancées, déplacez quelques grenadiers et quelques-unités d'infanterie lance-flammes vers les couloirs septentrionaux, et éliminez toutes les sentinelles alliées qui s'y trouvent. Utilisez votre avion espion pendant tout ce temps pour qu'il effectue des reconnaissances au-dessus du reste de l'île. (Vous avez bien entendu pensé à construire une piste d'atterrissage.

Le moment est opportun pour diriger vos collecteurs de minerai vers l'ouest de votre base. Cependant, les Alliés y ont placé des mines qui vont endommager vos camions. Bien que ceux-ci puissent recouvrer la moitié de leur puissance par eux-mêmes, envisagez de construire un centre de services pour maintenir leur puissance au maximum.

Chapitre 6

> **Note :** Si vous avez suivi le conseil précédent et avez construit des couloirs en béton à chaque croisement de routes, vous vous rendrez compte que vos collecteurs de minerai se déplacent plus lentement entre les troupes terrestres. Construisez une ou deux raffineries de substitution plus près des croisements pour diminuer les effets secondaires néfastes de votre système de défense.

Créez quelques tanks lourds et quelques Yaks supplémentaires pour attaquer le petit groupe de bâtiments alliés situés au nord de votre base. Le chantier de construction et l'usine d'armement sont des leurres et seront facilement détruits. Faites cependant attention aux bunkers camouflés et à ceux situés près des casernes.

Ne détruisez pas la centrale électrique, mais escortez un ingénieur pour qu'il s'en empare et bâtissez une bobine de Tesla à proximité. Le plateau situé au nord servira de barrière naturelle et forcera les troupes alliés à rester coincées suffisamment longtemps à cet endroit pour que les éclairs de la bobine puisse les réduire en poussière l'une après l'autre.

Déplacez une petite division blindée vers les gisements de minerai à l'est de cette nouvelle extension de la base, en vous servant de la puissance de feu des Yaks pour les couvrir. Maintenant, construisez une raffinerie de minerai à côté de la bobine de Tesla et commencez à poser des mines dans ces champs. Reposez-vous sur vos lauriers tout en construisant de nombreuses centrales électriques et des tanks lourds pour la prochaine bataille.

Il est maintenant grand temps de faire une avancée dans la base alliée. Vous utiliserez cette fois-ci une technique légèrement différente et quelque peu originale. Libérez-vous de toute menace navale évidente provenant du côté occidental de l'île et produisez de nouveaux bateaux. Chargez vos tanks et préparez-vous au débarquement sur la plage.

Missions soviétiques

Pendant ce temps, faites avancer une division blindée vers l'entrée de la base alliée. Utilisez les tanks pour couvrir vos propres bâtiments tandis que vous fendez une rangée de silos à minerai le long de la route menant à l'entrée. Placez deux bobines de Tesla directement au seuil de la base alliée et regardez-les réduire en cendres tout ce qui est à leur portée. Chaque unité qui s'approche trop près des bobines sera prise en main par vos unités blindées.

Simultanément, faites débarquer le gros de vos divisions blindées sur la plage, à l'ouest de la base alliée. Concentrez d'abord les tirs sur les tourelles et les bunkers, puis sur toute structure ou unité alliée en vue.

Vous devrez encore faire la chasse à quelques-unités alliées isolées, mais l'île vous appartient maintenant. Félicitations !

Mission 8b : Elbe, nous voilà !

Instructions

On a détecté une activité alliée sur l'île d'Elbe. Réinstallez-vous immédiatement sur la base de l'île et éliminez la présence alliée. Tuez tout civil qui pourrait être utile à leur cause.

Résumé

- Construisez une base bien protégée.
- Utilisez une nouvelle technologie : la bobine de Tesla.
- Agrandissez la base en direction du nord.
- Prenez d'assaut la base alliée en combinant plusieurs unités armées et en construisant des bobines de Tesla à proximité de l'entrée.
- Anéantissez les unités navales à l'aide de vos sous-marins.

Chapitre 6

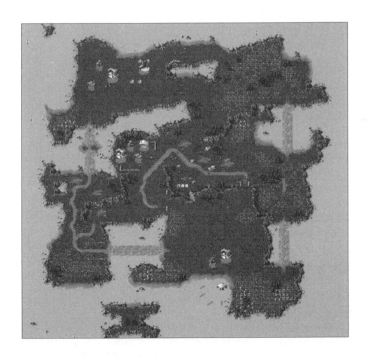

La stratégie gagnante

Cette mission promet d'être une partie de plaisir. Les Alliés sont plutôt agressifs sur Elbe, et ils ont le soutien des autochtones. Cette mission est taillée sur mesure pour vous.

Dès le début, vos troupes et votre base seront immédiatement attaquées. Néanmoins, les attaquants ne sont rien de plus que du menu fretin. Ils vont prendre leurs jambes à leur cou lorsque vous commencerez à construire des casernes. Ils doivent avoir déjà vu vos lance-flammes à l'ouvrage...

Commencez à déployer vos sous-marins tout autour de l'île, envoyez-en un à l'ouest et les deux autres à l'est, puis au nord. Met-

Missions soviétiques

tez ces derniers en mode Garde sur le côté oriental de l'île, dans le secteur où la route va traverser le bras de mer. Des croiseurs alliés ont été repérés du côté oriental de l'île. Utilisez le sous-marin ouest pour partir en reconnaissance du côté occidental, puis septentrional, en lui faisant contourner l'île. Le dernier sous-marin monte la garde sur la côte méridionale.

> **Astuce :** Une petite île est implantée à distance du rivage méridional de l'île d'Elbe. Elle contient trois caisses, dont deux renferment chacune 2 000 crédits et la troisième une mallette de secours. Lâchez quelques parachutistes sur cet îlot pour les récupérer.

Construisez rapidement un système de défense pour la base en implantant la nouvelle centrale électrique avancée de préférence au modèle standard. Lorsque les renforts arrivent, envoyez une unité sur la route qui mène au côté est de l'île et utilisez les autres pour faire des reconnaissances sur ce petit bout de terre.

Dès que possible, construisez une piste d'atterrissage et une usine d'armement. Commencez à vous servir de votre avion espion pour parcourir l'île et lancez la production de tanks lourds et de lance-roquettes V2. Par ailleurs, un nouveau jouet vous attend ! Vous allez pouvoir dépenser vos crédits pour vous procurer une bobine de Tesla.

> **Astuce :** La bobine de Tesla est un excellent moyen défensif, mais elle nécessite beaucoup d'énergie. Construisez de nombreuses centrales électriques avancées pour faire fonctionner votre système de défense. Sinon, vous risquez une panne de courant au mauvais moment. Surveillez bien la barre d'énergie, capitaine !

Placez une bobine de Tesla à l'extrême nord de votre base et une autre sur le rivage méridional, de façon à pouvoir tirer à vue sur les courageuses unités alliées qui s'approcheraient un peu trop du rivage.

Chapitre 6

Tandis que vous agrandissez votre base, placez des bobines de Tesla aux entrées stratégiques de votre bout d'île. Il existe deux endroits rêvés pour cela : l'un le long de la corniche est, au-dessus de la route qui traverse le bras de mer, et l'autre à l'extrême nord-ouest de ce secteur de l'île, au sud-est de l'avant-poste allié.

> **Astuce :** Vos bobines de Tesla sont en mauvaise posture lorsqu'elles sont attaquées par un groupe de blindés important. Pour réduire les risques, implantez-les à distance des croisements de routes. Ensuite, construisez des couloirs en béton étroits et tortueux qui font la jonction entre les diverses voies menant à votre base. Les unités alliées seront alors forcées d'entrer en file indienne dans vos couloirs, ce qui permettra aux bobines de Tesla de les détruire l'une après l'autre sans se presser. Surveillez les points faibles de ces murs. Vendez et remplacez les sections endommagées dès que vous le pouvez.

Avec vos lance-roquettes V2, éliminez toutes les troupes alliées au nord de votre position et préparez-vous à prendre d'assaut l'avant-poste qui se trouve au nord-ouest. Utilisez vos lance-roquettes couplés avec des tanks lourds pour anéantir les troupes, la tourelle et le bunker camouflé. Faites survoler la zone par un Yak pour qu'il se charge de l'usine d'armement et du chantier de construction : ce sont des leurres.

> **Note :** C'est un endroit hautement stratégique, les Alliés vont arriver en force dès que vous commencerez à vous y implanter. Construisez quelques centrales électriques avancées supplémentaires et quelques bobines de Tesla dans cette zone si vous voulez la conserver. Vous pouvez envoyer un ingénieur pour qu'il capture la centrale électrique alliée. Ceci vous permettra de commencer la construction depuis ce lieu. Néanmoins, vous feriez mieux d'implanter une bobine de Tesla et un grand nombre de blindés dans les environs !

Missions soviétiques

Construisez quelques sous-marins supplémentaires et commencez à chasser activement les unités navales alliées. Faites manœuvrer vos sous-marins par groupes de trois ou quatre, car n'oubliez pas que l'union fait la force.

Pendant ce temps, faites avancer une division de tanks et de lance-roquettes V2 vers l'entrée de la base alliée. Vous utiliserez cette fois-ci une technique d'assaut légèrement différente et quelque peu originale. Les tanks serviront à couvrir votre propre effort de construction pendant que vous fendez une rangée de silos à minerai depuis le secteur de l'avant-poste allié. Placez deux bobines de Tesla directement au seuil de la base alliée et regardez-les réduire en cendres tout ce qui est à leur portée. Chaque unité qui s'approche trop près des bobines sera prise en main par vos unités blindées. Continuez à construire des bobines hors de portée des Alliés, mais dirigées vers l'intérieur de leur base. Vous pouvez vendre les bobines dont vous n'avez plus l'utilité.

Simultanément, vous pourrez utiliser vos bateaux pour faire débarquer une division blindée sur la plage, à l'ouest de la base alliée. Utilisez la technique des tirs groupés pour abattre d'abord les tourelles et les bunkers, puis sur toute structure ou unité alliée en vue.

Vous devrez encore faire la chasse à quelques-unités alliées isolées, mais l'île vous appartient maintenant. Félicitations !

Mission 9 : Détruisez toutes les preuves !

Instructions

Les espions alliés ont de nouveau sévi ! Cette fois-ci, ils ont dérobé un camion transportant un composant vital de notre arme secrète. Il ne faut pas qu'ils quittent ce secteur avec la cargaison. Détruisez le camion avant qu'ils ne le conduisent à un centre de recherche et que nos plans ne soient dévoilés.

Chapitre 6

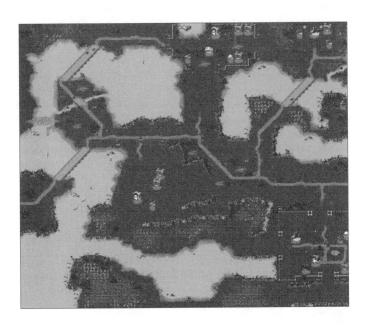

Résumé

- Contrez l'attaque alliée.
- Réparez toutes vos forces (matérielles et humaines).
- Construisez des défenses suffisantes ainsi que plusieurs bobines de Tesla et de très nombreux missiles SAM.
- Barricadez vos troupes à l'intérieur de la base.
- Utilisez l'avion espion pour localiser le camion.
- Lâchez des parachutistes près du camion et détruisez-le.

La stratégie gagnante

Tout d'abord, résistez à la tentation d'envoyer tous vos survivants à la poursuite du camion volé. Il y a trois camps alliés et plusieurs divisions blindées dans ce secteur. Quitter la base se-

Missions soviétiques

rait suicidaire. Ne bougez pas et résolvez le problème depuis votre camp.

Tuez les derniers ennemis et commencez à réparer tout ce qui est resté debout. Commencez par les centrales électriques pour pouvoir remettre en marche les bobines de Tesla.

Une fois l'alimentation électrique revenue, construisez au moins une centrale électrique avancée, puis placez trois missiles SAM minimum autour de chacune de vos bobines de Tesla. Protégez-les avec les tanks Mammouth qui ont survécu et bâtissez toutes les centrales électriques avancées nécessaires.

> **Astuce :** Les unités alliées présentes dans ce secteur appartiennent aux forces d'élite. Elles tenteront de coordonner les raids aériens avec les assauts des unités terrestres. Ces raids ont pour but de détruire vos bobines de Tesla, de manière à permettre aux unités d'envahir votre base. Plus vous aurez de missiles SAM à disposition, mieux ce sera.

De plus, barricadez-vous dans votre base. Construisez des murs en béton en doublant leur épaisseur à l'ouest et au nord de votre base, puis ouvrez l'accès sud-ouest à vos collecteurs de minerai. Servez-vous d'un tank lourd pour partir en reconnaissance approfondie dans ce secteur, afin de découvrir autant de gemmes et de minerai que possible.

> **Note :** Ce secteur est inaccessible depuis le continent, excepté pour les bateaux. Positionnez quelques tanks au sud-ouest de votre base ou construisez une bobine de Tesla supplémentaire agrémentée de quelques missiles SAM pour vous occuper des troupes qui ont débarqué dans le but de vous attaquer.

Même si tout cela vous semble peu conventionnel, gardez confiance. Cette mission est beaucoup plus facile qu'il n'y paraît au départ.

223

Chapitre 6

Une fois que vous avez assuré votre système de défense, construisez une piste d'atterrissage et attendez que l'avion espion soit mis à votre disposition. A chaque attaque, vous aurez besoin de faire réparer vos murs pendant et après l'assaut, et éventuellement de remplacer une ou deux bobines de Tesla. Une fois que vous aurez déterminé les endroits d'attaque privilégiés des Alliés, implantez vos bobines par paires pour renforcer leur puissance de feu.

Maintenant, commencez à vous servir de l'avion espion pour partir à la recherche du camion volé. Vous découvrirez très vite pourquoi il valait mieux rester à l'intérieur de votre base !

> **Note :** Il y a une petite base alliée bien fortifiée au nord de votre base. Elle possède trois caisses tellement visibles qu'elles semblent vous tendre les bras. Résistez à la tentation, vos pertes seraient nettement supérieures au bénéfice que vous pourriez en tirer.

Le camion a été conduit à l'intérieur d'une zone entourée d'une clôture au nord de la base alliée. Votre avion espion peut faire sortir de l'ombre cette zone pendant un bref instant, puis deux générateurs d'ombre couplés vont la masquer de nouveau. Une fois que vous aurez repéré le camion, gardez cette zone en mémoire. Vous approchez du moment de la victoire dans cette mission.

> **Astuce :** Pour vous aider à retrouver la position du camion ultérieurement, apposez sur la zone de la carte un repère en appuyant sur Ctrl+F9-F12. Reportez-vous au premier chapitre, *Le minimum vital*, pour plus d'informations à propos des repères.

Continuez à repousser les attaques alliées et attendez que l'avion espion et les parachutistes soient disponibles. Dès que le moment est arrivé, utilisez l'avion espion pour refaire sortir de l'ombre le camion et lâchez vos parachutistes sur la zone entourée d'une clôture avant que le générateur d'ombre ne la recouvre. Une fois vos troupes à pied d'œuvre, faites-leur détruire le camion. Mission accomplie, camarade. Vous avez gagné.

Mission 10 : Franchissez le col

Instructions

Voici une nouvelle mission d'escorte. Cette fois-ci, nous pouvons vous fournir une couverture aérienne digne de ce nom, il s'agit de notre nouveau jet d'attaque MIG. Avec ce nouvel avion utilisé de concert avec des Yaks, vous devez faire franchir un col au convoi et l'amener sain et sauf de l'autre côté.

> **Note :** Pour réussir la mission, il vous suffirait de faire passer le col à un seul des camions, mais Staline préférerait que les trois arrivent de l'autre côté.

Résumé

- Détruisez toute gêne initiale provoquée par les Alliés.
- Utilisez l'avion espion pour reconnaître le terrain et révéler la route à venir.
- Servez-vous des MIG et des Yaks pour nettoyer la route sortie de l'ombre.
- Faites progresser le convoi et servez-vous de l'avion espion pour faire sortir de l'ombre la totalité de la carte.

La stratégie gagnante

Cette mission est très simple, mais elle se déroule lentement au départ. Détruisez les unités nuisibles au début de la mission et déplacez-vous jusqu'au croisement de routes. Ne vous embarquez pas dans l'aventure sans savoir où vous allez.

Chapitre 6

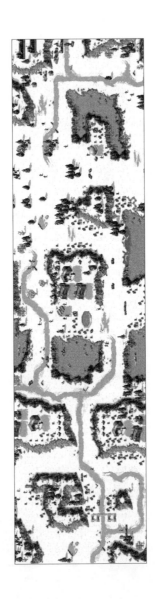

Missions soviétiques

> **Note :** Le convoi se contentera de rester au centre de votre division blindée. Si vous voulez partir en reconnaissance dans les environs, ne prenez qu'un seul tank pour être sûr que les camions resteront au centre des trois tanks restant.

Voici le plan : lorsqu'il est disponible, utilisez l'avion espion pour explorer la route à venir, dégagez-la avec les MIG et les Yaks, puis déplacez-vous jusqu'à la zone révélée et répétez cette procédure. Seul l'avenir dira si cela est facile ou non.

> **Astuce :** Pendant que vous attendez le dégagement du terrain, faites attention à l'attaque furtive qui viendra du sud.

Utilisez le premier avion espion pour reconnaître le secteur situé au sud-ouest de votre présente position. Faites-lui une faveur : envoyez discrètement un tank autour du lac et faites sauter les barils tout autour des unités démasquées. L'explosion qui en résultera réduira les canons anti-aériens en cendres. Maintenant, laissez le MIG pulvériser la tourelle pour aider vos unités terrestres.

> **Astuce :** Regroupez vos MIG en leur attribuant un numéro et faites de même pour vos Yaks pour pouvoir les manipuler plus facilement. Reportez-vous au premier chapitre pour plus d'informations sur les touches de sélection d'équipes.

Faites rouler vos tanks dans cette zone pour détruire les unités ennemies restantes. Utilisez les MIG pour éliminer les éventuels blindés et les Yaks pour l'infanterie.

> **Astuce :** Plein ouest et légèrement au sud du complexe radar se trouve une mallette de secours cachée dans des barils et des derricks. Faites-les sauter pour la mettre à jour, mais gardez-la jusqu'à ce que vos besoins soient réels. (Elle soigne les tanks, mais ni les camions, ni les avions).

Chapitre 6

Utilisez ensuite l'avion espion pour faire sortir de l'ombre le terrain situé à l'ouest du complexe radar. Ceci doit permettre de révéler la base alliée. Sachez que trois canons aériens sont disposés autour des structures. Il semble que vous deviez perdre quelques MIG dans cette bataille.

Si nécessaire, servez-vous d'un autre avion espion pour visualiser l'intégralité de la base, puis faites détruire les canons anti-aériens par des MIG groupés par deux. Commencez par le canon au nord-est de la base, puis continuez dans le sens des aiguilles d'une montre. Remplacez vos MIG lorsque c'est nécessaire, mais ne soyez pas trop tête brûlée.

Une fois les canons anti-aériens éliminés, faites sauter les barils placés à l'arrière de la base à l'aide d'un Yak, puis utilisez les MIG pour en finir avec la tourelle. Faites entrer un tank (avec le soutien d'un Yak) pour faucher l'infanterie restante. Ne vous égarez pas trop au nord ou au sud avec votre tank, vous risqueriez d'essuyer les tirs des contre-torpilleurs. Une fois que la base sera vidée de ses unités alliées, faites entrer le convoi dans la base.

A partir de là, des renforts apparaissent : trois ingénieurs seront parachutés vers la base. Déplacez-les jusqu'à l'intérieur de la base, capturez le chantier de construction, puis vendez-le et vous récupérerez des crédits supplémentaires pour remplacer vos avions.

Note : Le centre de services ne fonctionnera pas sans énergie électrique. Bien que vous puissiez être tenté de vous en servir pour réparer vos tanks, la dépense engendrée par la construction d'une centrale électrique et les réparations devrait vous en décourager.

Tout en vous emparant de cette base, servez-vous des deux autres avions espions mis à votre disposition pour dévoiler la zone qui entoure les deux contre-torpilleurs.

A partir du moment où vous atteindrez la base et capturez le chantier de construction, un minuteur se met en marche. Il vous

Missions soviétiques

reste 15 minutes pour faire passer le convoi de l'autre côté du col. Ne trainez pas, camarade.

Capturez le contre-torpilleur situé au sud avec vos MIG et faites une reconnaissance avec l'avion espion au centre de la carte, à l'ouest des contre-torpilleurs. Utilisez les Yaks pour faire sauter les barils qui se trouvent tout autour des tourelles et détruisez tout ennemi isolé à l'aide de vos MIG.

Déplacez votre convoi entre les deux plateaux dotés de tourelles et faites halte à nouveau. Utilisez vos Yaks pour éliminer toute unité d'infanterie ou baril que vous pouvez voir, tout en parcourant le secteur au sud-ouest de votre position avec l'avion espion. C'est là que se trouve votre sortie.

Continuez à faucher les unités avec vos avions tout en faisant avancer votre convoi en direction du barrage de ciment. Faites-le sauter et laissez le convoi suivre son chemin jusqu'à sa destination finale.

Mission 11a : Immobilisez la flotte

Instructions

L'endroit où le gros de la flotte alliée se ravitaille en carburant a été découvert. Il ne faut pas laisser les ennemis étendre leur pouvoir sans rien faire. Avec un groupe de sous-marins, construisez une base et détruisez leur chantier naval.

Résumé

- Débarquez sur la plage ennemie et construisez une base.
- Faites des reconnaissances avec vos sous-marins et détruisez toute unité navale alliée isolée.
- Nettoyez les mines enterrées sur la plage alliée à l'aide des Hinds.
- Créez une division blindée et traversez la baie qui mène à la plage alliée.

Chapitre 6

- Prêtez main forte à vos blindés qui entrent dans la base alliée à l'aide de vos avions.
- Détruisez la base alliée et son chantier naval.
- Détruisez tous les Alliés isolés.

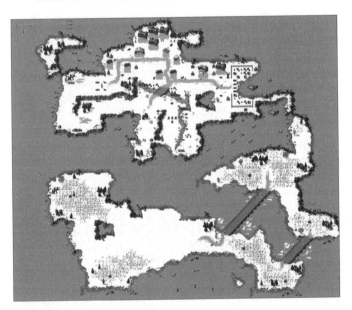

La stratégie gagnante

Laissez vos sous-marins s'occuper des menaces immédiates, et vos bateaux feront ensuite leur apparition. Faites échouer les bateaux sur la plage au nord de votre position et déployez votre VCM sur le côté occidental du petit mur (à une distance de la largeur d'une raffinerie, en partant du gisement de minerai situé à l'est). Commencez à construire une centrale électrique et un système de défense pour votre base à l'ouest de votre chantier de construction. Employez des bobines de Tesla, des missiles SAM et des chiens d'attaque pour vous défendre. Bâtissez tout à l'ouest du chantier de construction.

Missions soviétiques

Gardez suffisamment de crédits pour pouvoir monter une raffinerie que vous placerez à l'est de votre chantier de construction, à côté du gisement de minerai.

Pendant ce temps, déployez deux de vos sous-marins à la pointe sud-est de cette langue de terre. On pense qu'il s'agit d'un passage emprunté par les croiseurs alliés : mettez les sous-marins en mode Garde et ils s'occuperont de toutes les unités navales alliées qui errent dans cette région. Envoyez en reconnaissance le troisième sous-marin en direction de l'ouest, le long de la côte sud de l'île, puis vers le nord.

> **Astuce :** Surveillez les hélicoptères Chinook qui lâchent des troupes au nord de votre position et aux bateaux alliés qui se trouvent au sud de votre position.

Construisez une piste d'atterrissage assez tôt pour pouvoir profiter des éclairages de l'avion espion. Tandis que vous attendez de pouvoir l'utiliser, envoyez votre infanterie faire des reconnaissances au-delà des ponts.

Vous allez découvrir plusieurs baies abritant des unités navales alliées. Ignorez-les pour l'instant, mais ne ratez pas le croiseur situé au nord-est de votre base. Construisez quelques MIG pour détruire ce navire et ceux que vous trouverez. (Veillez à rester hors de portée des contre-torpilleurs, à moins d'avoir envie de remplacer vos MIG !)

Agrandissez votre base dès que le gisement de minerai commence à s'épuiser, étendez-vous vers le nord-ouest. Veillez à maintenir l'équilibre entre votre système de défense et la taille de votre base.

Construisez un port sous-marin à l'écart de la plage située au nord de votre chantier de construction et produisez quelques autres spécimens de sous-marins et de transports. Pendant ce temps, servez-vous de vos crédits pour créer une division ou deux de tanks Mammouth.

Chapitre 6

> **Note :** Vous devrez construire un centre technique pour pouvoir produire des tanks Mammouth.

Désormais, vous devriez être en mesure de voir la plage et la vallée qui se trouvent au nord de votre port sous-marin. Cette plage est non seulement très bien protégée, mais elle est également minée. Avant de lancer votre assaut, vous devez vous occuper de ces deux obstacles.

Utilisez vos MIG pour anéantir les tanks et les tourelles, puis construisez quelques Hinds pour mitrailler le fond de la vallée depuis la plage, jusqu'au pont. (Utilisez la touche Ctrl pour les forcer à faire feu sur le sol.) Soyez prudent, les tanks Mammouth sont chers !

Chargez votre division de Mammouths sur les transports et déplacez-les sur l'eau jusqu'à la plage ennemie. Ecrasez toute opposition sur votre chemin et allez jusqu'au pont.

Ayant anticipé votre mouvement, les Alliés vont détruire le pont, vous forçant à emprunter le chemin le plus long. Avant de faire cap à l'ouest avec vos tanks Mammouth, utilisez vos hélicoptères pour débarrasser le terrain des mines enterrées restantes, et servez-vous de vos MIG pour faucher les bunkers camouflés.

Tandis que vos Mammouths se dirigent vers la base alliée, utilisez vos MIG pour supprimer les croiseurs en mer qui pourraient s'aviser de les bombarder.

> **Astuce :** Les Hinds constituent aussi des armes fort utiles contre les navires ennemis : tenez-les éloignés des contre-torpilleurs.

Amenez vos Mammouths dans la base alliée et jusqu'au chantier naval. Utilisez vos groupes de sous-marins pour poursuivre les

Missions soviétiques

unités navales alliées isolées, et marquez ce jour d'une pierre blanche.

Mission 11b : Immobilisez la flotte

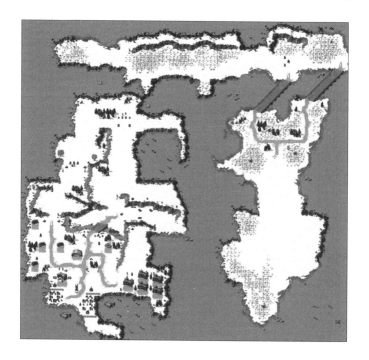

Instructions

L'endroit où le gros de la flotte alliée se ravitaille en carburant a été découvert. Il ne faut pas laisser les ennemis étendre leur pouvoir sans rien faire. Avec un groupe de sous-marins, construisez une base et détruisez leur chantier naval.

Chapitre 6

Résumé

- Débarquez sur la plage ennemie et construisez une base.
- Faites des reconnaissances avec vos sous-marins et détruisez toute unité navale alliée isolée.
- Nettoyez les mines enterrées sur la plage alliée à l'aide des Hinds.
- Anéantissez la puissance de feu navale alliée dans la baie.
- Créez une division blindée et débarquez sur la plage alliée.
- Prêtez main forte à vos blindés qui entrent dans la base alliée à l'aide de vos avions.
- Détruisez la base alliée et son chantier naval.
- Détruisez tous les Alliés isolés.

La stratégie gagnante

Laissez vos sous-marins s'occuper des menaces immédiates, vos bateaux feront ensuite leur apparition. Faites échouer les bateaux sur la plage au nord de votre position et déployez votre VCM sur le côté nord-est du gisement de minerai méridional. Commencez à construire une centrale électrique et un système de défense pour votre base au nord du chantier de construction. Employez des bobines de Tesla, des sites SAM et des chiens d'attaque pour vous défendre.

Gardez suffisamment de crédits pour pouvoir monter une raffinerie, que vous placerez à l'ouest de votre chantier de construction, à côté du gisement de minerai.

Pendant ce temps, déployez deux de vos sous-marins du côté est de l'île, et deux du côté ouest. De nombreux croiseurs manœuvrent dans le secteur : mettez vos sous-marins en mode Garde pour qu'ils s'occupent de toutes les unités navales alliées qui errent dans cette région.

Astuce : Surveillez les hélicoptères Chinook qui lâchent des troupes au nord de votre position et aux transports alliés qui s'activent le long des plages.

Missions soviétiques

Construisez une piste d'atterrissage assez tôt pour pouvoir profiter de l'avion espion. Tandis que vous attendez de pouvoir l'utiliser, envoyez votre infanterie en reconnaissance sur toute l'île et jusqu'aux ponts septentrionaux que vos unités devront traverser.

Vous allez découvrir plusieurs baies à l'ouest abritant des unités navales alliées. Ignorez-les pour l'instant, mais il faudra construire une flotte de sous-marins dès que l'état de vos finances le permettra.

> **Note :** Cette île contient suffisamment de minerai pour faire travailler de nombreux collecteurs. Prenez le temps d'en construire au moins un supplémentaire.

Agrandissez votre base vers le sud dès que le minerai s'épuise. Veillez à maintenir l'équilibre entre votre système de défense et la taille de votre base.

Construisez un port sous-marin à l'écart de la plage sud-est de votre chantier de construction et produisez quelques autres spécimens de sous-marins et de transports. Pendant ce temps, servez-vous de vos crédits pour créer une division ou deux de tanks Mammouth.

> **Note :** Vous devrez construire un centre technique pour pouvoir produire des tanks Mammouth.

Désormais, vous devriez être en mesure de voir la plage et la vallée qui se trouvent à l'ouest de votre port sous-marin. Cette plage est non seulement très bien protégée, mais elle est également minée. Avant de lancer votre assaut, vous devez vous occuper de ces deux obstacles.

Utilisez vos MIG pour anéantir les tanks et les tourelles, puis construisez quelques Hinds pour mitrailler le fond de la vallée depuis la plage, jusqu'au pont. (Utilisez la touche Ctrl pour les

Chapitre 6

forcer à faire feu au sol.) Soyez consciencieux, les tanks Mammouth sont chers !

Simultanément, nettoyez les deux baies des navires alliés qu'elles abritent à l'aide de vos sous-marins, en commençant par la baie méridionale. Le croiseur qui manœuvre dans la baie septentrionale peut faire feu sur la plage où vous débarquerez. Veillez donc à le faire disparaître rapidement.

Chargez votre division de Mammouths sur les bateaux et faites-les naviguer jusqu'à la plage ennemie. Ecrasez toute opposition sur votre chemin et allez jusqu'au pont

Soyez très attentif à ce qui se passe aux alentours du pont. S'il est détruit, vous devrez alors diriger vos tanks Mammouth vers le nord, et leur faire contourner le pont avant de pouvoir progresser vers la base alliée. Si cela se produit, éliminez les mines enterrées du chemin avant d'avancer.

Votre premier groupe de tanks Mammouth devrait s'efforcer d'atteindre les héliports pour détruire tous les hélicoptères d'assaut qui atterrissent pour se réarmer. Cependant, vu le nombre de blindés alliés, tourelles et hélicoptères d'assaut, vos pertes seront élevées.

Chargez une deuxième division de tanks Mammouth et suivez la première à l'intérieur de la base.

Tandis que vos Mammouths entrent dans la base alliée, servez-vous de vos MIG pour supprimer toutes les tourelles et les bunkers barrant le chemin ainsi que quelques hélicoptères d'assaut si vous le pouvez. Vos équipes de Mammouths apprécieront ce geste. (Reportez-vous au Chapitre 3, "Structures et unités soviétiques", pour plus d'informations sur la manière d'abattre des hélicoptères avec des MIG.)

Faites traverser la base alliée à vos tanks et amenez-les jusqu'au chantier naval. Utilisez vos escadrons de sous-marins et de tanks Mammouth pour poursuivre les unités alliées isolées. Vous pourrez marquer ce jour d'une pierre blanche.

Missions soviétiques

Mission 12 : O.P.A. funeste

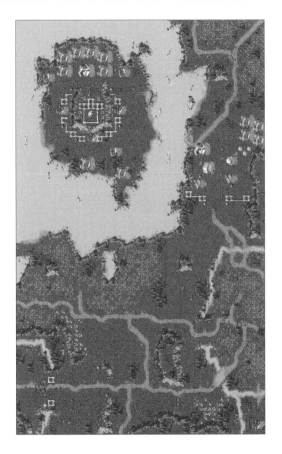

Instructions

Félicitations, général, puissiez-vous tenir plus longtemps que vos prédécesseurs ! Cependant, le temps n'est pas à la fête, notre bien-

Chapitre 6

aimé chef veut la Chronosphère alliée et c'est vous qui allez la lui ramener. Assaillez la base alliée et capturez la Chronosphère.

Résumé

- Détruisez la base alliée.
- Construisez une base dotée d'un bon système de défense et partez en reconnaissance avec l'avion espion.
- Capturez le centre technique à l'extrême sud-ouest de la carte pour récupérer le satellite GPS.
- Affaiblissez les défenses sur l'île où se trouve la Chronosphère en détruisant les centrales électriques.
- Prenez l'île d'assaut avec vos blindés et emparez-vous de tous les centres techniques.

La stratégie gagnante

En premier lieu, rayez de la carte toutes les unités alliées. Veillez à épargner les vôtres le plus possible. Déplacez-vous stratégiquement dans la base et servez-vous de la technique des tirs groupés pour éliminer les diverses unités ennemies.

Déployez votre chantier de construction. Prévoyez de vous agrandir vers l'est, et construisez au centre de l'ex-base alliée. Envoyez des troupes en reconnaissance vers l'est pendant que vous établissez votre système de défense. Veillez à bien disséminer vos missiles SAM et vos chiens d'attaque tout autour de vos structures. Les Alliés sont très agressifs dans cette zone et ne vous épargneront aucun désagrément.

Astuce : Mettez vos chiens d'attaque en mode Garde pour être sûr qu'ils poursuivront toute unité d'infanterie qui viendrait à s'approcher de votre base. Soyez particulièrement attentif à en répartir dans le secteur nord de votre base, là où se trouve votre point d'entrée initial.

Epargnez suffisamment pour construire une raffinerie. Bâtissez-la aussi près que possible des gisements de minerai situés à votre

Missions soviétiques

droite. N'oubliez pas de vous entourer d'autant de bobines de Tesla et de missiles SAM que nécessaire : les troupes alliées et leurs armes vous tomberont dessus régulièrement.

Construisez une piste d'atterrissage dès que vous le pouvez pour commencer à exploiter l'avion espion. Servez-vous en pour parcourir les zones périphériques tandis que des tanks par équipes de deux partiront en reconnaissance aux environs immédiats. Veillez à ne pas alerter outre mesure les unités alliées : vous aurez déjà suffisamment de travail avec les unités qu'ils vous enverront. Concentrez les efforts de votre avion espion sur le sud, là où les gisements de minerai à conquérir sont nombreux.

Astuce : Une base alliée située à l'extrême sud de la carte produit de nombreuses unités. Vous pouvez très bien réussir cette mission sans vous en occuper du tout.

Prenez tout votre temps pour construire votre base, général. Les Alliés vont détruire régulièrement certaines de vos structures et vous devrez les remplacer, tout en maintenant votre système de défense à son taux d'efficacité maximum (que ce soit au sol ou en l'air). Staline est relativement pressé, mais ne vous a pas fixé de limite dans le temps pour récupérer la Chronosphère. Faites tout spécialement attention à bien fournir les alentours des gisements de minerai en missiles SAM, sinon, vous perdrez vos collecteurs de minerai sous les tirs alliés.

Construisez quelques MIG et Yaks à proximité de l'étendue d'eau située à l'est de votre position. Utilisez-les, ainsi que les parachutistes, pour éliminer toute menace provenant du sud.

Astuce : Combinez vos efforts pour capturer le centre technique allié que vous découvrirez dans la partie sud-ouest de la carte. Il vous permettra de vous doter des capacités technologiques d'un satellite GPS, qui vous dévoilera le reste de la carte une fois qu'il aura été lancé. Sachez,

Chapitre 6

cependant, qu'il ne fait pas partie des trois structures que vous devez capturer pour atteindre la Chronosphère.

Tout en explorant le sud, vous découvrirez une nouvelle unité alliée : le redoutable Générateur d'ombre. Détruisez tout générateur d'ombre dès que vous en avez l'opportunité.

Si vous souhaitez interrompre le flot d'unités d'infanterie qui monte du sud, construisez une rangée de silos jusqu'au bosquet d'arbres avoisinant la barrière en bois. Au bout, placez une bobine de Tesla, une tour lance-flammes et quelques missiles SAM. Ce bouclier devrait suffire à arrêter les assauts ultérieurs.

Lorsque le satellite GPS sera en place, vous pourrez voir la totalité du champ de bataille, à part les endroits où les Alliés font fonctionner leurs générateurs d'ombre. L'assaut de l'île s'effectuera à partir du côté sud-est de votre base. C'est là que se trouve la Chronosphère.

Note : Montez bien la garde auprès du centre technique que vous avez pris aux Alliés. S'ils le détruisent, vous perdrez votre capacité de vision globale !

Commencez par construire au moins cinq MIG et par faire sauter toute centrale électrique qui sort du bouclier de protection des générateurs d'ombre. Vous devriez ainsi affaiblir suffisamment la production énergétique des Alliés pour désactiver ces générateurs. Faites survoler le centre de la base par votre avion espion pour découvrir tout ce qu'il y a à y voir.

Sachez que la panne d'alimentation que vous venez de créer a également mis hors tension les canons anti-aériens. Utilisez vos parachutistes, vos parabombes, les Yaks, les MIG et les Hinds pour nettoyer l'île des occupants gênants, tout en commençant à construire une division de tanks Mammouth. Bâtissez également un port sous-marin sur l'étendue d'eau qui se trouve à l'est de votre base, et quelques spécimens de sous-marins et de transports.

Missions soviétiques

Utilisez vos MIG pour détruire méthodiquement les bunkers camouflés et les tourelles de l'île.

Chargez l'un des bateaux de Mammouths et un autre d'ingénieurs, et prenez l'île d'assaut. Attendez d'avoir bien neutralisé l'ennemi pour y débarquer vos ingénieurs. Capturez les trois centres techniques l'un après l'autre. Vous trouverez utile de débarquer quelques parachutistes sur l'île pour affaiblir la puissance des centres techniques, de façon un peu plus délicate que ne l'auraient fait les tanks Mammouth.

> **Note :** Lorsque vous vous emparez du premier centre technique, un minuteur se déclenche. Il ne vous reste alors que cinq minutes pour capturer les deux autres centres.

En dépit de tous vos efforts, la Chronosphère vous échappe.

Mission 13a, 13b : Ramenez-moi cette Chronochose !

> **Note :** Etant donné que les deux variantes de la mission 13 présentent des cartes très similaires, la stratégie de chaque mission est presque identique. C'est pourquoi les deux missions seront couvertes en une seule section. Les différences entre les variantes seront indiquées au moment opportun.

Instructions

Staline veut absolument cette Chronosphère, et l'échec n'est pas permis. L'endroit d'où provenait le signal lancé par Einstein a été localisé et vous partez là-bas pour vous emparez de la Chronosphère. N'oubliez pas, commandant, que vous devez d'abord neutraliser ou détruire tous les dômes radar alliés avant de tenter de dérober la Chronosphère.

Chapitre 6

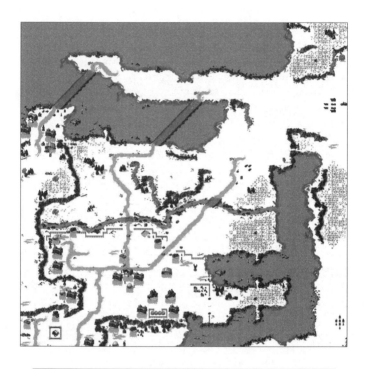

Astuce : La Mission 13b est un peut plus facile que la 13a. La Mission 13a de la première version d'*Alerte Rouge* présentait un défaut qui pouvait entraîner l'échec de la mission, même si vous aviez éliminé tous les dômes radar. Si vous la choisissez mission et que vous êtes confronté à ce problème, détruisez toutes les structures alliées avant de capturer la Chronosphère pour pouvoir gagner.

Résumé

- Construisez une base avec un système de défense efficace.
- Partez en reconnaissance avec l'avion espion et surmontez les assauts alliés répétés.

Missions soviétiques

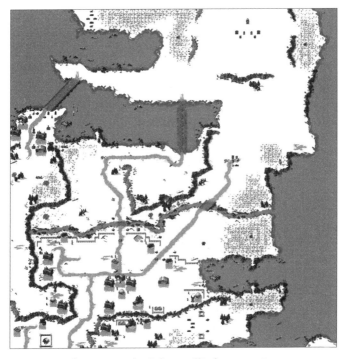

- Mettez le système de défense allié hors tension en coupant l'alimentation.
- Localisez et détruisez les quatre dômes radar alliés.
- Capturez la Chronosphère et présentez l'objet chèrement gagné à Staline.

La stratégie gagnante

Voici un simple exercice d'équilibre. Votre but est de surpasser les Alliés et de mettre les points dans votre camp en équilibrant judicieusement vos dépenses défensives et offensives. Davantage que de la stratégie, il s'agit ici de résister pour survivre et de

Chapitre 6

se construire lentement. Ne vous inquiétez pas, l'impatience est votre pire ennemie dans cette mission : prenez tout votre temps et vous vous en sortirez.

Au début de la mission, déplacez *immédiatement* toutes vos unités vers le nord. Votre but est d'atteindre le site où vous construirez votre future base et de déployer votre VCM avant que les unités alliées alentour ne vous attaquent.

Si vous jouez la version 13a, implantez votre chantier de construction à l'extrême nord-est de la carte, juste au sud de la corniche située en-deçà du gisement de minerai.

Astuce : Laissez suffisamment d'espace libre pour construire une raffinerie et un chemin pour le collecteur de minerai à l'angle de celle-ci. Implantez donc votre chantier de construction un peu plus au sud-ouest, le long de la corniche.

Si vous jouez la version 13b, placez votre chantier de construction à l'extrémité nord-est de la carte, entre les deux corniches situées à l'ouest du gisement de minerai.

Astuce : Comme pour l'autre variante, laissez suffisamment d'espace pour pouvoir construire une raffinerie, mais cette fois, à l'est entre les deux corniches.

Une fois votre chantier de construction implanté, commencez à établir votre système de défense en bâtissant une centrale électrique, des casernes, une ou deux tours lance-flammes, des chenils, puis pour terminer, des missiles SAM et des bobines de Tesla. Des recommandations spécifiques pour l'implantation de ces défenses vont vous être données dans un instant. Occupez-vous d'abord des menaces immédiates !

Assemblez rapidement vos blindés au sud de la structure. Dans quelques secondes, plusieurs unités blindées alliées (et peut-être un générateur d'ombre mobile) vont vous attaquer. Utilisez la

Missions soviétiques

technique des tirs groupés pour les éliminer tout en minimisant vos pertes.

> **Note :** Si vous perdez trop d'unités, relancez la mission. Les circonstances sont trop favorables aux Alliés pour que vous puissiez vous permettre de continuer votre mission avec un seul et unique tank lourd !

Bâtissez votre base de façon très compacte au départ, même si vous vous étendrez par la suite. Entraînez et utilisez des grenadiers un par un pour qu'ils sachent faire des reconnaissances, ne gâchez pas vos blindés tant que vous ne pouvez pas vous en payer d'autres !

Dans les deux variantes de la Mission 13, le point d'implantation de la base est entouré de corniches. Celles-ci sont la clé d'un système de défense efficace. Votre but sera de construire votre base jusqu'à ces corniches et d'utiliser leurs ouvertures comme points d'engorgement.

> **Note :** Utilisez des silos à missiles lorsque vous commencez à étendre votre base pour défendre les ouvertures des corniches. Ceci vous permettra de placer les structures puissantes telles que les bobines de Tesla, à proximité des ouvertures, (ce que ne permet pas l'extension de la base par l'entremise de barrières de sacs de sables ou de murs en béton).

> **Astuce :** Faites sauter le petit pont qui se trouve au sud de votre base, cela ralentira le rythme des attaques alliées sur votre base de façon significative.

A mesure que vous agrandissez votre base, veillez à y implanter de nombreux missiles SAM. Les Alliés disposent de plusieurs hélicoptères d'assaut dans ce secteur et vont tenter à plusieurs reprises de détruire avec votre système de défense terrestre.

Chapitre 6

N'oubliez pas qu'un missile SAM isolé n'est pas une couverture efficace contre les attaques aériennes : placez donc vos missiles SAM par groupes de deux ou plus.

De plus, lorsque vous essayez de couvrir des zones spécifiques avec des bobines de Tesla, servez-vous des protections naturelles et des murs en béton pour créer des points d'engorgement, de sorte que les Alliés soient forcés de s'approcher de vos bobines de Tesla l'un après l'autre. Si, à un moment donné, vous permettez à deux tanks ennemis de tirer simultanément sur une bobine de Tesla, il y a de grandes chances que vous la perdiez.

Construisez une piste d'atterrissage le plus tôt possible pour exploiter l'avion espion. Sachez que vous n'avez pas l'obligation de construire un avion immédiatement, bien que quelques MIG soient utiles pour faire sauter le pont méridional.

Astuce : Concentrez les recherches de l'avion espion sur le terrain au sud-ouest de votre position, en insistant sur la partie méridionale de la carte.

Si vous jouez la Mission 13a, il vous faudra éliminer toutes les unités alliées qui se trouvent dans l'étroite bande de terre située au sud de votre base (du côté est de la rivière). Vous serez rapidement à court de minerai, mais vous pourrez vous emparer facilement des gisements qui s'y trouvent. Surveillez aussi le pont situé au sud-ouest de votre base. Les unités alliées vont tenter de traverser l'étendue d'eau et de vous attaquer depuis l'ouest. Faites sauter le pont ou placez une bobine de Tesla pointant sur l'engorgement à son extrémité nord. (N'oubliez pas les missiles SAM !)

Si vous jouez la version 13b, vous devrez éliminer les unités alliées situées à l'ouest de votre position. Cette étroite bande de terre du bord septentrional de la carte vous offrira la majeure partie du minerai nécessaire à cette mission. Tout comme pour la Version 13a, les Alliés tenteront de traverser l'étendue d'eau à votre sud-ouest. Néanmoins, dans cette variante, il s'agit d'un

Missions soviétiques

gué et non d'un pont : vous devez en barrer l'accès à l'aide de murs en béton et de bobines de Tesla, mais vous ne pouvez pas le détruire.

Si vous êtes arrivé au point de défendre l'accès à la rivière, c'est que vous vous débrouillez bien. Continuez à produire à la chaîne des tanks lourds et Mammouth, des MIG, des roquettes V2 et d'autres unités offensives et remplacez structures et défenses que les Alliés s'évertuent à détruire sans relâche. Les structures dont vous aurez sûrement le plus besoin sont les ports sous-marins de l'ouest et de l'est. (Si vous jouez la Variante 13a, le port sous-marin oriental se trouve au sud et non pas à l'est.) Les deux ports sous-marins vous serviront au départ de défense contre le croiseur allié qui passe à cet endroit de temps en temps, et le port est ou sud servira à attaquer les installations navales alliées.

A un moment donné, votre équilibre devrait être tel que vos revenus seraient stables, permettant la construction des blindés et des avions nécessaires, et une contre-offensive efficace aux attaques alliées fréquentes. La majeure partie de la base alliée devrait alors vous avoir été révélée par l'avion espion et vous devriez avoir repéré l'emplacement de la plupart de leurs dômes radar, ainsi que celui de la Chronosphère. Sachez que les parties importantes de la base alliée sont protégées par les générateurs d'ombre.

Astuce : Pour mémoire, voici l'emplacement des quatre dômes radar.
Le premier se trouve le long de la côte, juste au sud de votre base, à l'intérieur des terres derrière la deuxième baie navale des Alliés.
Le second est entouré de centrales électriques et d'un chantier de construction, au centre même de la base alliée.
Le troisième dôme se trouve au sud du second : dans la petite vallée située le long du bord méridional de la carte.
Le quatrième et dernier dôme est au nord de la Chronosphère, sur la corniche qui la surplombe.

Chapitre 6

A ce point de votre carrière et avec les ressources dont vous disposez pour cette mission, vous devriez être en mesure de remporter la victoire à l'aide de diverses tactiques. Cependant, voici un plan d'attaque précis que vous pouvez mettre en œuvre :

1. Détruisez les centrales électriques avancées qui sont protégées par le générateur d'ombre. La plupart d'entre elles se trouvent au centre de la base alliée et leur destruction entraînera la panne du générateur d'ombre. Utilisez des Yaks et des parachutistes combinés pour affaiblir les bazookas situés autour des centrales, et des groupes de trois à cinq MIG pour les détruire.

2. Dénichez les autres centrales électriques et détruisez-les également. Vous aurez besoin des services d'un avion espion pour cela et devrez viser immédiatement le système de défense aérien ou les centrales électriques avant que les générateurs d'ombre ne masquent à nouveau le secteur.

3. Détruisez le premier dôme radar allié de la plage orientale. Quelques raids aériens suivis de parachutistes sont la meilleure tactique à employer ici. Vous devrez probablement utiliser vos sous-marins pour détruire d'abord la multitude de contre-torpilleurs qui manœuvrent dans cette zone.

4. Ecrasez les défenses septentrionales de la base alliée principale en effectuant des raids aériens puis en faisant entrer cinq tanks Mammouth dans la base, de manière à ce qu'ils détruisent tout sauf le chantier de construction. Emparez-vous de cette structure à l'aide d'un ingénieur et défendez-la au mieux. (Capturez ou détruisez sans faute le dôme radar qui est implanté dans ce secteur !)

5. Faites sauter la centrale électrique avancée de la vallée méridionale avec vos roquettes V2 ou vos tanks Mammouth. Faites attention aux tirs provenant des quelques tourelles et d'un bunker judicieusement camouflé.

Missions soviétiques

6. Une fois l'alimentation coupée, anéantissez le dôme radar méridional à l'aide de vos MIG.

7. Enfin, détruisez le dôme radar situé au nord de la Chronosphère. Ce sont les raids aériens et les parachutistes qui sont les plus efficaces ici, mais attention aux bunkers camouflés.

8. Maintenant, faites sauter le mur en béton et avancez vers la Chronosphère pour la dérober !

Astuce : Envahissez le centre technique allié pour obtenir un satellite GPS et une vision satisfaisante du champ de bataille. Surveillez bien le bunker camouflé qui se trouve sur la corniche surplombant le centre technique !

Note : Vous découvrirez probablement la Chronosphère relativement tôt dans la mission. Cependant, maintenez vos unités en dehors de ses environs immédiats tant que les dômes radar ne sont pas éliminés, sinon vous perdrez la mission.
Sachez aussi que les troupes alliées des casernes situées dans le secteur de la Chronosphère ont tendance à être plutôt nerveuses. Toute attaque lancée contre la base alliée par des unités terrestres peut provoquer de façon inattendue des lancers de roquettes ennemis tout autour de la Chronosphère, causant ainsi son autodestruction. Sauvegardez votre jeu assez souvent !

Même si vous pouvez construire un rideau de fer, son utilité dans cette mission est limitée. Le meilleur usage que vous puissiez en faire est de permettre à l'un de vos sous-marins d'anéantir à lui seul plusieurs unités navales alliées. Il se peut que vous préfériez épargner vos crédits et votre énergie pour bâtir d'autres défenses à la place.

Chapitre 6

Mission 14 : L'Angleterre ou la mort

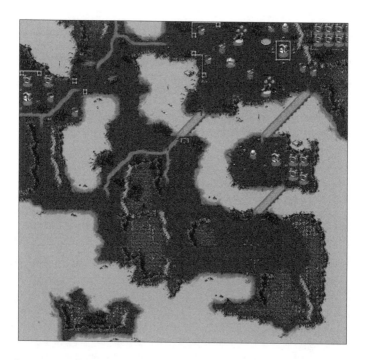

Instructions

Nous sommes sur le point d'achever notre conquête du monde, camarade. Vous allez déplacer notre attaque jusqu'au cœur de la Grande-Bretagne et mettre les derniers Alliés à genoux. Allez-y et revenez triomphant.

Résumé

- Anéantissez les agresseurs alliés tout en limitant vos pertes au minimum.

Missions soviétiques

- Construisez une base bien défendue sur un terrain de plus en plus hostile.
- Repoussez les innombrables assauts des forces terrestres, aériens et maritimes.
- Partez vers le nord et capturez le chantier de construction allié.
- Bâtissez des croiseurs et des unités d'escorte pour bombarder les camps alliés.
- Détruisez les chantiers de construction ainsi que toutes structures et unités alliés restants.

La stratégie gagnante

Vos connaissances en stratégie devraient s'être fortement accrues au point où vous en êtes, et cette mission spécifique vont les mettre à l'épreuve. Vous devez successivement construire et entretenir une base sur une plage ennemie, tout en établissant une force armée pour écraser les Alliés. Ce ne sera pas facile, mais si vous y allez en douceur, vous irez loin.

Tout d'abord, détruisez les menaces alliées immédiates. Servez-vous de la technique des tirs groupés pour éliminer les ennemis l'un après l'autre tout en minimisant vos pertes. Pendant ce temps, envoyez votre VCM au nord du pont qui, soit à l'est de votre position actuelle, et déployez-le. Commencez à construire une centrale électrique et bâtissez tout ce qui vous permettra d'obtenir une bobine de Tesla.

Les renforts arriveront d'ici peu et vous en aurez besoin. Les Alliés vont continuer à vous assaillir de tous côtés, notamment avec des raids aériens.

> **Astuce :** Regroupez vos tanks Mammouth pour repousser plus facilement les attaques des hélicoptères d'assaut.

Dès que vous le pouvez, faites battre vos forces en retraite jusqu'au centre de votre base pour la protéger, ainsi que vos unités. Placez quelques missiles SAM autour de vos bobines de Tesla

Chapitre 6

pour protéger la base des raids aériens. Continuez à vous agrandir vers l'ouest et construisez sans attendre un port sous-marin dans la baie sud-ouest de votre chantier de construction. Servez-vous des sous-marins pour éliminer tous ces fichus croiseurs qui manœuvrent dans le secteur.

Note : Ne vous agrandissez pas trop vers le nord pour l'instant, ce côté du pont vous réserve quelques surprises. Faites en sorte que l'occupation au sol soit compacte et que votre système de défense soit efficace.

En outre, soyez toujours sur le qui-vive à cause des mines qui peuvent être enterrées dans cette zone. Un poseur de mines allié s'est occupé de cette base pour empêcher la circulation de vos blindés.

Astuce : Vous ne pouvez pas construire de structures sur des mines. Profitez-en : faites glisser une grille de position sur cette zone avant d'implanter une structure. Surveillez les endroits où la grille prend une couleur rouge sans raison apparente, et utilisez un grenadier ou deux pour faire exploser les mines qui sont enterrées à cet endroit.

Utilisez des grenadiers comme éclaireurs pour maintenir vos blindés essentiels dans le périmètre relativement protégé de votre base. Une fois que vous vous êtes établi et que vous pouvez repousser les attaques alliées de manière convaincante, il est grand temps de vous déplacer vers le nord.

Note : Utilisez ici toutes les techniques de défense que vous connaissez : déployez des missiles SAM autour de vos bobines de Tesla, créez des points d'engorgement à l'aide de murs en béton, etc.

Rassemblez une petite force armée composée de tanks lourds et de lance-roquettes V2. Partez vers le nord et éliminez les gardes

Missions soviétiques

assignés au pont, les tourelles et autres unités de défense alliées. Amenez vos forces jusqu'au pont et détruisez-le. Veillez à bien cibler l'extrémité en aval, pour conserver l'architecture du pont située de votre côté. Ensuite, servez-vous des V2 pour détruire les bunkers et la tourelle situés à l'autre bout du pont. (Vous aurez sûrement besoin de faire venir l'un de vos sous-marins à proximité de la plage pour découvrir l'existence de ces défenses : elles se trouvent en effet sous l'ombre créée par le générateur.)

A ce moment de l'action, il est judicieux de construire au moins une piste d'atterrissage pour commencer à profiter de l'avion espion. Construisez également deux héliports et utilisez vos Hinds pour réduire au minimum la menace provenant des croiseurs alliés. (Faites remonter la rivière à quelques sous-marins — qui pourront dépasser le pont détruit — pour vous seconder.)

Reposez-vous un instant avant d'amorcer votre lente progression vers l'intérieur des terres. Servez-vous de l'avion espion pour faire sortir de l'ombre le terrain éloigné ainsi que celui de la base située immédiatement au nord de votre position. Pendant ce temps, construisez au moins un bateau, des blindés et une poignée de MIG. En passant, n'oubliez pas que quelques ingénieurs vous seront indispensables !

> **Note :** Vous découvrirez probablement la centrale électrique à l'extrême nord-est de la carte. Bien qu'elle semble facile à prendre, les apparences sont trompeuses. Les Alliés ont suffisamment de ressources pour la reconstruire tandis que vous la détruisez, ce qui n'est pas votre cas. Nous nous occuperons de ce secteur dans quelques instants.

Utilisez l'avion espion ou un sous-marin immédiatement disponible pour faire sortir de l'ombre les centrales électriques du côté oriental de la base alliée, et servez-vous d'un escadron de MIG pour en abattre le plus grand nombre possible. Ceci devrait suffire à mettre hors tension et le générateur d'ombre et les canons anti-aériens.

Chapitre 6

> **Astuce :** Agrandissez votre base à l'ouest aussi loin que nécessaire, et construisez des raffineries de minerai près des gisements sur lesquels vos collecteurs travaillent. Barrez l'accès à tous les points d'entrée que vous n'empruntez pas et renforcez-les par plusieurs bobines de Tesla.

Utilisez vos transports pour débarquer un petit groupe de tanks lourds et de V2 sur la plage et anéantissez tout opposant restant dans cette petite base. Laissez les ingénieurs s'occuper du chantier de construction : emparez-vous en et construisez immédiatement toutes les structures nécessaires à l'obtention d'un centre technique. Ceci vous permettra ensuite de bâtir à peu près toutes les structures et unités alliées, y compris les impressionnants croiseurs et les importuns canons anti-aériens. Les retournements de situation sont particulièrement agréables, n'est-ce pas, camarade !

> **Astuce :** Envoyez quelques sous-marins en amont de la rivière et occupez-vous de tous les croiseurs alentour *avant même* de vous emparer du chantier de construction.

> **Note :** Ne négligez pas votre base principale pendant cet assaut et maintenez votre système de défense au maximum de son efficacité. Les Alliés ne vous laisseront pas de repos.

Placez une bobine de Tesla au nord du chantier de construction pour protéger le pont et quelques canons anti-aériens tout autour pour vous prémunir des raids aériens. Vous pouvez aussi détruire ce pont pour enrayer la progression des multiples unités alliées qui descendent du nord.

Construisez un chantier naval dans un endroit sûr des environs et lancez la production de quelques croiseurs. Veillez à fournir à chacun d'eux un contre-torpilleur ou deux en guise d'escorte.

Missions soviétiques

Amenez un croiseur au nord et commencez à bombarder le complexe de la centrale électrique. Envoyez l'autre croiseur en amont et amorcez le bombardement des unités et structures alliées manœuvrant au nord-ouest.

D'ici peu, vous aurez un satellite GPS en orbite, ex-bien du centre technique allié, qui vous révélera tout ce qui se trouve sous la protection du générateur d'ombre. Utilisez l'avion espion pour voir ce qu'il y a sous les générateurs.

Utilisez vos MIG pour détruire un deuxième chantier de construction allié qui se trouve au nord-ouest de la carte. Veillez à éliminer d'abord la centrale électrique, pour rendre les canons anti-aériens inopérants. Surveillez les contre-torpilleurs qui manœuvrent dans ce secteur : ils peuvent aisément abattre des MIG.

Le troisième chantier de construction allié se trouve au nord de celui que vous venez de prendre. Bombardez-le avec vos croiseurs ou utilisez un groupe de MIG pour le détruire. La victoire est maintenant à portée de main.

Coordonnez les attaques des MIG, des Hinds, de vos blindés et croiseurs pour mettre à genoux les forces alliées qui restent. Bien que la victoire soit assurée, vous n'y parviendrez que lentement. Pre

---

Astuce : Le centre de services allié cache une mallette de secours. Elle peut s'avérer utile lors de l'assaut.

255

7

Le mode Multijoueur

Chapitre 7

Westwood Studios milite en faveur des jeux en mode Multijoueur, comme vous pouvez vous en rendre compte d'après les options Internet, Réseau, Modem/Série proposées pour *Alerte Rouge*. On peut même y jouer en temps réel sur l'Internet, avec des fans du monde entier !

Ce chapitre présente dans les grandes lignes les techniques de connexion avec d'autres joueurs et le processus de fonctionnement du mode Multijoueur. Il est présenté en sections correspondant à la manière dont vous vous connecterez avec vos adversaires. Lisez celles qui se rapportent à votre situation.

Note : Lorsque vous jouez contre de vrais adversaires, le jeu n'en est que plus attrayant, surtout lorsque le défi à relever est de lutter contre plusieurs !

L'essentiel sur le mode Multijoueur

Alerte Rouge peut prendre en charge jusqu'à huit joueurs sur l'Internet ou un réseau local, ou bien deux joueurs, via une connexion null-modem ou modem.

Pour lancer un jeu en mode Multijoueur, sélectionnez **Jeu Multijoueur** dans le menu principal, puis choisissez votre type de connexion parmi les options suivantes.

Astuce : *Alerte Rouge* tente automatiquement de détecter un réseau lorsque vous choisissez le mode Multijoueur. Le cas échéant, vous pourrez alors choisir entre le jeu en réseau ou en série dans le menu suivant. Si *Alerte Rouge* ne peut détecter de réseau, le menu qui s'ouvre automatiquement est celui du mode Série.

Note : Quel que soit le CD-ROM utilisé, vous pouvez jouer en mode Multijoueur.

Le mode Multijoueur

Le jeu en mode Multijoueur est identique au jeu normal, excepté les rubriques suivantes :

- Il est possible que vous ayez plusieurs adversaires à combattre. Les jeux sur l'Internet et sur réseau prennent en charge jusqu'à huit joueurs simultanément. De plus, vous pouvez choisir de jouer également avec l'ordinateur (qui compte comme un adversaire normal).
- Une fois l'option **Bases** choisie, chaque joueur démarre avec un VCM et une poignée d'unités d'infanterie et de véhicules.
- Chaque joueur peut construire n'importe quel type de structure ou d'unité si toutes les conditions préalables sont réunies. (Par exemple, vous ne pouvez produire d'unités d'infanterie tant que vous n'avez pas construit une caserne.) Cependant, il existe un paramètre de niveau technique qui limite le type d'unités pouvant être produites.
- L'objectif est sans détours : il faut détruire toutes les unités et structures adverses.
- Vous pouvez choisir parmi 22 champs de bataille spécialement conçus pour le mode Multijoueur.
- Outre les touches habituelles (voir Chapitre 1), des combinaisons de touches supplémentaires sont disponibles en mode Multijoueur :

En sélectionnant une unité ennemie et en appuyant sur la touche A (Q pour Dos), vous pouvez la désigner comme alliée et empêcherez désormais vos unités de faire feu sur ses forces armées. Vous pouvez utiliser cette méthode pour faire équipe avec d'autres joueurs contre un ennemi commun. Pour annuler la commande d'alliance, il suffit de sélectionner l'une des unités de l'adversaire avec lequel vous vous êtes allié et d'appuyer sur la touche A (Q pour Dos) de nouveau. Si nécessaire, pour viser les unités d'un allié, utilisez la touche Ctrl pour forcer les vôtres à tirer.

Note : Vous ne pouvez pas vous servir d'ingénieurs pour vous emparer des structures d'un Allié. Vous devez d'abord

Chapitre 7

lui déclarer la guerre, puis faire de nouveau alliance avec lui une fois que vous avez capturé la structure en question.

Astuce : La commande d'Alliance n'est pas réciproque. Cela signifie que toute personne que vous désignez comme Alliée peut toujours faire feu sur vos troupes. L'adversaire que vous sélectionnez pour en faire votre allié doit également vous désigner comme tel en cliquant sur l'une de vos unités tout en maintenant la touche A (Q pour Dos) enfoncée.

En appuyant sur les touches de fonction F1 à F8, vous pouvez envoyer des messages à vos adversaires. Les touches F1 à F7 en enverront uniquement à un adversaire, tandis que la touche F8 en enverra à tous les joueurs. Appuyez sur les touches de fonction F1 à F7 pour savoir à quel adversaire telle ou telle touche s'applique. Le nom de l'adversaire s'affiche en haut de l'écran lorsque vous saisissez votre message.

Note : Les messages doivent être courts et concis !

En appuyant sur la touche R au cours d'un jeu en mode Multi-joueur, vous avez la possibilité de vous rendre, ce qui vous fait perdre. Cliquez sur **OK** lorsque vous avez appuyé sur la touche R ou, si vous changez d'avis, cliquez sur **Annuler** pour continuer le jeu.

Note : Le menu Options (accessible depuis l'onglet Options ou par une pression sur la barre d'espace) propose moins d'options qu'un jeu normal.

Lorsque vous vous rendez, vous perdez le jeu et retournez à l'écran **Joindre jeu réseau**. Tous vos bâtiments et vos unités sont alors détruits et supprimés du jeu. Néanmoins, vous pouvez rester dans le jeu en tant qu'observateur. Dans ce mode, la totalité

Le mode Multijoueur

de l'ombre disparaît et vous pouvez parcourir le champ de bataille sans réserve, mais pas participer.

Les contrôles du jeu vous permettent de configurer les mêmes rubriques que pour un jeu normal (voir Chapitre 1).

Annuler jeu permet de quitter *Alerte Rouge* et de retourner à l'écran **Joindre jeu réseau**. Cette option conserve vos unités et structures intactes, et en transmet le contrôle à l'ordinateur.

Se préparer à jouer

La connexion à d'autres ordinateurs diffère selon le mode choisi : Internet, réseau, modem ou câble série.

Cette section précise comment rejoindre d'autres joueurs. Reportez-vous à la section concernant la technique de jeu une fois le joueur connecté.

Hôte contre Invité(s)

Chaque jeu en mode Multijoueur sur *Alerte Rouge* présuppose qu'une joueur agit en tant qu'hôte et que les autres deviennent ses invités. L'hôte définit les paramètres du jeu. Les invités ne peuvent modifier ceux-ci, mais peuvent décider s'ils veulent alors jouer ou non, d'après les choix de l'hôte.

Les paramètres contrôlés par l'hôte sont définis ci-après.

Votre nom

C'est le nom que les autres joueurs verront apparaître lorsque vous enverrez des messages au cours du jeu. Vous pouvez utiliser votre nom, votre prénom, un surnom, un pseudonyme ou un pointeur. Pour en changer , il suffit de cliquer sur le nom existant et de saisir le nouveau.

Chapitre 7

Camp

Vous pouvez jouer soit dans le camp soviétique, soit dans le camp allié en mode Multijoueur. En sélectionnant l'une des cinq nations qui font partie de votre camp, vous déterminez le type d'unités et de structures que vous utiliserez. En choisissant la Russie ou l'Ukraine, vous pourrez jouer en tant que Soviétique, alors qu'en choisissant l'Angleterre, l'Allemagne ou la France, vous jouerez dans le camp allié.

Sachez que chaque pays dispose d'un atout supplémentaire spécifique dans ce mode. Ainsi, ne choisissez-vous pas seulement votre affiliation avec les Soviétiques ou les Alliés, mais l'atout dont vous souhaitez bénéficier.

Pays	Atout supplémentaire
Russie (Soviétiques)	Coût avantageux pour les unités ou les structures.
Ukraine (Soviétiques)	Vitesse de fonctionnement des unités supérieure.
Angleterre (Alliés)	Blindage de meilleure qualité.
Allemagne (Alliés)	Puissance de feu supérieure.
France (Alliés)	Vitesse de tir supérieure.

Couleur

Chaque joueur en mode Multijoueur utilise une seule et unique couleur pour ses unités et structures, de sorte que les joueurs peuvent distinguer leur propres forces de celles des adversaires. Pour choisir celle que vous voulez porter, cliquez celle dans la barre des couleurs.

Note : Si vous rejoignez un jeu dans lequel un autre joueur a choisi cette couleur, la vôtre prendra la teinte disponible en descendant dans la liste.

Le mode Multijoueur

Scénarios

La liste des scénarios comporte 22 champs de bataille disponibles pour les jeux en mode Multijoueur. Leur nom donne une indication sur le type de terrain et les caractéristiques que vous trouverez sur la carte. Les chiffres entre parenthèses indiquent le nombre de joueurs pris en charge par le champ de bataille en question. Servez-vous des flèches de défilement pour voir la suite de la liste et cliquez sur celui qui vous convient.

Nombre

Ce paramètre détermine le nombre d'unités avec lequel chaque joueur va démarrer le jeu. Vous pouvez choisir n'importe quel nombre entre 0 et 12 si l'option **Bases** est active, entre 1 et 50 si elle est désactivée (voir ci-après).

> **Note :** Le type d'unité fourni au départ du jeu est réglé par le niveau technique choisi. Reportez-vous à la section qui traite des niveaux de difficulté ci-après.

Lorsque l'option **Bases** est active, chaque joueur démarre avec un VCM, même si le nombre d'unités est à 0. Celui-ci, réglé par l'option **Unités**, n'est pas valable dans l'absolu : chaque camp commence avec un nombre d'unités équilibré. Par exemple, si le niveau technique est 3, et que le nombre d'unités est de 6, voici les forces auxquelles auront droit un joueur russe et un joueur anglais au début du jeu :

Russie	**Angleterre**
1 mitrailleur	1 mitrailleur
1 grenadier	1 bazooka
2 lance-roquettes V2	2 tanks légers
2 tanks lourds	2 tanks moyens
1 chantier de construction	2 VBT 1 chantier de construction

263

Chapitre 7

La puissance des unités soviétiques étant importante, le joueur Anglais reçoit deux unités supplémentaires, ce qui fait un total de 8.

Niveau

Ce paramètre détermine le niveau technique maximum pour le jeu. Les paramètres vont de 1 à 10, le premier niveau étant le plus facile, et le dernier le plus difficile.

Astuce : Aucune restriction n'est appliquée en matière de construction de bâtiments ou d'unités au dixième niveau technique tant que les conditions préalables sont remplies.

Crédits

Ce nombre exprime la quantité de crédits dont chaque joueur dispose au début du jeu. La collecte de minerai et de gemmes, ainsi que la découverte de caisses — si l'option correspondante est activée —, peuvent procurer des crédits supplémentaires aux joueurs. On peut régler la valeur de ce paramètre entre 0 et 10 000 crédits.

Astuce : Si vous jouez avec l'option **Bases**, veillez à commencer avec un minimum de 2 300 crédits, de façon à ce que chaque joueur puisse construire une centrale électrique et une raffinerie pour commencer à édifier sa base.

Joueurs IA

Il est possible de faire face à l'ordinateur à la place de joueurs humains, jusqu'à un maximum de 8 joueurs par jeu. Utilisez le curseur de réglage du nombre d'adversaires à intelligence artificielle auxquels vous souhaitez être confronté.

Le mode Multijoueur

> Note : Si vous jouez contre 8 adversaires humains, l'ordinateur ne peut contrôler aucune des forces en présence.

Bases

L'option **Bases** détermine si les joueurs commencent le jeu avec un VCM pour édifier leur base. Si elle n'est pas cochée, les joueurs doivent se contenter de combattre avec les troupes qu'ils ont au départ. Si elle l'est, les joueurs commencent avec un VCM qu'ils peuvent déployer et, éventuellement, avec des unités supplémentaires.

Prog. minerai

Cette option détermine si la quantité de minerai va s'accroître, ou si elle n'évoluera pas au cours du jeu. Si l'option est cochée, la surface des gisements de minerai va s'accroître au fur et à mesure de la progression des missions, y compris ceux qui auront été minés précédemment. Si elle n'est pas cochée, la quantité de minerai sur le champ de bataille est prédéterminée.

Caisses

Ce bouton régit l'apparition des caisses de bonus dans le jeu. Celles-ci contiennent des crédits, des armes ou d'autres types de bonus que les troupes peuvent découvrir. Certaines ont des contenus néfastes, approchez-les avec précaution !

> **Astuce :** Pour ouvrir une caisse, positionnez une unité au-dessus d'elle. Les hélicoptères, les autres types d'avions et les civils ne peuvent l'ouvrir.

Chapitre 7

Dans les caisses, on peut trouver ce qui suit :

Contenu	Effet
Mallette de secours pour tous	Restaure la santé des unités de tous les joueurs.
Ogive nucléaire	Amorce la construction d'une arme nucléaire. Cette arme se constituera dans la barre d'icônes et pourra être utilisée dès que la construction en sera terminée.
Rideau de fer	L'unité qui s'empare de la caisse devient invulnérable pendant quelques instants (cela s'apparente au rideau de fer soviétique). L'unité prend une teinte brun-rouge pendant cette période.
Télétransport	Amorce la construction d'un télétransport. Ce dernier se constitue dans la barre d'icônes et peut être utilisé dès que la construction en est terminée.
Crédits	2 000 crédits par caisse.
Révélateur de terrain	Cette caisse révèle la totalité de la carte, sauf les endroits où des générateurs d'ombre fonctionnent (elle s'apparente à un satellite GPS).
Créateur d'ombre	Cette caisse recouvre entièrement la carte d'une ombre protectrice. Seules les zones sur lesquelles le joueur possède des unités ou des structures seront visibles.
Amplificateur de la puissance de tir	Double la puissance de tir d'une unité. Sa zone d'impact est diffuse, mais toute unité affectée ne peut bénéficier de ce bonus plus d'une fois.
Amplificateur de vitesse	Double la vitesse de déplacement de l'unité. Sa zone d'impact est diffuse, mais toute unité affectée ne peut bénéficier de ce bonus plus d'une fois.
Renforçateur de blindage	Double la puissance du blindage d'une unité. Sa zone d'impact est diffuse, mais toute unité affectée ne peut bénéficier de ce bonus plus d'une fois.
Parabombes	Amorce la construction de parabombes. Cette arme se constitue dans la barre d'icônes et peut être utilisée dès que la construction en est terminée.

Le mode Multijoueur

Contenu	Effet
Signal sonar	Amorce la création d'un signal sonar. Ce signal se constitue dans la barre d'icônes et peut être utilisée dès que la construction en est terminée.
Tout type d'unité	Une unité de n'importe quel type, en provenance de n'importe quel pays.
Explosion	Inflige 500 points de dégâts à tout objet qui se trouve dans son environnement immédiat.
Napalm	Inflige 600 points de dégâts à tout objet qui se trouve dans son environnement immédiat.
Secousse temporelle	Inflige 1/3 de dégâts à tout objet qui se trouve dans son environnement immédiat.

Note : Lorsqu'un joueur a utilisé le télétransport, il est moins rare de trouver des caisses de secousse temporelle.

Astuce : Les joueurs qui ne possèdent aucune structure, mais qui ont suffisamment de crédits pour construire une centrale électrique et une raffinerie, auront plus de chance de découvrir un VCM dans une caisse.

Capture du drapeau

Cette option permet de jouer à un autre jeu en mode Multijoueur. Chaque joueur commence avec un drapeau planté à côté de son chantier de construction lors du déploiement de celui-ci. Les autres joueurs peuvent s'en emparer en roulant dessus avec l'une de leurs unités. Si vous replantez le drapeau d'un adversaire à côté de votre chantier de construction, toutes les unités de ce joueur seront instantanément détruites. Si une unité portant le drapeau est tuée, celui-ci reste à l'endroit où l'unité est touchée. Sachez que les joueurs ne peuvent déplacer leur propre drapeau, et que seuls leurs adversaires y sont habilités.

Chapitre 7

> **Note :** L'option **Bases** doit être activée pour jouer à ce jeu de capture du drapeau.

Prog. ombre

Cette option permet de faire réapparaître l'ombre petit à petit sur le champ de bataille. Si elle est activée, l'ombre va se reconstituer lentement au-dessus du terrain révélé, à moins que vous ne le fassiez continuellement sortir de l'ombre avec vos unités.

> **Note :** Cette option n'a aucun effet sur les joueurs alliés qui possèdent un satellite GPS opérationnel, tant que leur centre technique reste intact.

Alerte Rouge sur l'Internet

Westwood a intégré une option de connexion à l'Internet dans *Alerte Rouge*. Si vous avez un compte Internet ouvert et que vous disposez de Windows 95, vous pouvez y jouer avec d'autres joueurs du monde entier.

> **Astuce :** Les utilisateurs de DOS ont aussi une solution pour jouer sur l'Internet. Reportez-vous à la section abordant Kali un peu plus loin.

Les conditions requises pour jouer à *Alerte Rouge* sur l'Internet sont les suivantes :

- Vous devez lancer *Alerte Rouge* sous Windows 95.
- Vous devez disposer d'un compte Internet valide (SLIP ou PPP) et utiliser un protocole TCP/IP compatible Winsock 1.1. (La connexion TCP/IP de Windows 95 est compatible avec Winsock 1.1.)
- Votre connexion doit s'effectuer via un modem 28,8 minimum.

Le mode Multijoueur

- Vous devez avoir une adresse e-mail valable.

Vous devez enregistrer votre produit via le service en ligne Westwood Chat. Le processus est simple et son lancement est automatique la première fois que vous choisissez de jouer à *Alerte Rouge* sur l'Internet. Il suffit de remplir les formulaires et de les envoyer par courrier électronique à Westwood. Quelques minutes plus tard, votre mot de passe vous sera adressé par courrier électronique. Dès que vous choisirez un jeu sur l'Internet, votre nom d'utilisateur et votre mot de passe vous seront demandés.

> **Note :** S'il est configuré correctement, Windows 95 doit pouvoir vous connecter automatiquement à l'Internet lorsqu'*Alerte Rouge* le demande. Dans le cas contraire, essayez de vous connecter manuellement avant de lancer le jeu.

Une fois que vous avez saisi votre nom d'utilisateur et votre mot de passe, la connexion au serveur principal Westwood Chat s'effectue. L'Ecran Titre est doté d'une zone de message dans laquelle vous pouvez trouver les messages des autres joueurs et d'une autre où vous pouvez saisir vos réponses aux autres. Dans l'angle supérieur droit se trouve une liste des canaux (ou salle de discussion) où vous pouvez discuter de sujets spécifiques. Il suffit de double-cliquer sur un canal pour en changer.

> **Astuce :** Si vous avez déjà utilisé l'IRC (le relais de discussion de l'Internet), vous vous sentirez à l'aise sur Westwood Chat.

Joindre un jeu

La liste des canaux présente également une liste de jeux en cours. A côté de leur nom se trouve l'icône d'*Alerte Rouge*. Une fois les autres joueurs identifiés, il suffit de cliquer sur le jeu qui vous intéresse. Lorsque l'hôte du jeu est prêt, il lance le jeu. Sachez que vous ne pouvez pas modifier les options du jeu, mais

Chapitre 7

que vous avez la possibilité d'envoyer un message à l'hôte pour lui en demander des particulières. Si vous décidez tout à coup d'arrêter ce jeu, vous n'avez qu'à quitter le canal en question.

Après avoir joué, vous retrouverez la fenêtre Hall de Westwood Chat.

Lancer un jeu

Si vous préférez lancer un jeu de votre propre chef (être hôte), cliquez sur l'icône d'*Alerte Rouge* dans la barre d'outils. Vous pourrez alors choisir les options décrites plus haut dans ce chapitre et lancer le jeu, en cliquant sur l'icône de démarrage.

> **Astuce :** Cliquez sur un nom de joueur et utilisez le bouton **Rejeter** si vous ne souhaitez pas jouer avec une personne en particulier.

Une fois le jeu terminé, vous retrouverez la fenêtre Hall de Westwood Chat.

Jouer à *Alerte Rouge* sur l'Internet avec Kali

Alerte Rouge offre aux joueurs disposant de Windows 95 la possibilité d'accéder à l'Internet. Cependant, pour les utilisateurs de DOS et de Windows 3.2 ou toute autre version ne pouvant avoir accès à cette fonction, il existe une autre solution.

Kali est un programme développé par Jay Cotton qui permet de jouer sur l'Internet aux jeux tournant sur réseau. Kali est conçu comme un émulateur : il fait en sorte que les jeux spécifiques aux réseaux tournent sur l'Internet comme si la connexion était établie avec un réseau local. La méthode de jeu est alors identique à celle utilisée en réseau local, comme nous le verrons ultérieurement.

Pour pouvoir vous servir de Kali, il faut que vous ayez un compte ouvert sur l'Internet (SLIP ou PPP) et une connexion via un modem 28,8 minimum. Il suffit de télécharger la version DOS de

Le mode Multijoueur

Kali et tous les fichiers de support utiles pour vous connecter à votre fournisseur Internet à partir du DOS.

Jay Cotton, le développeur de Kali, a passé beaucoup de temps à rassembler de la documentation concernant la technique de connexion à l'Internet. Pour se connecter à *Alerte Rouge* en ligne, procurez-vous le logiciel Kali et la documentation qui l'accompagne. De nombreux programmes supplémentaires sont également disponibles sur le site web de Kali.

> **Note :** Kali est un shareware. La copie mise à disposition du public vous permet de vous connecter pendant 15 minutes avant d'être déconnecté. Dès que vous versez la cotisation pour l'enregistrement, cette restriction est automatiquement supprimée. Reportez-vous à la documentation livrée avec le programme Kali pour plus d'informations sur l'inscription.

Pour obtenir ce logiciel, faites une visite au site du World Wide Web à l'adresse suivante : **http://www.axxis.com/kali/**. La page d'accueil Kali comprend les toutes dernières informations sur le produit et vous permet de décharger la dernière version disponible.

Alerte Rouge en réseau

Comme nous l'avons déjà mentionné, *Alerte Rouge* prend en charge jusqu'à huit joueurs connectés à un réseau comptable IPX.

Pour lancer un jeu sur réseau, choisissez **Jeu Multijoueur** dans l'écran Titre. Ensuite, choisissez **Réseau** dans le menu **Choisir jeu Multijoueur**.

> **Astuce :** Si vous ne trouvez pas l'option Réseau, c'est qu'*Alerte Rouge* n'a pas détecté les pilotes IPX sur votre ré-

Chapitre 7

> seau. Reportez-vous à la section traitant des problèmes techniques plus loin dans ce chapitre.

Il est possible d'avoir plusieurs jeux *Alerte Rouge* en cours sur le même réseau. Chaque joueur peut lancer un jeu en choisissant son option préférée et accepter d'autres joueurs. Vous pouvez lancer et rejoindre des jeux à partir de l'écran **Joindre jeu réseau** illustré ci-avant.

Avant d'agir, si vous souhaitez modifier votre nom d'utilisateur, changer de camp et de couleur pour vos troupes, cliquez sur le champ ou le bouton approprié.

Héberger un jeu en réseau

Pour lancer votre propre jeu, cliquez sur le bouton **Nouveau** de l'écran **Joindre jeu réseau**. L'écran de configuration des jeux en réseau s'affiche alors.

Cet écran présente une liste des joueurs qui ont rejoint le jeu et vous donne l'opportunité de définir les options. (Pour plus d'informations sur les options de jeu, reportez-vous au paragraphe "Hôte contre Invité(s)" plus haut dans ce chapitre.) Au fur et à mesure que des joueurs s'inscrivent, leurs noms apparaissent dans la fenêtre **Joueurs**.

> **Astuce :** Cliquez sur le nom d'un joueur puis sur le bouton **Rejeter** si vous ne souhaitez pas jouer avec lui au cours de ce jeu.

Vous pouvez continuer à sélectionner des options pendant que d'autres joueurs s'inscrivent. Vous pouvez envoyer des messages aux autres joueurs en les saisissant dans la fenêtre inférieure de l'écran et lire leurs réponses dans la zone de texte plus grande. Lorsque vous êtes prêt à lancer le jeu, cliquez sur le bouton **OK** et le jeu commence. Si vous décidez en fin de compte de ne pas jouer, cliquez sur le bouton **Annuler**.

Le mode Multijoueur

Note : Une fois qu'un jeu est en cours, aucun autre joueur ne peut rejoindre la partie.

Joindre un jeu en réseau

Si un autre joueur a déjà défini un jeu, le nom de ce dernier apparaîtra dans la fenêtre **Parties** de l'écran **Joindre jeu réseau**. Si vous souhaitez y participer, définissez votre nom, votre camp et votre couleur, cliquez sur le nom du jeu dans la fenêtre **Parties**, puis cliquez sur le bouton **Joindre**.

Note : Vous ne pouvez joindre un jeu en cours. Les parties lancées apparaissent entre crochets dans la fenêtre **Parties**.

Astuce : En cliquant sur un jeu, vous obtiendrez la liste des participants dans la fenêtre **Joueurs**.

Les options du jeu sélectionné apparaissent au centre de la fenêtre. (Ces options sont abordées dans le paragraphe "Hôte contre Invité(s)" plus haut dans ce chapitre.) Vous pouvez envoyer des messages à d'autres joueurs à partir de la fenêtre inférieure de l'écran et en appuyant sur Entrée. Les réponses des autres joueurs apparaissent alors dans la fenêtre du même nom.

Note : Seul le joueur créant le jeu peut en paramétrer les options. Il faut négocier les différentes options via la fonction de messagerie.

Lorsque l'hôte est satisfait du nombre de personnes qui participent au jeu, il peut le lancer. Si vous décidez de ne pas participer, cliquez sur le bouton **Annuler** avant le commencement du jeu.

Chapitre 7

Paramétrer *Alerte Rouge* pour jouer par modem ou null-modem

Avant de pouvoir jouer via une connexion modem ou null-modem, vous devez d'abord configurer *Alerte Rouge*. Dans l'écran Titre, choisissez **Jeu Multijoueur**. Dans le menu **Modem/Série**, choisissez **Paramètres**.

Si des logiciels pour réseaux tournent sur votre ordinateur, vous aurez peut-être besoin de choisir Modem/Série dans un menu de **Choisir Jeu Multijoueur** avant d'obtenir le menu **Modem/Série**.

Note : *Alerte Rouge* requiert un modem spécifiquement conçu pour les jeux, compatible Hayes au débit de 28,8 minimum.

L'écran **Paramètres** vous permet d'indiquer à *Alerte Rouge* où se situe votre port modem ou série (pour les jeux via null-modem), la vitesse à utiliser et la méthode de composition de numéro.

Sélectionner le port approprié

La méthode la plus facile consiste à cliquer sur l'option correspondant à votre port série ou modem à partir de la boîte de dialogue Port. Si l'un ou l'autre utilise un IRQ standard et un port COM normal, c'est tout ce que vous aurez à faire.

Astuce : Si votre ordinateur tourne sous Windows 95, le modem que vous utilisez apparaît dans la liste des ports. Pour obtenir les meilleurs résultats possibles, choisissez-le parmi la liste.

Si votre port série ou modem est paramétré avec un IRQ et un port COM non standard, le processus est un peu plus complexe.

Le mode Multijoueur

Ports COM et IRQ standard

Port	IRQ (par défaut)	IRQ (alternatif)
COM1	3F8	4
COM2	2F8	3
COM3	3E8	4
COM4	3F8	3

Pour paramétrer port COM par défaut, cliquez sur CUSTOM dans la fenêtre **Port** et saisissez l'adresse dans la zone de texte correspondante.

Pour paramétrer un IRQ par défaut, cliquez sur le bouton CUSTOM de la fenêtre **IRQ** et saisissez l'adresse dans la zone de texte correspondante.

> **Note :** La version Windows 95 d'*Alerte Rouge* ne vous permet pas de choisir l'IRQ.

Paramétrer le débit (en bauds)

Ensuite, paramétrez le débit de votre modem (en bauds) ou de votre port série. Le tableau ci-après indique les débits à utiliser.

Débits conseillés pour les jeux *Alerte Rouge* en série

Type de connexion	Débit
Modem à 28 800 bauds	28 800
Null-modem (série)	38 400

Chapitre 7

> **Note :** Il est possible de choisir des débits supérieurs à celui de votre modem. La performance peut être meilleure si vous en utilisez de 38 400 bauds ou plus. Cependant, certains modems et ports série peuvent produire des performances inférieures. Bref, c'est en essayant que vous saurez à quoi vous en tenir.

Régler des paramètres supplémentaires pour modem

Si vous utilisez un modem, vous devrez aussi définir les chaînes d'initialisation et de désactivation des appels, et choisir entre une numérotation par tonalité ou par impulsion.

La chaîne d'initialisation par défaut est généralement compatible avec la plupart des modems. Cependant, si vous devez la modifier, saisissez-la dans la zone de texte de la fenêtre correspondante et cliquez sur le bouton **Ajouter** pour l'ajouter à la liste existante. Vérifiez si le nouveau paramétrage est bien sélectionné en cliquant sur la valeur correspondante dans la liste.

> **Note :** Reportez-vous à la section "Résoudre les problèmes techniques" pour lire les recommandations concernant les autres chaînes d'initialisation.

Si votre ligne téléphonique propose l'option signal d'appel en attente, désactivez-la avant de jouer à *Alerte Rouge*. Si vous ne le faites pas, les appels de votre adversaire provoqueront sa déconnexion du jeu. Sélectionnez un préfixe qui désactive les appels en attente lorsque vous êtes vous-même à l'origine d'un appel. Westwood a intégré au jeu les préfixes de désactivation les plus courants. Demandez conseil à France Télécom si vous ne savez pas lequel choisir.

> **Astuce :** Sélectionnez **Custom** et saisissez un nouveau code, dans le cas où aucun des codes préexistant ne convien-

Le mode Multijoueur

drait ou si vous ne disposez pas de la fonction de signal d'appel sur votre ligne téléphonique.

Cliquez sur le bouton de numérotation par tonalité ou de numérotation par impulsion (selon ce qui convient).

Sauvegarder les modifications

Cliquez sur le bouton **Sauvegarder** pour enregistrer toutes vos modifications. Cliquez sur le bouton **Annuler** pour ignorer celles effectuées et revenir au menu **Choix jeu série**.

Alerte Rouge par liaison null-modem

Il est possible à deux joueurs de connecter leur ordinateurs par l'intermédiaire d'un câble null-modem afin de jouer à *Alerte Rouge*. Avec cette méthode, un seul jeu peut être en cours et seuls deux adversaires peuvent y participer simultanément.

Note : Les adversaires à intelligence artificielle peuvent être activés lors des jeux via null-modem en paramétrant leur nombre au-dessus de 0.

Pour jouer via une connexion null-modem, les ports série des deux ordinateurs doivent être reliés par un câble null-modem de sorte que les données puissent circuler entre eux.

Astuce : N'essayez pas de jouer à *Alerte Rouge* en connectant les ordinateurs via un câble série "direct". Seul le câble null-modem convient. Des adaptateurs existent qui permettent de convertir les câbles directs en null-modem si vous le souhaitez. Contactez votre revendeur pour avoir son avis sur le choix du câble approprié à la connexion de vos ordinateurs.

Une fois connectés, les deux joueurs doivent sélectionner le mode Multijoueur dans l'écran Titre d'*Alerte Rouge*. Dans le

Chapitre 7

menu Choix jeu série, les deux joueurs doivent choisir Null-modem. (Reportez-vous à la section "Paramétrer *Alerte Rouge* pour jouer par modem ou null-modem" avant de commencer un jeu par liaison null-modem.)

> **Note :** Si des logiciels pour réseaux tournent sur l'un des deux ordinateurs, vous ou votre partenaire aurez peut-être besoin de choisir Modem/Série dans un menu de **Choisir Jeu Multijoueur** avant d'obtenir ce menu **Modem/Série**.

Le joueur qui sélectionne Null-Modem en premier est l'hôte du jeu, l'autre st l'invité.

Héberger un jeu par liaison null-modem

Si vous avez cliqué sur **Null-Modem** avant votre adversaire, vous devenez l'hôte du jeu. L'écran Hôte jeu série vous permet de paramétrer les options du jeu et de choisir votre nom, votre camp et votre couleur.

Sélectionnez les options et cliquez sur le bouton **OK** lorsque vous êtes prêt à lancer le jeu. Cliquez sur **Annuler** si vous décidez finalement de ne pas jouer.

> **Note :** Utilisez la fenêtre de messages pour "discuter" avec l'autre joueur avant de commencer le jeu.

Joindre un jeu par liaison null-modem

Si vous avez cliqué sur le bouton **Null-Modem** après votre adversaire, vous verrez apparaître l'écran **Joindre un jeu série**, où vous pouvez choisir votre nom, votre camp et votre couleur. Les autres options sont sélectionnées par votre adversaire.

Lorsque vous adversaire est prêt, le jeu peut commencer. Cliquez sur le bouton **Annuler** si vous décidez finalement de ne pas jouer, et utilisez la messagerie pour en avertir l'autre joueur.

Le mode Multijoueur

Alerte Rouge par liaison modem

Si vous et votre partenaire de jeu disposez tous deux d'un modem 28,8 minimum, vous pouvez jouer à *Alerte Rouge* via les lignes téléphoniques.

> **Note :** Reportez-vous à la section "Paramétrer *Alerte Rouge* pour jouer par modem ou null-modem" avant de commencer à jouer par modem.

Avant de commencer, vous devrez décider qui appellera et qui répondra. L'appelant deviendra l'hôte du jeu (habilité au paramétrage des options).

Héberger un jeu par liaison modem

Pour héberger un jeu par modem, c'est vous qui devez appeler votre adversaire. Sélectionnez le mode Multijoueur dans le menu principal puis sélectionnez **Appel** dans le menu **Choisir un jeu série**.

L'écran Répertoire vous permet de sauvegarder les numéros les plus fréquemment appelés. Vous pouvez sélectionner un numéro dans la liste, saisir un nouveau numéro dans la boîte de dialogue située au bas de l'écran, ou cliquer sur le bouton Ajouter pour créer une nouvelle valeur dans la liste.

> **Note :** Servez-vous du bouton **Editer** pour modifier une valeur, et du bouton **Effacer** pour la supprimer.

Lorsque le numéro que vous voulez composer est sélectionné, cliquez sur le bouton **Composition** pour amorcer l'appel. Cliquez sur **Annuler** si vous changez d'avis et souhaitez retourner au menu **Choisir un jeu série**.

Dès que vous cliquez sur **Appel pour communiquer**, votre modem appelle le modem de votre adversaire et la connexion s'ef-

Chapitre 7

fectue. Vous voyez alors apparaître l'écran **Hôte du jeu série**, dans laquelle vous pouvez sélectionner les options du jeu.

Note : Reportez-vous à la section "Hôte contre Invité(s)" située plus haut dans ce chapitre pour plus d'informations sur les options de jeu.

Servez-vous de la messagerie pour envoyer et recevoir des messages. Lorsque vous êtes prêt à lancer le jeu, cliquez sur le bouton **OK**. Cliquez sur le bouton **Annuler** si vous changez d'avis et ne souhaitez plus jouer.

Joindre un jeu par liaison modem

Si vous choisissez de recevoir l'appel, vous voyez apparaître l'écran **Joindre un jeu série**. Cet écran vous permet de choisir votre nom, votre camp et votre couleur. Les autres options ne vous sont pas accessibles.

Lorsque votre adversaire est prêt, il lance le jeu. Cliquez sur le bouton **Annuler** si vous décidez finalement de ne pas jouer et servez-vous de la messagerie pour discuter avec l'autre joueur.

Mode Escarmouche

Vous pouvez vous exercer sur les champs de bataille en utilisant le mode Escarmouche du mode Multijoueur. Celui-ci vous permet essentiellement de jouer seul en mode Multijoueur. Vous pouvez paramétrer toutes ses options et utiliser les champs de bataille, mais vous êtes seul contre l'ordinateur.

Utilisez cette solution pour vous familiariser avec les différentes cartes du mode Multijoueur et vous habituer à manier les unités et les structures.

Le mode Multijoueur

Autres services en ligne

Vous pouvez jouer à *Alerte Rouge* en vous servant de services en ligne pour vous connecter à vos adversaires. De nombreux services en lignes commerciaux, tel Compuserve, permettent à deux utilisateurs de se connecter à des logiciels de jeu. Dans la plupart des cas, vous aurez à payer des charges additionelles pour ce service.

Récemment, plusieurs services de jeux en ligne ont démarré et se sont occupé des jeux en mode Multijoueur disponibles. Bien qu'ils puissent vous permettre d'effectuer des appels au tarif local (ou gratuit) au lieu du tarif longue distance pour jouer avec quelqu'un, vous devez cependant payer une taxe pour l'utilisation du service. Ce coût d'utilisation est généralement comparable aux taxes à payer pour les appels longue distance, de sorte que si vous faites des économies, elles sont relativement réduites. Jouer sur de tels services vous permet de rencontrer d'autres joueurs du monde entier.

Stratégie pour le mode Multijoueur

Vous vous rendrez vite compte que combattre des adversaires humains et combattre l'ordinateur sont deux choses très différentes. Bien que les stratégies du Chapitre 4, "Stratégies militaires", puissent à peu près convenir, vous devez garder à l'esprit les remarques suivantes :

- L'ordinateur ne vendra jamais une structure essentielle pour accroître ses fonds et produire des armes, alors qu'un adversaire humain pourra y penser.
- Les tactiques de meneur envoyé à perte sont beaucoup moins efficaces contre les autres adversaires : ceux-ci peuvent (et ne vont pas s'en priver) employer la tactique des tirs groupés pour éliminer vos armes les plus meurtrières.
- Différentes tactiques doivent être utilisées pour survivre. A

Chapitre 7

la différence des scénarios pour joueur seul, vous devrez peut-être attaquer, défendre, reconstruire sans interruption pendant tout le scénario. Soyez prêt à passer vos vitesses rapidement.

- Vous vous trouverez peut-être face à des unités identiques aux vôtres. Chaque adversaire du jeu en mode Multijoueur est en effet libre de choisir soit les forces soviétiques, soit les forces alliées. Une tactique efficace lorsque vous utilisez des tanks Mammouths soviétiques contre des tanks moyens alliés, peut très bien ne plus l'être lorsque les premiers sont confrontés à leurs homologues adverses.

Voici quelques-unes des bonnes tactiques à utiliser en mode Multijoueur :

Reconnaissance précoce

Soyez conscient de votre environnement et identifiez rapidement les endroits d'où peuvent provenir les attaques. Cherchez les zones à forte concentration de minerai et tentez de localiser la ou les bases de votre adversaire dès que possible. (Ne les conduisez pas à la vôtre en essayant de trouver la leur !)

Choisir l'emplacement de son camp à bon escient

Jetez un coup d'œil autour de vous avant de mettre un camp sur pied. Trouvez un endroit facile à défendre mais offrant un accès aisé à une grande quantité de minerai. D'un autre côté, n'attendez pas trop longtemps en espérant trouver l'endroit parfait. Pendant que vous partez en exploration, vos adversaires s'affairent à votre destruction.

Etre prêt à tout

Les joueurs soviétiques ont intérêt à utiliser tours lance-flammes et bobines de Tesla combinées, alors que les Alliés ont plutôt intérêt à construire plusieurs tourelles et bunkers. Dans les jeux à un seul joueur, il est rare d'avoir à se défendre contre un assaut massif de sa base. Par contre, dans les jeux en mode Multijoueur, vous aurez sûrement à vous défendre sans arrêt.

Etre prêt aux raids aériens

N'oubliez pas que si le niveau technique est assez élevé, votre adversaire peut appliquer contre vous plusieurs méthodes de raids aériens. Les joueurs alliés ont intérêt à construire de nombreux canons anti-aériens, des Bazookas et des contre-torpilleurs s'ils se servent d'unités navales. Les joueurs soviétiques feront bien construire plusieurs missiles SAM et d'autres unités portant des roquettes, telles que les tanks Mammouths.

> **Note :** Gardez un œil sur les Chinooks qui volent près de votre base. Les ingénieurs et les autres soldats apprécient fort d'arriver par les airs !

Effectuer des raids aériens

Si vous avez des problèmes pour traverser le système de défense, lancez des attaques aériennes et blindées simultanément pour faire un trou dans le périmètre de défense adverse. L'autre solution consiste à envoyer une unité de reconnaissance peu onéreuse pour faire sortir de l'ombre le paysage entourant la base adverse et d'ordonner ensuite aux unités aériennes de détruire les structures essentielles situées dans le périmètre de la base.

> **Astuce :** L'avion espion soviétiques est particulièrement utile pour les missions de reconnaissance sur la base adverse. Si l'adversaire est pourvu d'un générateur d'ombre en fonctionnement, utilisez la petite fenêtre de visualisation de l'avion espion pour aider vos unités aériennes à viser les structures-clés.

Chapitre 7

Suivre un avion jusqu'à la base adverse

Chaque avion d'attaque (sauf le bombardier Blaireau) doit atterrir pour se ravitailler. Après une attaque aérienne, notez la direction vers laquelle pointe le nez de l'avion, cela vous guidera jusqu'à la base ennemie.

Surveiller les unités de reconnaissance

Ne laissez jamais une unité d'infanterie ou un véhicule ennemis à l'intérieur de votre base. Une fois que celle-ci a été repérée par vos adversaires, ils peuvent efficacement viser vos structures clés.

Envisager la construction de plusieurs bases

Les commandants besogneux peuvent souhaiter être à la tête de deux bases ou plus. Chaque base doit avoir son but propre et soutenir les autres. Par exemple, des bases séparées peuvent être utiles pour les raisons suivantes :

- Collecte de minerai et fonte.
- Construction de nouvelles unités.
- Hébergement des unités aériennes de soutien.

L'avantage de cette approche réside dans la possibilité de lancer plusieurs attaques à partir de différents endroits et de toujours garder votre adversaire à distance. Tenez votre camp de raffinerie hors de vue, à l'arrière des campements de la ligne de front, pour ne pas risquer de perdre vos moyens de production.

Note : Vous ne pouvez utiliser de murs en bétons ou de barrières en sacs de sable pour agrandir votre base, comme vous en aviez la possibilité dans la première version de *Command & Conquer*. Cependant, les silos à minerai sont un moyen bon marché d'agrandir le périmètre de vos bases. Mais ne les remplissez pas de minerai pour les voir détruits ensuite !

Utiliser des leurres

Utilisez sans restriction les leurres pour que l'ennemi se fourvoie dans ses attaques, mais n'oubliez pas les règles suivantes :

- Un bâtiment leurre sans système de défense pour l'entourer ressemble trop à un leurre.
- Si vos adversaires ont déjà vu où se trouvait votre chantier de construction, le fait d'ériger un leurre pour les tromper ne marchera pas souvent.
- Les bâtiments leurres ne résistent pas bien aux tirs ennemis. Lorsque la structure leurre s'écroule, la force d'assaut peut être encore suffisamment en forme pour partir à la recherche de la vraie !

Utiliser les options de messagerie et d'alliance

Ne craignez pas de pactiser avec d'autres joueurs. Mais n'oubliez pas qu'il n'y a qu'un gagnant : ne confiez votre vie à personne !

Problèmes techniques en mode Multijoueur

Cette section aborde quelques techniques de dépannage de base au cas où vous rencontreriez des problèmes lorsque vous jouez à *Alerte Rouge* en mode Multijoueur. Vous pouvez également lire l'Annexe B, "Résoudre les problèmes techniques".

Problèmes lors d'une connexion à l'Internet

- Tout d'abord, essayez de lancer une autre application Internet, telle que votre navigateur. S'il fonctionne, il devrait en être de même pour *Alerte Rouge*.

Chapitre 7

- Vérifiez si vous avez chargé tous les logiciels nécessaires à la connexion sur l'Internet.
- Assurez-vous que vos adresses IP, de masque, de passerelle et de serveur de nom de domaine sont valables en configuration Windows 95.
- Vérifiez que votre connexion Internet est toujours valide. Si votre modem raccroche ou que votre connexion est coupée pour une autre raison, le jeu ne fonctionne pas. Connectez-vous toujours à l'Internet avant de lancer *Alerte Rouge*.
- Si vous avez besoin d'accéder à l'Internet via un firewall, vous ne pourrez peut-être pas jouer à *Alerte Rouge* sur l'Internet. La passerelle de sécurité n'autorise pas le trafic de données suspect sur un site Internet. Demandez conseil à votre administrateur système.
- La quantité de données qui transite entre les joueurs étant importante, il est possible que les jeux perdent de leur synchronisation ou que des joueurs soient oubliés. Si vous rencontrez fréquemment des problèmes de cette nature, essayez de jouer en groupes plus petits ou de ralentir le jeu à l'aide du curseur de réglage de la vitesse, dans le menu **Options** de la fenêtre des contrôles du jeu.

Problèmes lors d'une connexion réseau

- La première chose à faire si vous avez des problèmes pour jouer en réseau est de lancer le jeu en mode normal sur chaque machine tournant en mode Multijoueur. Si *Alerte Rouge* ne fonctionne pas en mode normal, il ne tournera pas non plus en mode Multijoueur.
- *Alerte Rouge* ne prend en charge que les réseaux compatibles IPX. Si votre réseau est de type différent, envisagez alors de vous procurer les pilotes ou les émulateurs pour le faire tourner.
- Il n'est pas nécessaire de lancer tous vos pilotes de réseau pour établir la connexion d'*Alerte Rouge*. Par exemple, les utilisateurs de NetWare Lite ne doivent surtout pas se

Le mode Multijoueur

connecter en tant que CLIENT ou SERVER lorsqu'ils tentent de jouer à *Alerte Rouge* en mode Multijoueur. Vous avez besoin d'au moins un pilote pour votre réseau et d'un autre pour la gestion des paquets. Certains réseaux requièrent le chargement de pilotes de support supplémentaires avant ceux de la carte réseau. Assurez-vous que vous utilisez les pilotes appropriés à votre matériel réseau.

Astuce : Vous pouvez mettre sur pied un réseau simple et peu honéreux. Les cartes réseau compatible NE-2000 coûtent environ 250 F chez la plupart des revendeurs et le câble de liaison entre les cartes s'achète à moins de 50 F. Si vous et quelques amis souhaitez faire cet investissement, vous pouvez faire tourner parfaitement un jeu *Alerte Rouge* à quatre personnes pour environ 300 à 350 F chacun. (La plupart des cartes réseau sont livrées avec tous les pilotes nécessaires. On peut se procurer ceux qui manquent auprès de la plupart des services commerciaux en ligne.) 350 F peut paraître une somme élevée pour jouer à *Alerte Rouge*, mais votre installation pourra aussi servir à jouer à toute une variété de jeux en réseau.

- Pour savoir si votre réseau fonctionne avec d'autres applications, essayez de lancer un autre jeu en mode Multijoueur pour vérifier qu'il tourne correctement ou chargez tout le réseau et relancez *Alerte Rouge*.
- Etes-vous connecté à vos adversaires via un routeur ou une passerelle ? La communication entre les jeux *Alerte Rouge* peut être ralentie ou même interrompue à cause d'un routeur. Si possible, connectez les machines par voie directe ou vérifiez qu'elles sont branchées au même plot sans qu'un routeur n'intervienne.
- Essayez d'utiliser le paramètre -DESTNET. Lancez *Alerte Rouge* en tapant **Alerte Rouge -DESTNET xx.xx.xx** où **xx.xx.xx** est l'adresse de la machine à laquelle vous essayez de vous connecter. Reportez-vous à la documentation d'*Alerte Rouge* pour plus d'informations sur ce paramètre.
- Essayez d'utiliser le paramètre -SOCKET. Lancez *Alerte Rouge* en tapant **Alerte Rouge -SOCKET xxxx** où **xxxx** est

le numéro du socket du réseau que vous souhaitez utiliser. Par défaut, *Alerte Rouge* utilise le numéro de socket 8 813. Si le jeu ne tourne pas sur votre réseau, cela peut signifier qu'un autre appareil ou logiciel utilise le même numéro de socket. Essayez en un autre (entre 0 et 16 383).

Problèmes lors d'une liaison modem

- La première chose à vérifier est votre modem ou votre IRQ de port série, ainsi que le paramètre de votre port COM. Si vous parvenez sans problème à faire tourner d'autres logiciels par liaison modem, allez voir leur paramètres et choisissez-en pour *Alerte Rouge* qui ne soient pas en conflit.
- Sachez que vous ne pouvez pas utiliser d'autre périphérique série sur le port COM3 si votre modem est branché sur COM1 et vice-versa. De même, vous ne pouvez utiliser d'autre périphérique série sur COM4 si votre modem est raccordé au port COM2, et vice-versa. Les ports série 1 et 3 (COM1 et COM3) partagent le même IRQ et les ports 2 et 4 (COM2 et COM4) font de même. Assurez-vous que les ports de votre souris et de votre modem ne sont pas en conflit.
- Vérifiez les autres périphériques connectés à votre ordinateur pour vous assurer qu'ils n'utilisent pas le même IRQ ou le même port COM que votre modem ou votre port série.
- Essayez d'utiliser une autre chaîne d'initialisation. Voici quelques chaînes possibles :

AT&F

AT&F1

AT&F&C1&D2
- Assurez-vous que vous utilisez le bon débit pour votre modem et que votre adversaire utilise le même (même si les modems ont des débits différents).
- Essayez de vous connecter à l'autre joueur par l'intermédiaire d'un autre logiciel. Si vous pouvez vous connecter par ce moyen, vous devriez pouvoir le faire avec *Alerte*

Le mode Multijoueur

Rouge. (Vérifiez la chaîne d'initialisation de l'autre logiciel et copiez-le sur le jeu.)

Problèmes lors d'une liaison null-modem

- Les astuces de dépannage valables pour les jeux par modem le sont également pour les jeux par null-modem.
- Vérifiez vos IRQ et vos paramètres de ports.
- Veillez à ce qu'il n'y ait pas de conflit de ports ou avec d'autres périphériques.
- Assurez-vous que vous employez tous deux le même débit pour votre modem.
- Vérifiez que votre connexion est bien effectuée par liaison null-modem. Un câble série "direct" ne conviendra pas.
- Essayez la connexion la plus simple en premier. Eliminez tous les inverseurs de connexion inutiles et évitez les câbles trop longs. Une fois que votre connexion est effectuée, vous pourrez être plus créatif si nécessaire.
- Essayez de vous connecter via un autre logiciel. Si l'autre logiciel fonctionne, copiez ses paramètres sur *Alerte Rouge*.

Chapitre 7

Cartes pour le mode Multijoueur

Cette section vous fournit des détails sur chacune des cartes en mode Multijoueur livrées avec *Alerte Rouge*. Le meilleur moyen d'en apprendre plus sur celles-ci est bien sûr de jouer !

> **Astuce :** Utilisez le mode Escarmouche pour vous familiariser avec chacune des cartes.

Chaque description de carte comprend les rubriques suivantes :

Taille : La taille relative de la carte. Westwood recommande que le nombre de joueurs soit de 2 à 4 sur petites cartes, de 4 à 6 pour les cartes moyennes et de 6 à 8 pour les grandes. Sachez que ce ne sont que des recommandations : vous pouvez jouer avec plus de joueurs sur des cartes plus petites ou avec moins de joueurs sur des cartes plus étendues de sorte que le jeu soit plus intense.

Climat : Les cartes hivernales (option Neige) sont recouvertes de neige et présentent généralement moins de minerai et d'arbres. Les tempérées (option Tempéré) présentent des étendues herbeuses généralement parsemées de corniches et d'arbres.

Minerai : Donne la quantité relative de minerai sur la carte. Le minerai "Abondant" désignera une carte présentant un nombre assez élevé de gisements de minerai faciles d'accès et disséminés sur toute la carte. Les cartes où le minerai est qualifié de "Modéré" présenteront des gisements de minerai moins nombreux et plus difficiles d'accès. Enfin, le minerai qualifié de "Rare" sera difficile à atteindre et à trouver.

Eau : Donne la quantité d'eau relative sur une carte. Seules les cartes dont le taux est "Abondant" pourront accueillir des unités navales (sauf contre-ordre).

Cartes pour le mode Multijoueur

Le passage

Taille : Grande

Climat : Tempéré

Minerai : Abondant

Eau : Abondante

Description : Une île de grande taille dotée d'une grande étendue d'eau au centre.

Conseil tactique : Les extrémités nord-ouest et sud-est constituent les meilleurs emplacements pour votre défense. Restez à l'écart du centre de la carte : ses points d'accès sont trop nombreux.

Conflit central

Taille : Grande

Climat : Tempéré

Minerai : Abondant

Eau : Modéré

Description : Un champ de bataille étendu doté d'un grand lac et de quelques rivières de petite taille.

Conseil tactique : Si possible, implantez votre base à l'extrême nord-est de la carte. Evitez de vous installer aux alentours immédiats du lac.

Le chant des canons

Taille : Moyenne

Climat : Hiver

Minerai : Modéré

Eau : Abondante

Chapitre 7

Description : Un paysage hivernal superbement doté de petits gisements de minerai, de nombreuses corniches montagneuses, de petites étendues d'eau disséminées et de rivières de petite taille.

Conseil tactique : L'extrême nord-ouest constitue l'emplacement de base dont la défense sera la plus aisée, en revanche, les terrains situés entre les deux rivières de grande taille et au sud-ouest de la carte doivent être évités.

Aux armes !

Taille : Moyenne

Climat : Hiver

Minerai : Modéré

Eau : Inexistante

Description : De nombreuses corniches montagneuses entourent une bande verticale remplie de minerai et de gemmes.

Conseil tactique : Chaque coin de la carte présente un point de départ correct, mais efforcez-vous de vous emparer de quelques bandes de minerai disposées horizontalement assez tôt dans le courant de la mission !

Désolation

Taille : Grande

Climat : Hiver

Minerai : Modéré

Eau : Modérée

Description : Une vaste étendue d'eau entourée par quelques petits plateaux et corniches montagneuses.

Conseil tactique : Chaque coin de la carte offre un bon point de départ, mais la partie nord-est constitue la zone la plus facile à défendre et la base peut s'agrandir jusqu'aux gisements de minerai avoisinants sans problème. Le coin sud-est est le plus précaire, car l'agrandissement de la base y est impossible en raison de l'eau qui l'entoure.

L'île maudite

Taille : Moyenne

Climat : Hiver

Minerai : Modéré

Eau : Abondante

Description : Une île de grande taille dont l'étendue comporte de nombreux obstacles et qui fait le tour des multiples corniches montagneuses visibles à l'intérieur des terres. Une bande verticale de minerai se trouve au sud de son centre.

Conseil tactique : L'extrémité sud-est de cette île est la plus simple à défendre au début du jeu, et l'extension de la base y sera très facile. Gardez à l'esprit que cette île est plus longue que large et, que vous vous installiez directement à l'est ou à l'ouest d'un autre joueur, cela s'avérerait désastreux pour tous les deux.

A chances égales

Taille : Petite

Climat : Hiver

Minerai : Modéré

Eau : Abondante

Description : Une petite île dotée d'une rivière qui la sépare en deux dans le sens vertical.

Conseil tactique : Chacune des quatre extrémités de cette île présente un emplacement de départ satisfaisant, mais l'extrémité sud-ouest semble la meilleure. Faire sauter les ponts obligera les opposants à traverser la rivière à l'extrémité septentrionale ou méridionale de l'île.

Chapitre 7

La loi du plus fort

Taille : Petite

Climat : Tempéré

Minerai : Abondant

Eau : Abondante

Description : Une petite île coupée dans sa diagonale par une large rivière. Chaque zone ainsi délimitée contient un grand gisement de minerai et plusieurs petits gisements.

Conseil tactique : Les extrémités nord-ouest ou sud-est de chaque moitié de l'île fournissent les quatre seules zones appropriées pour l'implantation d'une base. Cherchez d'abord à atteindre le gisement qui se trouve dans votre zone, puis défendez-le comme si votre vie en dépendait.

D'une île à l'autre

Taille : Petite

Climat : Hiver

Minerai : Abondant

Eau : Abondante

Description : Plusieurs petites îles reliées entre elles dotées de vastes gisements de minerai situés sur les îles des extrémités septentrionale, méridionale, orientale et occidentale.

Conseil tactique : Vous ne pouvez ni construire à proximité des vastes gisements de minerai, il n'y a pas suffisamment d'espace libre sur ces îles-là, et ni bâtir sur les gués. L'une ou l'autre des quatre plus grandes îles sera apte au déploiement initial d'une base.

Guerres insulaires

Taille : Grande

Climat : Tempéré

Minerai : Abondant

Eau : Abondante

Description : Un vaste champ de bataille découpé en grandes zones de terrain par de larges rivières.

Conseil tactique : Choisissez l'extrémité nord-est pour vous implanter. Il est facile à défendre, propice à l'extension et généreusement fourni en minerai. L'extrémité méridionale de la carte offre la plus grande possibilité d'extension, mais vous devrez étaler vos défenses tellement loin qu'elles en seront amoindries.

L'île de la furie

Taille : Grande

Climat : Tempéré

Minerai : Modéré

Eau : Abondante

Description : Plusieurs grandes parcelles de terrain reliées entre elles par une série de ponts et de gués. Le minerai est regroupé dans plusieurs grandes cachettes, tout autour des parcelles de terrain.

Conseil tactique : L'extrémité sud-est de cette île est la plus facile à défendre, car elle présente plus de falaises que de plages sur ses rivages. Cependant, toute zone importante de terrain ouvert située près de l'une des cachettes de minerai fera l'affaire. Evitez de dépendre de la cachette qui se trouve dans la parcelle de terrain placée au centre de l'extrémité septentrionale de cette carte.

Terres d'ivoire

Taille : Petite

Climat : Hiver

Minerai : Abondant

Chapitre 7

Eau : Rare

Description : Un champ de bataille symétrique pourvu de concentrations de minerai aux quatre coins et d'un petit gisement au centre de la carte. Plusieurs petites mares fournissent suffisamment d'eau pour faire flotter quelques-unités navales, mais elles ne mènent nulle part.

Conseil tactique : Puisque cette carte est symétrique, chaque extrémité en vaut une autre. Dirigez-vous d'abord vers le centre, et défendez-le bec et ongles.

Hors de mon chemin

Taille : Petite

Climat : Tempéré

Minerai : Modéré

Eau : Absente

Description : Un champ de bataille à peu près symétrique pourvu de petits gisements de minerai aux coinset d'une grande cachette de gemmes au centre. L'accès de cette dernière est barré par des corniches montagneuses et des murs en béton.

Conseil tactique : Commencez votre implantation de base au nord-ouest ou au sud-est de la carte de préférence. Cependant, ces deux angles n'offrent pas un accès facile à la cachette de gemmes située au centre de l'île (ils buttent contre les corniches et non pas contre des murs en béton qui, eux, sont destructibles). Choisissez les deux autres angles si vous souhaitez accéder plus facilement aux gemmes, mais l'espace y est compté.

Isolement II

Taille : Moyenne

Climat : Tempéré

Minerai : Abondant

Cartes pour le mode Multijoueur

Eau : Abondante

Description : Une île de grande taille entourée d'eau et dotée d'une large baie rentrant dans les terres par la rive méridionale.

Conseil tactique : Maintenez-vous au centre de la côte orientale ou occidentale de l'île, ou encore à l'angle sud-est si vous construisez une base importante. Néanmoins, le minerai et les corniches abondent et rendent tout terrain ouvert intéressant.

Chaos interne

Taille : Petite

Climat : Hiver

Minerai : Modéré

Eau : Modérée

Description : Une carte unique dotée d'une cachette de minerai et de gemmes au centre, entourée par un fossé d'eau. Deux ponts et un gué constituent le seul moyen d'accès à cette cachette.

Conseil tactique : Emparez-vous de l'angle nord-est ou sud-est assez tôt dans la mission pour vous assurer un accès aisé à la cachette par l'intermédiaire du gué (il est indestructible, ce qui n'est pas le cas des ponts).

Le piège

Taille : Moyenne

Climat : Tempéré

Minerai : Abondant

Eau : Rare

Description : Une île importante pourvue de nombreux gisements de minerai et de gemmes, bordée par un étroit chenal.

Conseil tactique : Ne comptez pas utiliser des navires sur cette carte. Le chenal qui entoure l'île est trop étroit. L'une ou l'autre

Chapitre 7

des extrémités de l'île présente suffisamment de protections naturelles et de minerai pour favoriser l'implantation d'une base, mais évitez de vous installer plus loin dans les terres : ces zones fourmillent de points d'accès qu'il vous faudra tous défendre.

No Man's Land

Taille : Moyenne

Climat : Hiver

Minerai : Abondant

Eau : Rare

Description : De nombreuses corniches montagneuses et de petites rivières fournissent des protections et des obstacles à travers toute la carte. Plusieurs gisements de minerai sont présents.

Conseil tactique : Tous les angles de la carte offrent de bonnes protections naturelles qui viendront seconder le système de défense de votre base, mais l'angle nord-est est celui qui présente le plus d'espace pour l'agrandissement de votre base ainsi qu'un accès aisé aux différents gisements de minerai.

Normandie

Taille : Moyenne

Climat : Hiver

Minerai : Abondant

Eau : Rare

Description : Plusieurs corniches disposées verticalement, doublées de deux rivières disposées horizontalement, fournissent des protections naturelles tout autour des nombreux gisements de minerai et de gemmes.

Conseil tactique : Dirigez-vous vers les angles. Evitez le centre de chaque extrémité de la carte. L'angle nord-ouest offre les

Cartes pour le mode Multijoueur

meilleures protections naturelles pour votre système de défense, mais vous oblige à construire sur une étroite bande de terrain.

Nord nord-ouest

Taille : Grande

Climat : Hiver

Minerai : Modéré

Eau : Rare

Description : Un grand X, formé par des corniches montagneuses et des plateaux, s'étend sur toute la carte. Le minerai est concentré aux extrémités et au centre de cet X.

Conseil tactique : Construisez des bases sur le bord nord, sud, est ou ouest de cette carte, mais restez à proximité de l'une des cachettes de minerai. La cachette centrale est relativement riche, mais très difficile à défendre.

Bain de sang

Taille : Moyenne

Climat : Hiver

Minerai : Rare

Eau : Modérée

Description : Trois grands lacs coupent cette carte en trois sections. Le minerai est disséminé sur plusieurs gisements de taille moyenne, mais cette disposition oblige les joueurs à pousser jusqu'aux autres gisements.

Conseil tactique : Construisez des bases dans l'angle nord-ouest de la carte, là où le minerai est abondant et l'espace important. Evitez l'angle sud-est à tout prix : vous allez vous faire piéger très facilement dans cet endroit.

Chapitre 7

Raraku

Taille : Grande

Climat : Tempéré

Minerai : Abondant

Eau : Abondante

Description : Plusieurs grandes étendues d'eau couvrent la carte, de même que d'abondants gisements de minerai et de nombreux arbres et corniches montagneuses.

Conseil tactique : Evitez les extrémités nord-ouest et nord-est de cette carte si vous avez l'intention de mettre en jeu une quelconque puissance navale. Les deux extrémités méridionales offrent un accès plus facile aux étendues d'eau. (Agissez à l'inverse si vous souhaitez éviter les unités navales des autres joueurs !) L'angle sud-est offre le meilleur accès aux étendues d'eau, des plages en petit nombre permettent aux transports de s'échouer et plusieurs corniches montagneuses forment une protection naturelle.

Guerre au sommet

Taille : Moyenne

Climat : Tempéré

Minerai : Abondant

Eau : Absente

Description : De nombreuses corniches montagneuses offrent des protections naturelles et permettent d'établir un bon système de défense autour de plusieurs gisements de minerai (à la périphérie) et de plusieurs cachettes de gemmes (au centre).

Conseil tactique : Chaque extrémité offre un excellent point de départ à l'implantation, mais l'extrémité nord-ouest dispose d'un espace amplement suffisant et d'un accès facile à un important gisement de minerai et à la cachette de gemmes centrale. Si

Cartes pour le mode Multijoueur

vous cherchez un endroit mieux protégé, essayez de vous implanter au sud-ouest ou au sud-est. Cependant, cette dernière zone vous forcera à construire sur des espaces étroits.

La saveur de la mort

Taille : Moyenne

Climat : Hiver

Minerai : Rare

Eau : Abondante

Description : Un grand lac occupe le centre de cette carte et d'étroits rivages s'étendent à sa périphérie.

Conseil tactique : L'angle nord-ouest fournit l'espace le plus important pour une base. Le minerai y est rare, mettez donc en place une cachette très tôt dans la mission. Les unités navales vont jouer un rôle important sur cette carte en raison de la grande quantité d'eau qu'elle présente.

L'île au trésor

Taille : Moyenne

Climat : Tempéré

Minerai : Modéré

Eau : Abondante

Description : Une grande étendue d'eau est située au centre de la carte et abrite une île contenant une importante cachette de minerai et de gemmes. C'est là le seul endroit où vous trouverez des richesses sur cette carte.

Conseil tactique : Construisez votre base au centre du bord oriental de cette carte. A partir de là, vous pouvez accéder à l'île au moyen de deux gués. Evitez les bords septentrional et méridional, étant donné que chacun ne dispose que d'un seul gué.

A

L'éditeur de carte

Annexe A

L'éditeur de carte d'Alerte Rouge

Alerte Rouge est livré avec un éditeur de carte intégral que vous pouvez utiliser pour créer vos propres cartes en mode Multi-joueur. Cet éditeur se trouve dans votre répertoire Alerte Rouge lorsque vous installez le jeu et se présente en deux versions : DOS et Windows 95.

Le présent chapitre abordera l'essentiel à savoir sur l'éditeur de carte. Une fois que vous l'aurez lu, vous devriez être en mesure de commencer à créer des cartes personnalisées.

> **Note :** Si le manuel d'*Alerte Rouge* indique que vous pouvez trouver plus d'informations sur l'éditeur de terrain sur le CD-ROM, sachez qu'il n'en est rien !

Lancer l'éditeur de carte

Pour lancer l'éditeur de carte, suivez les étapes ci-après, selon le système d'exploitation que vous utilisez.

DOS

Passez sur le répertoire Alerte Rouge de votre disque dur. Pour ce faire, tapez **CD \WESTWOOD\REDALERT**, puis la commande : **EDDOS** et appuyez sur Entrée.

Windows 95

Sélectionnez "Editeur de carte d'Alerte Rouge" dans le menu de démarrage de Windows 95, via le chemin : Programmes/Westwood/Alerte Rouge.

> **Note :** L'autre solution consiste à double-cliquer sur le fichier EDWIN.EXE dans le répertoire Alerte Rouge.

L'éditeur de carte

Fonctionnement de l'éditeur de carte

L'éditeur de carte ressemble fort à l'écran standard d'*Alerte Rouge* (voir la figure ci-après). La plupart des contrôles servant à éditer une carte se trouvent dans la zone des contrôles.

Rôle des cases

L'éditeur de carte construit les cartes en plaçant des "carrés" de terrain ou des cases sur la grille. Cela s'assimile à un assemblage de tuiles : chaque carré est de la même taille, mais il peut avoir un contenu différent. La taille de chaque case est d'environ celle d'une section de barrière en sacs de sable ou de mur en béton que l'on trouve dans le jeu.

Le jeu est paramétré de façon à gérer le terrain en fonction de ce qui est contenu dans chaque case. S'il y a de l'herbe, la case est considérée comme du terrain ouvert ; si elle contient une étendue d'eau, celle-ci sera considérée comme telle, etc. Par exemple, si une case présente un arbre ou un pont, il ne sera pas permis aux unités de la traverser.

Westwood propose trois types de case standard, ainsi qu'un groupe de cases présentant des motifs spéciaux. La case de terrain standard se trouve dans la zone des contrôles : on trouve le terrain ouvert, le minerai, les gemmes et l'eau.

Sélectionnez les cases au motif spécial en utilisant les boutons de catégories pour choisir le type de motif spécial souhaité, à l'aide du sélecteur correspondant. Le motif qui s'affiche dans le sélecteur est celui qui apparaîtra dans la fenêtre d'édition principale.

Dessiner des motifs standard

Les cases standard sont généralement les plus utilisées et peuvent être déposées sur la carte une par une ou sur une zone spécifiée.

Annexe A

Positionner des cases individuellement

Le positionnement des cases de terrain standard s'apparente à l'implantation des structures bâties au cours du jeu : il suffit de cliquer sur le bouton du terrain approprié, puis sur l'endroit de la fenêtre d'édition où vous souhaitez placer la case. Si vous souhaitez placer plusieurs cases du même type de terrain, maintenez le bouton de la souris appuyé et servez-vous du curseur comme d'un pinceau, en le déplaçant à travers la zone où vous souhaitez implanter le terrain.

Note : Lorsque vous placez les cases, le curseur se transforme en rouleau à peinture. Faites un clic droit si vous avez de nouveau besoin du curseur de sélection (en forme de flèche).

Astuce : Utilisez la fenêtre du radar pour vous déplacer rapidement dans la fenêtre d'édition principale. Elle fonctionne exactement comme celle du jeu.

Par exemple, pour "peindre" un gisement de minerai, cliquez sur le bouton du terrain avec minerai, positionnez le curseur dans la fenêtre d'édition et maintenez enfoncé le bouton de la souris tout en déplaçant la souris dans la fenêtre. Là où vous amenez la souris, l'éditeur insère une case représentant du minerai.

Astuce : Vous pouvez évaluer la quantité de minerai et de gemmes sur la carte en faisant apparaître le compteur en haut de l'écran. Il affiche cette quantité exprimée en crédits, en partant de l'hypothèse que vous auriez tout collecté et raffiné.

L'éditeur de carte

Implanter des rectangles entiers de terrain standard

De temps à autre, il est judicieux de placer de grandes zones rectangulaires de terrain standard. Cette méthode permet de placer rapidement un certain nombre de cases de type standard sur une grande étendue. Par exemple, pour créer un grand lac, vous pouvez soit utiliser la méthode de "peinture "de la carte décrite précédemment, soit implanter la majeure partie du lac d'un seul coup.

Pour remplir une grande zone de terrain standard, suivez les procédures décrites ci-après :

1. Faites un clic droit pour obtenir le curseur de sélection (en forme de flèche).

2. Placez le curseur à un angle de la zone que vous souhaitez remplir.

3. Cliquez et maintenez enfoncé la bouton de la souris tout en la déplaçant sur l'autre angle de la zone ciblée. Un contour en forme de rectangle s'agrandira suivant les déplacements de la souris.

4. Relâchez le bouton de la souris lorsque vous avez obtenu un rectangle de la taille souhaitée.

5. Cliquez sur le bouton de terrain standard approprié pour remplir le rectangle de cases de terrain.

Note : Vous aurez généralement besoin de nettoyer quelque peu les abords du rectangle pour rendre les contours des rivages ou les limites d'un gisement de minerai plus naturels. Pour ce faire, employez la méthode de positionnement individuel de cases.

Annexe A

Déposer des cases et des motifs spéciaux

Maintenant que vous savez créer un terrain dans ses grandes lignes, voyons comment vous pouvez y ajouter des détails pour rendre la carte plus réaliste. Il existe une multitude de cases spéciales et de motifs prédéfinis parmi lesquels vous pouvez faire votre choix. L'éditeur de carte classe ses cases et motifs par catégories : Rivage, Récifs, Rivière, Arbres, Route et Débris.

> **Note :** Les motifs sont simplement des groupes de cases prédéfinis ayant pour but de représenter un terrain complexe. Par exemple, il existe des motifs différents pour les rivages. Ces motifs permettent de faciliter le positionnement d'un rivage autour d'une large étendue d'eau.

La première étape pour le placement d'une case ou d'un motif spécial consiste à sélectionner la catégorie de case souhaitée. Cliquez sur l'un des boutons de catégorie pour modifier la fenêtre de sélection de case de cette catégorie. Ensuite, servez-vous des flèches situées sous la fenêtre de sélection jusqu'à ce que la case ou le motif que vous cherchez s'affiche.

> **Astuce :** Utilisez le bouton Agrandir/Réduire situé sous la fenêtre de sélection pour afficher la fenêtre Parcourir, qui montre les groupes de cases ou de motifs. Cela facilite la comparaison et vous permet de visualiser plusieurs cases ou motifs simultanément. Lorsque vous avez trouvé ce que vous cherchiez, cliquez dessus et la fenêtre Parcourir disparaîtra.

Placez la case ou le motif choisi sur la carte comme vous le feriez avec du terrain standard : cliquez sur la fenêtre de sélection, puis sur la zone de la carte où vous voulez les voir figurer.

> **Note :** Les motifs sont affichés avec une grille présentant leur taille et l'arrangement des différentes cases qui les constituent. Servez-vous de cette grille pour déterminer si

L'éditeur de carte

un motif particulier pourra s'intégrer là où vous en avez besoin.

Utilisez cases et motifs pour donner du caractère à votre carte en y implantant, par exemple, des lacs, des rivières, des routes, des corniches.

Déterminer les passages autorisés sur le terrain

Si vous souhaitez contrôler le passage (possibilité ou interdiction) des unités à des endroits spécifiques, le bouton de filtrage du passage situé en haut de l'écran permet de l'autoriser ou non (position du filtre sur ON ou OFF). Lorsque le filtre est activé (sur ON), les zones interdites sont colorées en rouge.

Définir les points d'entrée

Ce qu'il faut ajouter à une carte en dernier lieu, ce sont les points d'entrée pour les joueurs. Pour ce faire, vous devez positionner les drapeaux de départ sur le terrain, à l'endroit où vous voulez que chaque joueur démarre.

Cliquez sur l'icône drapeau en bas à droite de la fenêtre de l'éditeur de carte pour sélectionner les cases drapeaux dans la fenêtre de sélection. Positionnez les huit drapeaux de différentes couleurs là où vous voulez que les joueurs commencent à jouer.

Options de l'éditeur de carte

Vous pouvez sauvegarder votre nouvelle carte sur le disque, en recharger une préexistante ou modifier les caractéristiques de la carte à l'aide de l'onglet Options.

Note : Vous ne pouvez charger que les cartes que vous avez créées avec l'éditeur de carte ; et vous ne pouvez

Annexe A

charger et éditer les cartes pour mode Multijoueur qui sont livrées avec *Alerte Rouge*.

Chacune des rubriques du menu **Options** est décrite dans le tableau présenté ci-après :

Option	Effet
Nouvelle carte	Vide le contenu courant de l'éditeur de carte et vous permet de recommencer à créer une carte depuis le début.
Charger carte	Vous permet de charger une carte précédemment sauvegardée sur le disque. Sachez que le fichier .MRP de la carte en question doit se trouver dans le répertoire Alerte Rouge.
Sauvegarder carte	Vous permet de sauvegarder la carte courante sur le disque. Cette carte est sauvegardée dans un fichier DOS avec l'extension .MRP. Son nom est limité à 39 caractères. Il s'affiche dans la liste des scénarios lorsque vous lancez un jeu en mode Multijoueur. (L'éditeur sauvegarde le jeu en utilisant une abréviation du nom que vous lui avez donné, de manière à ce qu'il soit reconnu comme nom de fichier DOS.)
Effacer carte	Vous permet de supprimer une carte sauvegardée sur le disque. Cette suppression est radicale : une fois que vous l'avez supprimée, vous ne pouvez plus récupérer la carte.
Modifier paramètres carte	Cette option vous permet de modifier la taille de la carte (les tailles disponibles sont : petite, moyenne, grande) et le climat qui y règne (tempéré ou neige).
Changer vitesse défilement	Ce contrôle fonctionne comme la vitesse de défilement du jeu. Lorsque vous positionnez le curseur plus à gauche, la fenêtre d'édition principale défile plus lentement, et si vous le positionnez plus à droite, elle défile plus vite.
Reprendre l'édition	Ferme le menu **Options** et vous renvoie à l'éditeur.
Quitter l'éditeur	Quitte l'éditeur et vous renvoie au système d'exploitation.

L'éditeur de carte

Note : Le nom de la carte affichée à l'écran apparaît au centre de la fenêtre d'options.

Astuce : N'oubliez pas que pour créer de nouvelles cartes, tous les joueurs doivent disposer du fichier .MRP approprié dans leur répertoire Alerte Rouge.

B

Problèmes techniques

Annexe B

Alerte Rouge est un programme complexe conçu pour fonctionner sur divers types de plate-forme. Cependant, tous les tests possibles et imaginables ne peuvent empêcher que des incidents aient lieu sur les différentes versions matérielles existantes. Cependant, si vous rencontrez ces difficultés, une aide est disponible. Ce chapitre contient des conseils d'ordre général sur le dépannage et d'autres sources d'informations pour l'obtention d'une aide supplémentaire.

Problèmes techniques de base

Si vous rencontrez des difficultés de fonctionnement avec *Alerte Rouge*, voici quelques points fondamentaux qui peuvent vous aider à les résoudre.

Problèmes sous Windows 95

Si vous rencontrez des difficultés pour faire tourner *Alerte Rouge* sous Windows 95, essayez tout d'abord d'installer et de faire fonctionner le jeu sous DOS. Relancez votre ordinateur et appuyez sur F8 lorsque vous voyez apparaître l'invite "Démarrage de Windows 95", et choisissez l'option **Ligne de Commande Uniquement**. Vous pouvez également choisir le mode Démarrage sous MS-DOS depuis le menu **Démarrer/Arrêter l'ordinateur**.

Essayez d'installer *Alerte Rouge* dans ce mode de fonctionnement. Si les difficultés persistent, vous pouvez considérer que le fauteur de troubles est Windows 95. Cependant, si les problèmes ont été résolus, vérifiez les points suivants :

- Disposez-vous d'au moins 8 Mo de mémoire (16 Mo étant fortement recommandés) ? *Alerte Rouge* requiert 16 Mo de mémoire pour tourner sous Windows 95.
- Assurez-vous que votre espace disque est suffisant. *Alerte Rouge* requiert un minimum de 15 Mo d'espace disque pour faire tourner le jeu.
- Lancez *Alerte Rouge* en plein écran. En résolution inférieure,

Problèmes techniques

il peut fonctionner en mode Fenêtre, mais il tournera très lentement. Essayez de modifier la résolution par défaut du jeu en choisissant 640 × 480 à l'aide du raccourci Installation de l'Edition Windows 95 d'*Alerte Rouge*.
- Lancez Windows en résolution inférieure. Ceci réduit les ressources système nécessaires au fonctionnement de tous les programmes. Essayez également de faire tourner le système avec moins de couleurs, si Windows fonctionne avec plus de 256 couleurs.
- Fermez toutes les applications avant de lancer *Alerte Rouge*, si les performances de l'ordinateur sont problématiques.

Problèmes sous DOS

Si vous rencontrez des difficultés pour faire fonctionner *Alerte Rouge* sous Windows 95, vous aurez sûrement moins de problèmes en le lançant directement depuis le DOS. Cependant, DOS lui-même a ses faiblesses et défauts qui peuvent dépendre d'autres circonstances.

Problèmes de carte vidéo

Alerte Rouge devrait fonctionner sans problème en mode standard 640 × 400. Dans le cas contraire, lancez l'installation et modifiez le mode vidéo par défaut en choisissant la résolution 640 × 480.

Note : Les graphismes risquent d'apparaître légèrement comprimés en mode 640 × 480. Si le jeu ne fonctionne pas avec cette résolution, contactez votre fabricant de cartes vidéo pour savoir s'il est possible de faire fonctionner votre carte avec ce mode.

Note : Si votre carte vidéo n'était pas livrée avec un pilote VESA, renseignez-vous auprès de votre revendeur.

Annexe B

Problèmes de carte son sous DOS

Alerte Rouge est conçu pour prendre en charge toutes les cartes son standard.

Si le son pose problème, vérifiez tout d'abord sur la documentation de la carte que tous les pilotes nécessaires à son bon fonctionnement vous ont été livrés. Il vous faut parfois utiliser un pilote spécial ou activer un paramétrage spécifique pour que ces cartes fonctionnent correctement sous DOS.

Si les problèmes persistent, vérifiez les points suivants :

- Votre carte sonore fonctionne-t-elle avec d'autres programmes tournant sous DOS ?
- La variable de votre environnement Sound Blaster est-elle correctement paramétrée ? Elle l'est généralement grâce à une ligne de commande dans votre fichier AUTOEXEC.BAT qui a la forme suivante :

SET BLASTER=A220 I5 D1 H5

Cette ligne de commande informe le programme des paramètres de votre carte son. Reportez-vous à sa documentation pour assigner des paramètres corrects à cette variable.

Sachez que cette variable est généralement utilisée sur les cartes compatibles Sound Blaster.

- Essayez différents paramètres dans le programme d'installation et utilisez l'option **Test** pour tester chacun d'entre eux. Attention, cette méthode peut provoquer le verrouillage de votre ordinateur.

Problèmes de réseau et de modem

Assurez-vous d'abord que votre réseau et/ou votre modem est compatible avec vos autres applications. Pour plus d'informations et de conseils sur les techniques de dépannage, reportez-

Problèmes techniques

vous à la section "Résoudre les problèmes techniques des jeux Multijoueur", au Chapitre 7.

Support technique

Westwood offre plusieurs types de support technique allant des conseils disponibles sur leur page web à un support technique par téléphone.

Support technique par téléphone

- Numéro de téléphone # 01.53.68.10.00

Vous parlerez à un technicien spécialisé, qui sera prêt à vous donner des informations sur votre ordinateur et les problèmes techniques rencontrés. Pensez à préparer une feuille et un stylo pour prendre des notes.

Virgin Interactive

- Fax   01.40.45.01.99
- Minitel   **3615 Virgin Games**, 2,23 Fr. T.T.C. la minute
- Hint Line **08.36.68.94.95**, 2,23 Fr. T.T.C. la minute
- WWW   http://www.virgininteractive.fr

Note : La Hint line, vous propose des solutions et des astuces pour vos jeux, mais non pas un support technique. Elle peut vous aider à vous infiltrer dans une base alliée, mais pas à vous en échapper.

- E-mail   support@westwood.com

    Vous pouvez envoyer un message à Westwood décrivant votre problème technique. Soyez aussi précis que possible et donnez le plus d'informations possible sur votre ordinateur et ses paramètres d'installation.

- World Wide Web http://www.westwood.com

    Vous pourrez trouver des informations de dernière minute sur le jeu, des astuces données par les autres joueurs et des

Annexe B

solutions aux problèmes courants.

- FTP **ftp.westwood.com**

    Vous pouvez télécharger les mises à jour d'*Alerte Rouge*, des informations supplémentaires pour le dépannage et des programmes de correction pour les problèmes spécifiques.

- Groupes de News

    Au moment où vous vous mettrez à jouer à *Alerte Rouge*, plusieurs groupes de news (groupes de discussion et d'information) se seront probablement déjà constitués autour du jeu. Parcourez la liste des groupes sur votre serveur de groupes de news local.

Services en ligne

Westwood est également présent sur plusieurs autres services en ligne. Utilisez les informations répertoriées ci-après pour pouvoir les joindre.

- America Online   Mot clé : Westwood Studios
    E-mail : WESTWOOD S

- CompuServe   Forum : GAMBPUB, Section/Library 10
    E-mail : 71333,2405

- Prodigy   Branchez-vous sur :
    WESTWOOD SUPPORT

- Genie   Mot-clé : Scorpia, area 33

Note : D'autres sections de ces services en ligne peuvent fournir de l'aide aux joueurs. Par exemple, parcourez la liste des forums Gamers ou Modemgames sur CompuServe.

- Page Web BradyGames   **http://www.mcp.com/brady**

BradyGames fournit des informations importantes sur *Alerte Rouge* tant que le jeu est disponible. Faites une pause sur cette

Problèmes techniques

page web assez souvent pour obtenir les informations les plus récentes.

Notes et Informations sur Westwood Studios

Westwood publie régulièrement un catalogue couleur répertoriant les jeux et informations disponibles sur les jeux qui vont sortir. Pour recevoir cette publication, envoyez vos nom et adresse à :

>	Westwood Studios News & Notes
>	3540 W. Sahara, #323
>	Las Vegas, NV 89102.

Index

A

Adversaires à intelligence artificielle 263
Alerte Rouge
    modem ou null-modem 274
Alliance 258
Armée de Staline 175
Armes atomiques 153
Artillerie 28
Assaut
    final 166
    frontal 61, 97, 128, 139
    sur deux fronts 98, 139
Autres services en ligne 280
Avion espion 84
Aviso-torpilleurs 31

B

Barre d'énergie 199, 214, 218
Barrières de sacs de sable 19, 119, 136
Base
    alliée 141
    capturer 101
    construction 96
    défense 96
    soviétique 132
Bazookas 12
Blindés
    alliés 148
    soviétiques 29, 33, 142
Bobines de Tesla 54
Bombardier Blaireau 82
Bombes 117
Bombes explosives (Soviétiques) 120
Bunkers 14
    camouflés 15

C

Cachettes 294
Caisses 264
Camions 123, 130
    volés 223
Camp, choisir 261
Canons
    antiaériens 16
    Vulcain 14
Cartes 175, 289
    A chances égales 292
    Aux armes ! 291
    Bain de sang 298
    D'une île à l'autre 293
    Désolation 291
    Guerre au sommet 299
    Guerres insulaires 293
    Hors de mon chemin 295
    Isolement II 295
    L'île au trésor 300
    L'île de la furie 294
    L'île maudite 292
    La loi du plus fort 293
    La saveur de la mort 300
    Le chant des canons 290
    Le passage 290
    Le piège 296
    neige 289
    No Man's Land 297
    Nord nord-ouest 298
    Normandie 297
    tempéré 289
    Terres d'ivoire 294
Casernes 12
Centrales
    électriques 10, 39

Index

électriques avancées 39,
Centres
    d'armement souterrain 161
    de recherche 158, 220
        soviétiques 150
    de services 16
    techniques 17
        soviétiques 161
Chaînes d'initialisation 275
Champs de bataille 258, 290
Chantiers
    de construction 10, 37
    navals 13
Chaos interne 296
Charges explosives 162
Chenils 181, 189, 193, 243
Chiens d'attaque 20, 22
    soviétiques 128
Chinooks 282
Chronosphère 141
    télétransport 18
Clôtures barbelées 60
Collecteurs de minerai 26
Colts 45 167
Conflit central 290
Connexion 257
Construction de base 127, 139
Contre-torpilleurs 31
Contrôles 93
    de base
        arrêt 6
        dispersion 6
        équipes 6
        escorte 7
        forcer le déplacement 6
        formations 6
        marques 6
        mise à feu 6
        mode Garde 6
        raccourcis clavier 6
        sélection totale 7
        unité suivante 7
        vue centrale 7
        vue du chantier de construction 7
    principaux 6
    X 164
Convoi 204, 226
    allié 110
    de ravitaillement 183
Corniches 219, 243
    montagneuses 207, 291
Couleur 261
Crédits 264
Croiseurs 32
    alliés 100, 109, 206, 218, 230
Curseur 305

D

Défenses avancées 214
Dépannage 284
Distance de sécurité 95, 168, 186
Dômes radar 17
DOS 267
Drapeaux 308
    capturer 266

E

Editeur de carte 303
    cases 304
        motifs spéciaux 307
    définir des points d'entrée 308

dessiner des motifs standard 304
déterminer des passages autorisés 308
DOS 303
filtrer le franchissement 308
lancer 303
options 308
rectangles 306
Windows 95 303
Eglise 178, 183, 185, 190, 203
Einstein 109
Encerclement 94
Entrepôt 211
Escorte 253
Espions 12
alliés 114

F

Fenêtre d'édition 305
Ferme 186
Forces
combinées 98
navales 132
Formations 95
Fusées éclairantes 109

G

Gemmes 70, 127, 130, 147, 222, 305
Gisements
de gemmes 140, 166
Grenades sous-marines 31
Grenadiers 66
Grille de position 251
Gués 119, 246, 293, 300

H

Hélicoptères 14, 109, 151, 160
Apache Longbow 33
Chinook 88, 126, 168, 230, 233
d'assaut 235, 244, 250
Hind 87, 231, 234, 252
Hélicoptèrest 160
Héliports 14, 48, 99, 235, 252
Hôte 260

I

Identifiant 260
Infanterie
alliée 119, 122, 143, 147
lance-flammes 67
soviétique 116, 119, 178
Ingénieur 23, 68
Internet 257, 267
connexion 267
joindre un jeu 268
jouer avec Kali 269
lancer un jeu 269
Invités 260
IRQ 273

J

Jeu
héberger 271
joindre 268
lancer 269
Joindre un jeu par modem 279
Jouer par modem 278
Jouer par null-modem 277

K

Kali 269
Kosygin 147

Index

L

Lacs 166
Lance-flammes 20, 217
Lance-missiles 130
Lance-roquettes
    soviétiques 116
    V2 74
Lance-torpilles 32
Leurres 19, 215, 219

M

Marques 123
    Médecins 21
MIG 85
    soviétiques 172
Minerai 40, 41
Mines 143, 214, 231, 251
Missiles 153
    Hellfire 32, 33, 99, 160
    SAM 56, 130
Missions alliées
    5a 125
    5b 128
    5c 130
    6a, 6b
    6b 135
    7 139
    8a, 8b 141
    9a, 9b 147
    Ça va chauffer ! 114
    Espion, es-tu là? 184
    Exercice naval 132
    Faites-vous les dents ! 117
    Le professeur absent 108
    Nettoyage complet 110
    Pour le roi et pour le pays 124
    Remake mortel 120
    Sauvez la Chronosphère 141
    "Sous-marinade" 138
Missions Soviétiques
    Amusez-les pour mieux les anéantir 187, 191
    C'est l'Angleterre ou la mort 249
    Détruisez toutes les preuves ! 220
    Faites passer le convoi 199
    Franchissez le col 224
    Immobilisez la flotte 228
    Les ennemis du peuple 177
    L'île d'Elbe nous appartient ! 211
    O.P.A. funeste 236
    Plus il y aura de minerai, mieux ce sera 196
    Protéger les biens du peuple 179, 182
    Ramenez-moi cette chronochose ! 240
    Sauvez le réacteur 208
Missions 175
Mitrailleurs 20
Mitrailleuses 26, 28
Mode Escarmouche 279
Mode Escorte 71
Mode Multijoueur 24, 60, 77, 93, 257, 289, 303
    bases (option) 264
    caisses (bonus) 264
    camp 261
    capture du drapeau 266
    contenu des caisses de bonus 265, 266
    couleur 261
    crédits 263

effet des caisses de bonus 265, 266
hôte contre Invité(s) 260
joueurs IA (à intelligence artificielle) 263
niveau 263
nombre 262
prog. minerai 264
prog. ombre 267
scénarios 262
se préparer à jouer 260
stratégie 280
    choisir l'emplacement du camp 281
    construction de plusieurs bases 283
    effectuer des raids aériens 282
    être prêt à tout 281
    être prêt aux raids aériens 282
    messagerie et alliance 284
    reconnaissance précoce 281
    suivre un avion jusqu'à la base adverse 283
    surveiller les unités de reconnaissance 283
    utiliser des leurres 284
votre nom 260
Modem 273
débit 274
ou null-modem
    paramétrer 273
    ports COM et IRQ 274
    sélectionner le port 273
    paramètres supplémentaires 275
    sauvegarder les modifications 276
MS-DOS 313
Murs en béton 20, 62

N

Niveau technique 263
Null-modem 273, 276
Numérotation 276

O

Ogive nucléaire 59
Ombre 267
Option Bases 264

P

Parabombes 47, 239
    soviétiques 143
Piste d'atterrissage 47
Plan d'attaque 98
Points
    d'accès 290
    d'entrée 308
Ports sous-marins 139
    soviétiques 119, 148
Poseurs
    de bombes 123
    de mines 251
    de mines AP 72
Poseurs de mines 199
    alliés 143
    anti-tanks 25
Possibilité d'extension 294
Problèmes techniques

Index

base 313
carte
    sonore 315
    vidéo 314
espace disque 313
performances de l'ordinateur 314
réseau et de modem 315
support technique 316
Windows 95 313
Projet d'armement soviétique
    Rideau de fer 132
Puissance navale 99

R

Raccourcis clavier 6
    alliances 7
    contrôles de base 6
    message
        général 7
        personnel 7
    mode Multijoueur 7
Raffinerie
    de minerai 11, 40
Raids aériens 99, 282
Rangers 26, 108, 112, 122, 158, 169
Raraku 299
Réacteur 210
Regrouper 93
    les unités 93
Repères 95
Réseau 257, 270
    héberger un jeu 271
    joindre un jeu 272
Résoudre les problèmes
    autres systèmes en ligne 317
    carte sonore sous DOS 315

connexion
    Internet 284
    modem 287
    null-modem 288
    réseau 285
DOS 314
Windows 95 313
Résoudre les problèmes techniques
    carte vidéo 314
Rideau de fer 58, 158, 248
Rivages 306
Rivière, gués 127
Roquettes V2 189, 193, 205, 246

S

Sacs de sable 112
Salles de commandes 153
Satellite GPS 17, 34, 237, 248, 254, 267
Scénario 175
Sentinelles 214
Services en ligne 268, 280
Signal sonar 34, 134
Soldats Lance-flammes 115
Sous-marins 79
    soviétiques 31, 32, 134, 148, 171
Stations de refroidissement 210
Stockage 41
Stratégies 92, 97, 280
    agrandissement de la base 105
    attaquer une base 100
    capturer des bâtiments ennemis 101
    commander 93
    construire

des barrières 105
une base 102
défenses légères 104
placer 103
plan d'attaque 98
reconnaissance 102
réparations 106
système de défense 103
tourelles/bunkers 105
Structures alliées 10
barrière de sacs de sable 19
bunker 14
camouflé 15
canon antiaérien 16
casernes 12
centrale électrique 10
avancée 11
centre
de services 16
technique 17
chantier de construction 10
chantier naval 13
chronosphère 18
dôme radar 17
générateur d'ombre 18
héliport 14
leurres 19
mur en béton 20
raffinerie de minerai 11
silo à minerai 12
tourelle 15
usine d'armement 13
Structures ennemies 23
Structures soviétiques 36, 120, 152
bobine de Tesla 54
casernes 42
centrale électrique 38
avancée 39
centre
de services 49
technique 52
chantier de construction 37
chenil 43
clôture barbelée 60
dôme radar 50
héliport 48
missile SAM 56
mur en béton 61
piste d'atterrissage 46
port sous-marin 45
raffinerie de minerai 40
rideau de fer 57
tour lance-flammes 53
usine d'armement 44

T

Tactiques 93
Tank
soviétique 126
Tanks 101, 123, 136, 139, 142, 158, 226
alliés 123, 168
légers 27, 172, 195
lourds 71, 189, 193, 194, 199, 202, 205, 215, 218, 244, 251
Mammouth 44, 75, 230, 234, 239, 247, 250, 282
moyen allié 29
moyens 172
alliés 207
Tanya 22, 24, 114, 117, 126, 128, 166
Télétransport 266
Terrain 304

Index

Tirs groupés 95
Torpilles 140, 157
Touches
    A, s'allier 258
    E, sélectionner 104, 122
    G, garder 104
    R, se rendre 259
    sélection de groupe 178
Tourelles 101
    lance-flammes
        soviétiques 116
Transport 78
Transport (Soviétique) 115

U

Unités 20
    alliées 29
    d'infanterie 239, 258
Unités alliées 9
    artillerie 28
    aviso-torpilleur 31
    bazookas 21
    collecteur de minerai 25
    contre-torpilleur 31
    croiseur 32
    espion 22
    générateur d'ombre mobile 29
    hélicoptère d'assaut 33
    ingénieur 23
    médecin 21
    mitrailleurs 20
    poseur de mines anti-tanks 25
    ranger 26
    satellite GPS 33
    signal Sonar 34
    tank léger 27
    tank moyen 28
    Tanya 24
    transport 30
    VCM (Véhicule de construction mobile) 30
    voleur 23
    VTB (Véhicule de transport blindé) 27
Unités soviétiques 35
    avion espion 84
    bombardier Blaireau 82
    chien d'attaque 64
    collecteur de minerai 69
    grenadier 66
    hélicoptère Chinook 88
    Hind 87
    infanterie lance-flammes 67
    ingénieur 68
    lance-roquettes V2 73
    MIG 85
    mitrailleur 65
    poseur de mines AP (antipersonnel) 72
    sous-marin 79
    tank
        lourd 71
        Mammouth 75
    VCM (Véhicule de construction mobile) 76
    Yak 80
Usines d'armement 13, 44

V

Variantes 175
VBT 206
VCM (Véhicule de Construction Mobile) 111
VCM (Véhicule de construction mobile) 10, 30

Victoire 175
Voleur 41
Voleurs 24, 166, 198
VTB (Véhicule de Transport Blindé) 27, 79, 134, 151

W

Westwood Chat 268
Windows 95 267

Y

Yaks 81
    soviétiques 124

Z

Zone des contrôles 304

Achevé d'imprimer le 17 février 1997
sur les presses de l'imprimerie «La Source d'Or»
63200 Marsat
Dépôt légal : 1ᵉʳ trimestre 1997
Imprimeur n° 6647